L'été de toutes les surprises

Judith Keim

AUTRES LIVRES DE JUDITH KEIM

THE HARTWELL WOMEN SERIES:
The Talking Tree – 1
Sweet Talk – 2
Straight Talk – 3
Baby Talk – 4
The Hartwell Women – Boxed Set

THE BEACH HOUSE HOTEL SERIES:
Breakfast at The Beach House Hotel – 1
Lunch at The Beach House Hotel – 2
Dinner at The Beach House Hotel – 3
Christmas at The Beach House Hotel – 4
Margaritas at The Beach House Hotel – 5
Dessert at The Beach House Hotel – 6
Coffee at The Beach House Hotel – 7 (2023)
Tea at The Beach House Hotel – 8 (2023)

THE FAT FRIDAYS GROUP:
Fat Fridays – 1
Sassy Saturdays – 2
Secret Sundays – 3

THE SALTY KEY INN SERIES:
Finding Me – 1
Finding My Way – 2
Finding Love – 3
Finding Family – 4
The Salty Key Inn Series – Boxed Set

SEASHELL COTTAGE BOOKS:
A Christmas Star
Change of Heart
A Summer of Surprises
A Road Trip to Remember
The Beach Babes

THE CHANDLER HILL INN SERIES:
Going Home – 1
Coming Home – 2
Home at Last – 3
The Chandler Hill Inn Series – Boxed Set

THE DESERT SAGE INN SERIES:
The Desert Flowers – Rose – 1
The Desert Flowers – Lily – 2
The Desert Flowers – Willow – 3
The Desert Flowers – Mistletoe & Holly – 4

SOUL SISTERS AT CEDAR MOUNTAIN LODGE:
Christmas Sisters – Anthology
Christmas Kisses
Christmas Castles
Christmas Stories – Soul Sisters Anthology
Christmas Joy

THE SANDERLING COVE INN SERIES:
Waves of Hope
Sandy Wishes
Salty Kisses – (2023)

THE LILAC LAKE INN SERIES:
Love by Design – (2023)
Love Between the Lines – (2023)
Love Under the Stars – (2024)

AUTRES LIVRES:
The ABC's of Living With a Dachshund
Once Upon a Friendship – Anthology
Winning BIG – a little love story for all ages
Holiday Hopes
The Winning Tickets

Pour plus d'informations : www.judithkeim.com

L'été de toutes les surprises

A Seashell Cottage Book

Judith Keim

Wild Quail Publishing

wildquail.pub@gmail.com
www.judithkeim.com

Publié aux États-Unis d'Amérique par :

Wild Quail Publishing
PO Box 171332
Boise, ID 83717-1332

ISBN# 978-1-962452-43-4

Traduit par Well Read TranslationDédicace

Dédicace

Les familles sont compliquées, quelle que soit leur taille.
Je suis très heureuse de la mienne. Je vous aime !

CHAPITRE UN

Jillian Conroy écouta la voix de sa sœur Cristal au bout du fil et prit une profonde inspiration. Un appel de sa sœur était toujours une surprise.

— Reprends au début, Cristal, et dis-moi exactement ce que tu veux que je fasse.

— C'est simple, Jill. Mon amie, Hope Thomason, est désormais propriétaire du Seashell Cottage dans le golfe de Floride, et elle a besoin que quelqu'un l'occupe cet été pendant que nous voyagerons en Europe comme nous en rêvons depuis des années.

— C'est tout ?

Ça ne semblait pas compliqué. En fait, ça paraissait même être un excellent moyen d'échapper à ses souvenirs, songea Jill. L'année scolaire serait terminée dans une semaine et elle n'avait rien prévu d'excitant pour les vacances d'été. Un long séjour sur la côte floridienne lui ferait peut-être du bien. Mais à chaque fois qu'elle tentait de faire quelque chose pour sa sœur, elle en sortait émotionnellement, et souvent financièrement, meurtrie. Une invitation à déjeuner dont Jill réglait finalement l'addition. Une séance de shopping censée être amusante qui virait au cauchemar quand Cristal boudait parce que Jill avait acheté la robe qu'elle voulait. Leur relation avait toujours frôlé le toxique.

— Ce n'est pas tout. Un vieil ami de la famille de Hope, Greg Campbell, a accepté de faire des petits travaux dans le cottage. Il logera pendant quelques semaines dans une des chambres d'amis, le temps de faire les rénovations.

— Un vieil ami ?

— Oui. C'est un ami du père de Hope, ils ont le même âge.

Jill laissa échapper un soupir de soulagement. De trop nombreux amis l'avaient poussée à recommencer à sortir. Elle n'y voyait aucun intérêt. Pas après la mort de Jay deux ans auparavant.

— Penses-y. Je te rappelle ce soir pour avoir ta réponse.

Cristal raccrocha avant que Jill n'ait le temps de poser davantage de questions.

Jill s'assit sur une chaise et regarda par la fenêtre de la cuisine du petit pavillon qu'elle considérait comme son foyer à Ellenton, une petite ville du nord de l'État de New York. Elle aurait dû le vendre depuis des mois. Les souvenirs qu'elle avait de sa vie dans cette maison n'étaient pas agréables. Elle avait cru qu'elle serait capable d'effacer les années misérables qu'elle avait vécues avec Jay en se débarrassant de ses affaires après son accident de voiture. Mais à présent l'espace lui semblait simplement vide. Et solitaire.

Ses pensées revinrent vers sa sœur. De trois ans son aînée, Cristal était la beauté de la famille. Sa mère avait déclaré à qui voulait l'entendre que Cristal tenait ses traits magnifiques, ses cheveux naturellement blonds et ses yeux bleus lumineux d'un parent à elle, alors que Jillian ressemblait plus aux Davis. La comparaison était douloureuse. Sans les mèches qu'elle devait raviver tous les quelques mois, les cheveux de Jillian étaient d'un brun délavé. Ses yeux noisette n'avaient pas la moindre trace de bleu. Pire encore, la silhouette grande et élancée de Cristal semblait narguer celle de Jillian, plus petite et pulpeuse. Rien n'était jamais à son avantage. C'en serait comique si ça ne ressemblait pas tellement à un conte pour enfants bien connu.

Jill se leva et arpenta la cuisine, l'esprit en ébullition. Ce n'étaient pas leurs différences physiques qui avaient rendu sa relation avec Cristal difficile. C'était la propension de Cristal à manipuler les autres pour obtenir ce qu'elle désirait. Jill savait qu'elle avait tort de conserver ses vieilles blessures enfouies en elle, mais de temps en temps, l'une d'entre elles réussissait à percer la carapace dont elle s'était enveloppée. Comment pourrait-elle oublier que Cristal lui avait volé son petit ami à l'université, le seul gars avec lequel elle avait espéré passer sa vie ? Jill renifla de dédain. Elle n'aurait peut-être jamais prêté attention à Jay si Cristal n'avait pas pensé qu'il était canon. Comment une rivalité pouvait-elle être aussi stupide ?

Son téléphone sonna avant qu'elle ne puisse s'appesantir sur le sujet. Jill sut de qui il s'agissait avant de vérifier l'identité de l'appelant. Sa mère, Valerie Davis, aimait mettre son nez partout. Cristal l'avait sans doute appelée pour qu'elle vienne à la rescousse.

— Bonjour maman, répondit Jill sans enthousiasme.

— Bonjour chérie. Cristal m'a appelée pour me dire qu'elle t'avait organisé de belles vacances d'été. C'est tellement gentil de sa part.

— Elle m'a demandé de lui rendre service pour pouvoir voyager en Europe avec son amie, répliqua calmement Jill, hésitant toujours à accepter l'idée ou ce qu'elle impliquait.

— Eh bien, si tu n'y vas pas, je suis sûre qu'ils trouveront quelqu'un d'autre pour loger au cottage. Il a l'air charmant. Tu devrais être reconnaissante à Cristal d'avoir pensé à toi, la réprimanda sa mère. Imagine, un été entier à te détendre.

Il serait inutile de discuter.

— Tu as peut-être raison, dit Jill. Je pourrais profiter des vacances pour m'éloigner d'ici.

L'idée lui parut soudain séduisante. Ce changement dans ses habitudes lui donnerait peut-être l'occasion de réfléchir, de prendre des décisions importantes et un nouveau départ dans la vie. Dieu savait qu'elle avait déjà été dans un néant émotionnel avant que Jay ne se tue.

— Magnifique ! s'exclama sa mère avec satisfaction. Je suis heureuse que tu aides ta sœur. Hope et elle ont planifié cet été depuis longtemps et la pauvre Cristal a travaillé très dur.

— Tu veux dire en tant qu'hôtesse dans un club de Miami ?

— Écoute Jillian, elle fait de son mieux. Et avec son allure, elle n'a pas besoin de passer son temps à enseigner.

— Oh ? Parce que j'enseigne…

Jill s'interrompit. Elle n'aimait pas la personne qu'elle devenait quand elle interagissait avec sa famille. Son père avait été le seul à l'accepter pour qui elle était et il était mort depuis plusieurs années.

— Ce n'est pas ce que j'ai voulu dire, Jillian, dit sa mère avec une pointe d'excuse dans la voix.

— Bon, il faut que j'y aille, dit Jillian. Je te ferai part de ma décision.

— Oui, s'il te plait. Je vous aime toutes les deux et j'espère que vous vous entendrez un jour.

Jill soupira.

— Au revoir maman.

Bien que sa journée ait été gâchée par l'habituel échange avec sa mère, Jillian commençait à être tentée par l'idée de s'échapper dans un endroit lointain.

Plus tard, alors que Jill se renseignait en ligne sur le Seashell Cottage, l'excitation l'envahit. Les photos révélaient un bel endroit. Ce n'était pas un simple cottage, c'était une magnifique maison avec trois chambres et trois salles de bains qui donnait sur une vaste plage de sable. Il y avait même une piscine couverte.

Avant d'avoir le temps de changer d'avis ou de s'attarder sur l'idée que quelque chose n'allait pas parce que sa sœur était impliquée, Jill tapa le numéro de Cristal et laissa un message après le bip.

— Salut Cristal, c'est Jill. J'ai décidé de passer l'été au Seashell Cottage pour que Hope et toi puissiez voyager. Je descendrai en Floride en voiture dès que l'année scolaire sera terminée la semaine prochaine... Je devrais arriver le huit juin et je resterai jusqu'à la fin août. Dis-moi si ces dates vous conviennent, à Hope et à toi.

Et comme elle détestait les conflits, elle fit une pause et prit une grande inspiration avant d'ajouter :

— Et, Cristal, merci d'avoir pensé à moi.

Cristal rappela le soir même. Le bruit de la musique et de la fête qui résonnait en arrière-plan rendait la conversation difficile, mais Jill comprit que Cristal était heureuse qu'elle loge au cottage.

— Tu verras. Cet été sera une bonne chose pour toi, Jilly. Il le sera pour nous deux, en fait.

— Je l'espère, répondit Jill avec honnêteté.

Elle était plus que prête pour du changement.

###

Dix jours plus tard, Jill se gara devant le Seashell Cottage et sentit des larmes de gratitude lui monter aux yeux. Il était magnifique. Quand elle descendit de voiture, l'air marin emplit ses narines. Avant même d'explorer la maison, Jill courut sur la plage, les bras grands ouverts comme pour embrasser sa nouvelle existence. Le sable, réchauffé par le soleil, caressait sa peau à travers ses sandales. Elle ôta ses chaussures et les lança en l'air. Elle passerait l'été pieds nus et l'esprit libre.

Arrivée au bord de l'eau, Jill planta ses pieds dans l'écume et soupira. La température était délicieuse. Le cri des goélands au-dessus d'elle attira son regard vers le ciel et elle observa un trio de pélicans qui parcourait la surface de la mer en quête de nourriture.

Jill entrelaça ses doigts et poussa un soupir satisfait. Elle avait eu raison de venir. Elle sentait déjà que certains de ses vieux secrets silencieux cherchaient à s'évader. Cet été, elle ne serait pas la veuve de Jay, la petite sœur de Cristal, une maîtresse de maternelle ou une fidèle bénévole de la bibliothèque. Elle allait trouver la personne qui se cachait en elle, celle qui avait été brisée.

— Bonjour. Vous devez être Jillian Conroy, dit une voix grave derrière elle.

Jill se retourna brusquement et se trouva face à face avec un charmant vieux monsieur aux joues rubicondes, vêtu d'un jean et d'un tee-shirt portant l'inscription Quincaillerie Smith sur la poitrine. Elle sourit.

— Et vous devez être Greg Campbell, l'homme à tout faire que Hope a engagé pour l'été.

— C'est moi, dit-il en lui rendant son sourire. Vous êtes pile à l'heure. Je suis là depuis une semaine et je vous ai laissé quelques trucs à faire.

— Ah ? réussit-elle à dire en tentant de masquer sa surprise.

Cristal n'avait mentionné aucune obligation.

— Ouaip, le linge sale s'accumule et j'en ai assez de me préparer la même chose à manger tous les soirs. J'ai entendu dire que vous êtes une excellente cuisinière.

Jill serra les poings et regarda mentalement ses plans exploser en vol et s'écraser au sol comme des coquilles brisées.

— Et que vous a-t-on dit d'autre à mon sujet ?

— Que vous savez très bien vous occuper des autres, que vous êtes prête à faire la cuisine et le ménage pour mon neveu Brody et moi en échange de votre séjour ici.

— Votre neveu ?

— Ouaip. Il arrive demain.

Il fit un signe de tête

— Je vais vous aider à porter vos valises.

— Merci, c'est très aimable.

Jill mit à contribution des années d'entraînement pour garder son sang-froid alors qu'elle n'avait qu'une seule envie : traverser l'espace et étrangler Cristal. Ce guet-apens était tellement typique de sa sœur. L'offre de vacances en Floride était une entourloupe. Elle était apparemment là pour cuisiner et faire le ménage pour l'équipe qui travaillait. Elle aurait dû s'en douter.

Une fois qu'ils eurent déposé ses bagages dans une des chambres, Jill prit le temps de visiter. Elle s'aperçut que les photos publiées en ligne étaient anciennes. Bien que tout soit joli, les murs et les boiseries nécessitaient une couche de peinture fraîche, et l'intérieur avait besoin d'être redécoré. C'était sans doute la raison qui avait poussé Hope à embaucher Greg et son neveu pour l'été. C'était la bonne saison pour le faire. Jill supposait que le cottage était loué pendant le reste de l'année.

Dans la buanderie, une pile de vêtements sales était posée par terre à côté d'un lave-linge à chargement frontal. Cachant son mécontentement, Jill les tria et enfourna un paquet d'affaires sombres dans la machine avant d'utiliser le fond d'une bouteille presque vide de lessive. Elle prit une profonde inspiration. Une visite au supermarché s'imposait. Elle se demanda quelles autres surprises l'attendaient.

Effectivement, elle ne trouva dans le frigidaire qu'un pack de coca à moitié vide, un gros morceau de fromage et pas grand-chose d'autre. Son estomac grommela. Bien que fatiguée par le trajet en voiture, elle s'attela vaillamment à établir la liste des produits qu'il lui faudrait acheter. Elle était passée devant un Publix pas très loin du cottage.

Greg s'était replié dans une des salles de bains où il étalait un enduit de ragréage quand Jill le rejoignit.

— Je vais au supermarché. Avez-vous besoin de quelque chose ? Avez-vous des allergies ?

Greg se redressa et lui fit face.

— Je n'ai besoin de rien de spécial, merci. Comme je l'ai dit, je suis heureux que vous ayez accepté ce boulot.

L'irritation de Jill fondit devant son sourire chaleureux. Bien que Cristal ait donné l'impression qu'il s'agissait de vacances, pas d'un boulot, elle ne pouvait lui en vouloir. Il avait l'air d'être gentil.

— Je vais faire de mon mieux. Je ne cuisine habituellement que pour moi.

— Vous n'êtes pas mariée ?

Sous une masse de cheveux gris, le regard bleu de Greg se fixa sur elle.

— Veuve. Depuis deux ans.

— Je suis désolé. Quel dommage. Mon Annie est partie depuis cinq ans. La vie n'est plus la même sans elle. Mon neveu Brody est seul aussi. Divorcé.

Jill se contenta de hocher la tête. Si Jay était toujours vivant, elle aurait peut-être pris son courage à deux mains et demandé le divorce aussi.

Sur le chemin du magasin, Jill appela sa sœur.

Cristal répondit d'un joyeux :

— Salut ! Tu es en Floride ?

— Oui, dit Jill avec circonspection. Je n'avais pas compris que j'avais été embauchée pour faire le ménage et la cuisine pour Greg Campbell. Son neveu va venir habiter au cottage aussi. Tu le savais ?

— J'avais entendu dire qu'il viendrait, mais je me suis dit que ça ne te dérangerait pas de t'occuper d'eux. Après tout, tu dois acheter à manger et préparer tes propres repas.

Comment est le cottage ? Aussi joli que sur les photos ?

— Le Seashell Cottage est charmant. Pour l'instant, Greg rafraîchit l'intérieur et il fera d'autres rénovations tout au long de l'été. C'est malgré tout une propriété magnifique et l'endroit est splendide.

— C'est tout ce qui compte. Profite. Hope et moi sommes à l'aéroport, prêtes à nous envoler. J'ai hâte !

En entendant le clic de fin de conversation, Jill prit une profonde inspiration. Ça ne valait pas la peine de se mettre en colère. Ce qui était fait était fait. Elle irait de l'avant et passerait le meilleur été de sa vie. Elle avait téléchargé de nombreux livres sur son iPad et profiterait de quelques semaines loin des enfants. Elle adorait ses jeunes élèves, mais les oublier un moment paraissait fabuleux.

Quand elle revint au cottage, Greg s'empressa de l'aider à décharger les provisions.

— On dirait qu'on va avoir de bons repas, dit-il joyeusement. C'est une bonne chose parce que Brody vient d'appeler. Kacy et lui arrivent ce soir plutôt que demain. Ils devraient être là dans une demi-heure.

Jill déposa avec précaution la plaquette qui hébergeait une douzaine d'œufs pour éviter d'en écraser le contenu entre ses mains.

— Qui est Kacy ?

Greg lui adressa un regard d'excuse.

— C'est la fille de Brody. Elle a huit ans et elle est un peu difficile. C'est pour ça que Brody en a la garde pendant tout l'été, son ex a besoin d'une pause.

Elle entendit la pointe de sarcasme dans sa voix et se laissa tomber sur la chaise la plus proche. Son été ne s'annonçait pas du tout comme elle l'avait imaginé. C'était de pire en pire.

###

Jill était dans la cuisine en train de faire revenir des oignons, des saucisses et de la viande hachée pour la sauce des spaghettis quand elle entendit un véhicule se garer dans l'allée. Elle ôta la poêle du feu et s'apprêta à accueillir les nouveaux arrivants.

Elle sortit de la maison à la suite de Greg et observa avec intérêt un jeune homme d'une grande beauté descendre d'un pick-up noir, faire un signe de la main et faire le tour du capot pour ouvrir la porte à sa fille.

Un pied chaussé d'une tennis rose resta un instant suspendu en l'air avant que la fillette ne saute au sol, où elle atterrit avec un bruit sourd. Vêtue d'une robe d'été rose, dotée de boucles claires et d'un visage aux grands yeux et aux joues rondes, elle évoqua une poupée à Jill.

— Nous y sommes, dit l'homme à sa fille. Nous allons passer un excellent été, je te le promets.

— Des beignets tous les matins comme tu l'as dit ?

La petite fille, dont le physique prouvait qu'elle mangeait trop de sucreries, adressa un sourire rusé à son père.

Il haussa les épaules avant de répondre.

— Nous en discuterons. À présent, allons dire bonjour. Tu te souviens de mon oncle Greg, n'est-ce pas ? Et voici…

Il s'interrompit quand il croisa le regard de Jill.

Elle ne put s'empêcher de fixer ses cheveux brun sombre, ses traits classiques et le sourire qui illuminait son visage au-dessus d'une petite fente dans son menton carré. Un frisson secoua les épaules de Jill alors qu'ils continuaient à se fixer du regard. Les yeux verts de cet homme l'attiraient comme s'ils étaient de vieux amis, et non deux personnes qui se rencontraient pour la première fois.

— Bonjour. Je m'appelle Jillian Conroy, dit-elle

finalement, avec le sentiment d'être un peu stupide pour avoir laissé autant de temps s'écouler en silence.

— Je déteste ce prénom, déclara Kacy en croisant ses bras sur sa poitrine alors que son regard voyageait de son père à Jill.

— C'est impoli, Kacy, la réprimanda son père avec un regard d'avertissement.

Il se tourna vers Jill en souriant.

— Salut, moi c'est Brody. Brody Campbell. Et voici ma fille, Kacy. Elle va rester avec moi cet été.

— C'est ce qu'on m'a dit, répondit calmement Jill en regardant Kacy saisir une des mains de son père entre les siennes.

Consciente que la fillette revendiquait la possession de son père, Jill lui adressa un sourire encourageant.

— Salut Kacy. Je pense que tu vas bien t'amuser ici. Attends de voir la plage.

Kacy fit une grimace à Jill alors que son père se tournait vers son oncle et l'engouffrait dans une étreinte virile.

— Salut Greg. Content de te revoir. Ça me fait plaisir qu'on travaille ensemble pendant les prochaines semaines. Je crois que ce sera une bonne chose pour Kacy.

— Non ! Je déteste déjà cet endroit, dit Kacy en avançant la lèvre inférieure pour former une moue qu'elle paraissait maîtriser à la perfection.

— Oh ! Chérie. Nous allons faire de notre mieux. Tu te souviens ? demanda doucement Brody.

Jill serra les dents en observant l'interaction entre eux. L'été serait encore pire qu'elle ne l'avait initialement imaginé. L'idée de faire ses bagages et de partir était tentante, mais elle ferait en sorte que ça fonctionne, d'une manière ou d'une autre. C'était de sa faute. Elle aurait dû savoir qu'elle ne pouvait pas faire confiance à sa sœur.

CHAPITRE DEUX

Kacy pénétra dans la pièce alors que Jill mettait la table pour le dîner.

— Qu'est-ce qu'on mange ?

Jill lui fit un sourire d'encouragement.

— Des spaghettis. Ce sera bientôt prêt. Tu as faim ?

— Beurk, dit Kacy en plissant le nez. Est-ce qu'il y a de la viande dans la sauce ? Je ne mange pas de viande.

Jill s'obligea à rester aimable.

— Dans ce cas, tu pourras prendre tes pâtes avec du beurre ou du fromage. Je fais également une bonne salade verte, comme ça tu auras le choix.

Les coins de la bouche de Kacy s'affaissèrent.

— Ma mère me fait manger de la salade tout le temps. Je ne mangerai pas de salade pendant que je serai ici.

Avec son expérience de professeur, Jill savait qu'il était important de fixer rapidement des limites.

— Je ne suis pas là pour superviser ce que tu manges, mais tant que je serai en charge de la cuisine, je préparerai un repas et les gens choisiront de le manger ou pas.

— Vraiment ? dit Brody, qui entrait dans la pièce, un sourire taquin aux lèvres. Greg m'a dit que vous étiez une bonne cuisinière.

Elle ramassa une cuillère et dit :

— Je n'en sais rien. Je ferai de mon mieux, mais je ne vais pas préparer des plats individuels.

— Ça me paraît normal. Je peux peut-être aider. Je sais faire une sacrée omelette et un super sandwich au jambon.

Kacy tira sur sa main.

— Papa, souviens-toi que je suis végane. Comme maman.

Bien que Brody continue à sourire, ses narines frémirent légèrement.

— Tant que tu es avec moi, on oublie les habitudes de maman, d'accord ?

— Oh, c'est vrai. C'est pour ça que je vais manger des beignets tous les jours.

Brody entoura Kacy d'un bras.

— Pas tous les jours. Ce n'est pas ce qu'on a dit. Mais nous allons nous amuser pendant l'été et ne pas trop nous soucier des règles. C'est compris ?

Kacy leva des yeux incertains vers lui.

— Je crois. Mais je ne mangerai pas la sauce des spaghettis. *Elle* y a mis de la viande.

Kacy lança un regard venimeux à Jill.

— J'ai dit à Kacy qu'elle pouvait avoir du beurre ou du fromage sur ses nouilles, et j'ai également préparé une belle salade verte, assura calmement Jill.

Elle ne réagirait pas à l'attitude négative de Kacy.

Les lèvres de Kacy formèrent la moue qui devenait déjà familière.

— Je ne veux pas de ça pour le dîner. Je veux autre chose. Je veux aller à *My Burger Place*.

Brody réfléchit.

— Eh bien, puisque c'est notre première soirée ici, tu peux peut-être y aller pour une fois.

Il se tourna vers Jill et haussa les épaules pour s'excuser.

— Je crois que je serai en retard pour le dîner, ce soir.

Le regard triomphant que Kacy lui adressa ennuya Jill, mais elle garda un visage impassible. Elle avait eu maille à partir avec assez d'enfants gâtés et de parents à leurs pieds pour savoir que Brody et Kacy devraient régler ça entre eux.

Elle n'était pas là pour s'occuper d'une gamine de huit ans. Elle était déjà chargée de faire la cuisine et le ménage.

Après le départ de Brody avec Kacy, Jill appela Greg.

Il entra dans la cuisine, renifla et sourit.

— Quelque chose sent merveilleusement bon. Avons-nous le temps de prendre un verre de vin avant le dîner ? Annie et moi aimions bien le faire. J'ai mis quelques bouteilles de côté ici dans la cuisine.

Agréablement surprise, Jill hocha la tête.

— Quelle bonne idée. Je n'ai pas encore eu la possibilité de me poser dehors et j'ai entendu dire que les couchers de soleil étaient spectaculaires, ici.

— Il est trop tôt pour le coucher du soleil, mais c'est un moment plaisant de la journée, idéal pour réfléchir. Donnez-moi une minute et j'ouvrirai un petit pinot noir.

— Mon préféré, dit Jill en réalisant qu'elle s'accordait bien peu de moments paisibles.

Plus tard, Jill sentit sa tension s'apaiser en regardant les vagues venir déposer un baiser bordé d'écume sur la plage avant de se retirer de nouveau. Elle se tourna vers Greg.

— Depuis combien de temps Brody et sa femme sont-ils divorcés ?

Greg secoua la tête.

— Deux ans. Allison a trouvé quelqu'un d'autre, un médecin qui gagnait beaucoup d'argent en bourse et l'affaire était faite. Je ne l'ai jamais beaucoup aimée. C'est une de ces femmes qui veulent tout le temps paraître parfaites. Elle a déjà fait du mal à Kacy en lui donnant l'impression qu'elle est moche parce qu'elle est un peu enrobée.

— D'accord. C'est pour ça que la nourriture est un sujet délicat.

Jill secoua la tête.

— Je comprends que Brody doit régler ça par lui-même, mais Greg, je ne laisserai aucun d'eux se servir de moi. En fait, je ne savais pas que j'aurais d'autres tâches à part surveiller la propriété.

Greg lui adressa un sourire entendu.

— Je connais Hope Thomason depuis des années, tout comme ses parents. Elle est très gâtée et habituée à obtenir ce qu'elle veut. On dirait qu'elle vous a roulée.

— Oh non, ce n'était pas Hope. C'était ma sœur, répondit Jill.

— Dites-m'en plus à votre sujet, l'encouragea Greg. Une belle jeune femme comme vous, toute seule. Quel dommage que votre mari soit mort.

Jill but une gorgée de vin et soupira.

— En fait, il s'est avéré qu'il n'était pas le chouette type que je pensais. Après plusieurs mois de mariage et trop de bières, il est devenu quelqu'un que je n'aimais pas du tout, quelqu'un qui me disait des choses horribles.

Elle écarquilla les yeux.

— Oh mon Dieu ! Je n'ai pas dit ça à grand monde.

— C'était peut-être le moment de le faire, dit simplement Greg. Les secrets finissent par vous dévorer le cœur.

Jill resta silencieuse. Elle supposait que c'était ce qui lui était arrivé. Garder son secret l'avait changée, lui avait fait perdre son enthousiasme pour de nombreuses choses. Elle avait refusé de sortir avec des gars bien, choisi de ne pas assister aux enterrements de vie de jeune fille et s'était finalement cachée chez elle pendant les deux dernières années. Et tout ça pour quoi ? Peut-être, comme le disait Greg, était-il temps de laisser ça derrière elle. Pendant qu'elle était loin de chez elle, peut-être pourrait-elle même parler à un autre professionnel de ce qu'elle avait dissimulé.

— Pourquoi ne pas servir le dîner tout de suite pour nous donner le temps d'admirer le coucher de soleil ensuite ? demanda Greg.

— Oui, allons-y, dit Jill en se levant.

Alors qu'ils se dirigeaient vers la cuisine, Jill étudia Greg du coin de l'œil. Elle lui donnait environ soixante-dix ans. Doté de pattes d'oies au coin des yeux et d'un naturel rieur, il dégageait un sentiment de contentement qu'elle trouvait attirant. Bien qu'il ait avoué se sentir seul, il prenait manifestement plaisir aux choses simples de la vie, comme un bon verre de vin ou un coucher de soleil.

Elle servit le dîner et ils s'assirent ensemble. Ils étaient au milieu de leur repas quand Brody et Kacy revinrent.

— As-tu eu ton hamburger ? demanda Greg à Kacy.

Elle lui adressa un sourire béat.

— Et des frites et un coca. Ma mère ne me laisse jamais manger ces trucs.

— Elle mérite d'être gâtée de temps en temps, dit Brody.

Kacy hocha la tête avec enthousiasme.

— Demain, on ira dîner au *Chicken Lickin*.

— Non, nous mangerons tous ici, déclara calmement Brody. Nous n'allons pas sortir dîner tous les soirs. C'était une occasion spéciale.

Les yeux de Kacy s'emplirent de larmes.

— Mais papa, tu avais promis.

— Non. J'avais dit uniquement ce soir.

Il se tourna vers Jill.

— Est-ce qu'il reste quelque chose pour moi ?

— Oui. C'est encore chaud, répondit-elle. Servez-vous.

— C'est délicieux, ajouta Greg en souriant à Jill.

— No-o-o-nn ! Tu dois manger avec moi. Pas avec *elle* ! s'écria Kacy.

— Tu as eu ton menu spécial. À présent, c'est mon tour, dit

Brody en prenant une assiette et en la remplissant.

Kacy hurla :

— Je te déteste !

Et s'enfuit en pleurant.

Chargé de son assiette pleine, Brody s'assit à table, les joues en feu.

— Désolé pour ça. Je fais de mon mieux, mais la nourriture est un problème, tout comme plusieurs autres choses.

— Je comprends, dit Jill avec sincérité. Je suis maîtresse en maternelle. Je vois parfois ce genre de comportement chez les enfants dont les parents sont divorcés ou qui traversent une période difficile. Il est parfois utile de parler à un psychologue.

Il l'observa.

— C'est mon métier. Je suis psychologue scolaire pour mon district en Pennsylvanie.

— Oh, je n'avais pas conscience...

Jill s'interrompit lorsqu'elle remarqua la tristesse qui s'inscrivait sur le visage de Brody.

— C'est un domaine que j'aime beaucoup.

Brody posa sa fourchette.

— Allison, mon ex-femme, pensait que je devrais faire autre chose, pour mieux gagner ma vie. Mais je sais que certains de ces enfants ont réellement besoin de quelqu'un à qui parler. Le problème, c'est que ça semble plus facile avec eux qu'avec ma propre fille.

— Brody, tu sais que les deux parents doivent travailler ensemble pour aider un enfant à sortir d'un mauvais pas. Tu vis exactement le contraire. Allison ne t'écoute pas, elle n'écoute personne. Si Annie était là, elle te dirait la même chose.

— Ouais, tu as raison. J'ai essayé de demander à Allison de me laisser la garde de Kacy, mais elle pense que son image de mère dévouée en pâtirait. C'est difficile de comprendre comment certaines personnes réussissent à cacher leur vraie personnalité...

Jill jeta un coup d'œil à Greg, puis dit :

— Vous n'avez pas besoin de vous justifier. Je connais tout ça par cœur.

Le regard de Brody se fixa sur elle.

— Je suis désolé, se contenta-t-il de dire, mais Jill eut l'impression qu'il avait vu en elle et découvert l'endroit où elle cachait son secret.

Elle sourit vaillamment pour tenter de passer à autre chose et enchaîna :

— Greg et moi allons admirer le coucher du soleil. Voulez-vous vous joindre à nous avec Kacy ?

La bouche pleine, Brody acquiesça.

Ils finirent de manger en silence. Dès qu'ils eurent terminé, Jill se leva.

— Je vais faire la vaisselle avant de vous rejoindre sur le porche.

Elle voulait éviter de poursuivre la conversation. Elle avait la sensation étrange que Brody en avait appris plus sur elle que la plupart de ses connaissances, à cause de sa réflexion sur ceux qui cachaient leur vraie nature. Personne n'avait jamais suspecté que Jay Conroy se transformait en tyran grossier dans l'intimité de leur foyer quand il avait trop bu. Pour eux, il était le mari attentif et poli qu'il prétendait être. Et il ne la frappait jamais, ne laissait jamais de traces visibles qui auraient pu corroborer ses dires. Plus l'abus avait duré, plus elle était devenue silencieuse.

Au souvenir de tout ce qu'elle avait enduré, Jill tritura un morceau d'essuie-tout en se demandant si elle se sentirait un jour de nouveau normale.

###

Jill trouva Greg installé dans un des fauteuils à bascule sur le porche. Brody et Kacy étaient assis sur le coussin de l'antique balancelle suspendue à deux poutres en bois. Le disque jaune du soleil couchant commençait juste à glisser derrière l'horizon, auréolé de rayons oranges, rouges et pourpres qui formaient une tiare scintillante autour de lui.

Jill soupira devant tant de beauté et prit le siège libre à côté de Greg. Les yeux levés vers le ciel, elle fut enveloppée d'une sensation de paix en écoutant le bruit régulier des vagues sur le sable.

Quand le soleil fut entièrement caché et que l'obscurité envahit le ciel, Brody se leva.

— Il est temps d'aller se coucher, Kacy. La journée a été longue et demain s'annonce chargé.

Kacy croisa les bras sur sa poitrine.

— Non, je n'y vais pas. Maman me laisse rester debout jusqu'à ce que je lui dise que je suis fatiguée. Elle dit que c'est plus facile comme ça.

— Oui, mais tu es avec moi. Et quand je dis qu'il est l'heure d'aller au lit, c'est qu'il est l'heure, dit calmement Brody en lui tendant la main.

Avec un soupir retentissant, Kacy la saisit et ils quittèrent le porche.

— Vous croyez vraiment qu'Allison autorise Kacy à rester debout aussi tard qu'elle le souhaite ? demanda Jill à Greg.

En dépit de son désir de rester en dehors des histoires de cette famille, elle était curieuse. Elle avait pensé pendant un temps vouloir une maison pleine d'enfants, mais cette idée avait disparu après son mariage avec Jay. Elle n'aurait jamais soumis un enfant à sa cruauté. Par ailleurs, elle avait bien conscience qu'il n'était pas facile d'élever des enfants ni de les éduquer. Gérer sa classe l'épuisait physiquement, mentalement et émotionnellement. Elle entendait bien prendre autant de temps pour elle que possible maintenant qu'elle était libre pour l'été.

— Pour répondre à votre question, je ne serais pas surpris qu'il y ait un peu de vrai dans l'affirmation de Kacy à propos de son horaire de coucher, commenta Greg. Allison n'apprécie pas le boulot et les contraintes d'être parent. Elle ne voulait même pas de Kacy. Elle n'a jamais voulu avoir d'autre enfant, malgré le désir de Brody.

— Oh, je suis désolée. Ça doit être compliqué pour tous les trois.

— Annie et moi n'avons pas eu d'enfant. Nous n'avons pas pu en avoir, ce qui rend Brody tellement spécial à mes yeux. Mon frère, paix à son âme, est mort quand Brody était adolescent, et Annie et moi avons en quelque sorte pris sa place.

L'émotion envahit le visage de Greg, lui donnant une teinte rosée.

— C'était gentil de votre part, affirma Jill, enflammant davantage les joues de Greg.

Elle leva les yeux sur Brody qui se tenait dans l'encadrement de la porte.

— Comment va-t-elle ? demanda-t-elle malgré elle.

— Elle a été assez fatiguée par le voyage pour s'endormir.

Brody sortit sur le porche et reprit place sur la balancelle. Il se tourna vers Jill.

— Je ne sais pas quelles sont vos obligations pendant votre séjour ici, mais je me demandais si vous pourriez m'aider avec Kacy. Je vais être occupé avec Greg. Et même si j'ai inscrit Kacy dans un camp de vacances à côté d'ici, j'aurais besoin que vous la surveilliez pendant une ou deux heures l'après-midi.

Jill réfléchit, indécise. Elle n'avait pas prévu de jouer à la baby-sitter.

— Que diriez-vous de me demander chaque matin ce que j'ai de prévu pour l'après-midi ? J'ai pour mission de préparer les repas, je devrais avoir quelques débuts de soirée disponibles.

— Jill ne savait pas que nous serions tous ici ou qu'elle était censée cuisiner et faire le ménage pour nous, dit Greg. C'est une espèce de malentendu.

Les yeux de Brody s'écarquillèrent.

— Oh, je n'en avais aucune idée. Eh bien, j'imagine que je peux demander à un des moniteurs du centre s'il connaît une baby-sitter.

— On verra au jour le jour, dit Jill, qui ne voulait pas se montrer difficile. Je vais avoir besoin d'être seule le plus souvent possible. Après tout, j'ai cru que ce serait mes vacances d'été.

— Je comprends, dit Brody.

Ils restèrent assis tranquillement à regarder la mer. Dans l'obscurité, la crête des vagues avait des reflets phosphorescents et émettait des éclairs lumineux.

Jill les montra du doigt.

— Regardez ! C'est grâce...

— Au plancton, dirent Jill et Brody à l'unisson.

Jill déclara en riant :

— Les grands esprits se rencontrent.

Brody lui sourit.

— Ou les intellos amateurs de science.

Une douce chaleur envahit Jill. Cet été, elle pourrait peut-être être amie avec un homme. Un homme auquel elle pourrait faire confiance pour ne pas lui faire de mal. Un homme qu'elle garderait à distance.

CHAPITRE TROIS

Le lendemain matin, Jill était encore au lit quand elle entendit du vacarme dans la cuisine. Elle se leva, s'enroba dans un léger peignoir et se hâta d'aller voir ce qui se passait.

Brody leva les yeux vers elle quand elle entra dans la pièce.

— Désolé pour le bruit. J'étais en train de ranger les plats quand cette poêle est tombée au sol. Je pensais lancer le café.

— Je suis censée faire la cuisine pour vous. Donnez-moi une minute pour m'habiller.

Brody secoua la tête.

— Vous n'avez pas à faire ça. Je peux m'occuper du petit déjeuner. Comme ça, vous pouvez dormir plus longtemps.

La bouche de Jill s'ouvrit toute seule.

— Vous feriez ça pour moi ?

Il haussa les épaules.

— Pourquoi pas ?

— Mais...

— C'est bon, Jill. Je suis un lève-tôt.

Les pensées de Jill se mirent à tourbillonner. Elle ne pouvait pas le laisser faire à moins que...

— D'accord. En échange, je m'occuperai de Kacy l'après-midi à son retour du centre de loisirs. Vous n'êtes là que pour quelques semaines, c'est ça ?

— Oui. Greg a estimé qu'il ne nous faudrait que trois ou quatre semaines pour finir le boulot. À moins qu'on découvre quelque chose d'inattendu.

— Très bien. Alors on est d'accord ? demanda Jill en lui tendant la main.

L'idée de pouvoir se lever à l'heure qu'elle voulait lui paraissait excellente.

— Ça marche.

Il entoura ses doigts avec sa main.

Elle frissonna lorsque des picotements d'énergie remontèrent le long de son bras et retira rapidement sa main.

Un grand sourire illumina le visage de Brody.

Cette après-midi-là, quand Brody ramena Kacy au cottage après l'avoir récupérée au centre, Jill l'accueillit aimablement.

— Salut ! Je suis contente de te voir. On dirait qu'on va passer une partie de l'après-midi ensemble. Tu veux qu'on aille à la plage ?

Kacy secoua la tête.

— Je reste ici avec mon papa.

— J'ai trouvé des livres à colorier dans un des tiroirs de la cuisine. Tu veux aller les chercher ?

— Non. C'est pour les bébés.

Kacy la défia du regard.

Jill jeta un coup d'œil à Brody et haussa les épaules.

— OK. Je suppose que je vais aller à la plage, peut-être tremper mes pieds dans l'eau.

Elle se dirigea vers la porte.

— Tu ferais mieux d'aller avec Jill, Kacy, dit Brody. Je vais devoir travailler.

— Elle n'est pas ma mère, dit Kacy.

— Certainement pas, acquiesça rapidement Brody en faisant un clin d'œil à Jill. C'est une gentille dame qui accepte de nous aider.

— D'ac-cord, dit Kacy. Mais je ne l'aime pas.

— Je te demande d'être polie, Kacy, dit fermement Brody. Je retourne travailler. Amuse-toi bien avec Jill. À plus.

Après le départ de son père, Kacy fit face à Jill.

— On peut emporter un goûter ?

— Bien sûr, répondit Jill. Je vais prendre du raisin et nous pourrons partir.

Bien que Kacy se montre difficile, Jill se rendit compte qu'elle souffrait.

Alors qu'elles déambulaient sur la plage, pataugeaient dans l'eau et cherchaient des coquillages, Kacy gardait le silence. Jill ne s'en inquiéta pas. Elle savait qu'il leur faudrait du temps pour apprendre à se connaître.

Quand elles rentrèrent au cottage, Brody les attendait à la porte.

— Vous avez passé un bon moment ? demanda-t-il à Kacy en la faisant tournoyer dans ses bras puissants.

— Mm-h m-m-h, marmonna Kacy en jetant un coup d'œil à Jill.

Jill sourit.

— Les balades tranquilles sont parfois les meilleures. À présent, je ferais mieux de commencer à préparer le dîner.

— Merci, dit Brody. Je suis prêt. Je pourrais manger un bœuf. Ou peut-être un dinosaure.

— Moi aussi ! s'exclama Kacy en riant quand son père la chatouilla, déclenchant le sourire de Jill.

Jill se rendit à la cuisine, moins stressée par ses nouvelles obligations. De toute façon, le cottage serait tout à elle pendant la deuxième moitié de l'été.

Le matin suivant, Jill resta au lit, heureuse d'en avoir la possibilité. Elle entendit les voix graves et calmes de Brody et Greg en bruit de fond, puis les jérémiades plus aiguës de Kacy. Elle se retourna et étreignit son oreiller. C'était merveilleux d'avoir son propre espace. Par ailleurs, elle n'était pas vraiment du matin.

Après que Brody et Kacy eurent quitté la maison, Jill sortit du lit et se rendit à la salle de bains pour prendre une douche. L'eau chaude glissa sur sa peau comme une caresse soyeuse. Elle leva le visage vers l'eau qui cascadait sur elle, transportée de plaisir. Aujourd'hui, elle marcherait sur la plage et explorerait un peu les environs avant de s'installer pour lire un livre.

En se séchant, elle étudia son reflet dans la paroi en verre de la douche. Bien qu'elle ne soit pas aussi grande et mince que sa sœur, elle était de taille moyenne et avait des formes bien placées. Au début, Jay avait apprécié ça chez elle. Elle se retourna et s'examina dans le miroir au-dessus du lavabo. Les cheveux lisses étaient à la mode. Les siens atteignaient ses épaules et étaient de la bonne longueur pour les nouer en queue de cheval. Elle les écarta de son visage et étudia ses yeux noisette et ce que sa mère appelait le nez des Davis. Long et droit, il semblait mieux convenir à un visage mature. À trente-deux ans, elle apprenait à être moins critique envers elle-même. Elle n'avait pas la beauté blonde de Cristal, mais elle n'était pas laide. Et surtout, elle était en bonne santé.

Elle enfila un maillot de bain, mit un short par-dessus et entra pieds nus dans la cuisine. Greg était assis à table et examinait des plans.

— Bonjour, dit joyeusement Jill. On dirait qu'il va encore faire très beau aujourd'hui..

— Oui, profitez de votre matinée dehors avant qu'il ne fasse trop chaud, dit Greg.

Jill se servit un café.

— Brody a accepté de faire le petit déjeuner tous les matins. En retour, je surveillerai Kacy les après-midi.

Greg hocha la tête.

— Oui. Il me l'a dit. Ça me semble équitable.

— Je l'espère, dit Jill. Kacy va représenter un vrai défi. Je sais ce que ça fait lorsque les autres vous font croire que vous êtes quelconque.

Les sourcils de Greg s'arquèrent.

— Un autre secret ?

— Nan, tout le monde savait que j'étais la sœur moche, celle qui tenait du côté des Davis. Un voisin avait l'habitude de m'appeler « celle qui n'est pas jolie ».

— J'espère ne pas vous embarrasser, mais il n'y a rien à redire à votre apparence. De toute façon, on ne devrait pas y accorder autant d'importance.

— Pour les petites filles, c'est très important, répondit doucement Jill.

Elle sortit un yaourt du frigo.

Assise en face de Greg, elle demanda :

— Que diriez-vous d'un sauté de poulet pour ce soir ?

— C'est parfait. Brody et moi allons travailler dehors ce matin et dans une des salles de bains cette après-midi pour éviter les fortes chaleurs. Je serai prêt pour un repas consistant ce soir.

— Très bien, alors je préparerai ça pour le dîner.

Jill était debout devant l'évier et rinçait les assiettes quand Brody entra dans la pièce.

Un sourire incurva ses lèvres quand il la parcourut du regard.

— J'ai mis Kacy sur les bons rails au centre de loisirs. Du moins, je l'espère.

— Ça pourrait lui prendre un moment pour s'adapter. Donnez-lui du temps.

Il hocha la tête.

— C'est exactement ce que je pensais.

Il se tourna vers Greg.

— Tu as décidé de ce que nous allions faire ce matin ?

— Oui. Nous allons vider la piscine pour pouvoir la nettoyer et la repeindre.

— OK. Je suis prêt.

Avec son jean coupé aux genoux et un tee-shirt blanc qui épousait ses muscles, il était... disons... super sexy.

Jill se détourna pour terminer la vaisselle avant d'aller chercher ses lunettes de soleil et son écran solaire. Tâche suivante pour la journée : une promenade sur la plage.

Elle sortit et inspira l'air chaud et iodé. C'était merveilleux d'être loin de chez elle. Elle marcha sur la plage et agita les orteils dans le sable, se sentant aussi libre qu'eux. Fini les secrets. Fini de se cacher dans une maison. Fini d'espérer que personne ne penserait qu'elle était nulle comme Jay le lui avait hurlé encore et encore. Si elle pouvait rentrer chez elle à la fin de l'été avec beaucoup moins de bagage émotionnel, le boulot qu'elle avait à faire ici en aurait valu la peine. Même s'il fallait pour ça qu'elle s'occupe de Kacy quelques heures tous les jours.

Son moral remonta au cours de sa balade le long de l'eau.

Ses pas ralentirent à la pensée de Kacy. Elle reconnaissait la douleur quand elle la voyait, même cachée derrière une conduite de sale gosse. D'une manière ou d'une autre, elle aiderait cette petite fille tant qu'elle devrait passer du temps avec elle.

Au loin, un ponton en bois attira son attention. Jill accéléra l'allure.

Elle monta sur la longue structure en bois et marcha jusqu'à l'extrémité en écoutant le doux bruit des vagues qui léchaient les pylônes qui la supportaient.

Plusieurs personnes – des hommes, des femmes et des enfants – pêchaient. Le calme qui les entourait était perturbé de temps à autre par le cri de victoire de quelqu'un qui sortait un poisson de l'eau. *La pêche, c'est tellement typique du bord de mer*, songea-t-elle. Et elle décida de fouiller le cottage à la recherche d'une canne à pêche qu'elle pourrait emprunter. Assise, elle regarda l'action, laissant ses pensées dériver et ses muscles se décontracter. Quand elle consulta sa montre, elle s'aperçut qu'elle était partie depuis plus de deux heures et prit le chemin du retour.

Brody et Greg, debout dans la piscine vide, en contrôlaient l'intérieur quand elle revint au cottage.

— Que faites-vous ? demanda-t-elle.

— On a nettoyé, colmaté et réparé la surface, dit Greg. À présent, il faut attendre un jour ou deux que ça sèche. Ensuite, on la repeindra.

— Prêts à déjeuner ?

— Juste à temps, dit Brody en se tapotant l'estomac.

— Ça arrive tout de suite.

Elle se détournait pour rentrer dans la maison quand elle entendit un glapissement derrière elle. Elle fit rapidement demi-tour.

Greg était couché sur le côté en bas de l'escalier de la piscine vide et se tenait le bras droit.

— Oh ! Zut ! Je crois que mon bras est cassé.

— Que s'est-il passé ? s'écria Jill en descendant les marches pour le rejoindre.

En se tenant toujours le bras, Greg leva vers elle un regard penaud.

— J'ai raté une marche.

— Bon, voyons l'étendue des dégâts, dit Jill en l'observant avec attention. Vous avez mal ailleurs qu'au bras ?

Brody s'agenouilla à côté d'eux.

— Les jambes, les hanches, le dos… Ça va ?

— Oui. Je suis tombé sur mon bras.

Il secoua la tête.

— Je n'arrive pas à croire que j'ai mal estimé la hauteur de la marche.

Brody hocha la tête avec commisération. Il tapota le dos de Greg.

— On va aller voir un médecin. Je préférerais qu'un professionnel t'examine.

Une fois Greg sur ses pieds, Brody lui parla doucement et l'entoura d'un bras pour l'aider à monter l'escalier.

— Vous vous sentez bien ? Pas d'étourdissement ou de nausée ? demanda Jill en les suivant hors de la piscine, attentive au moindre signe de douleur.

— Non, c'est juste le bras. Ça fait un mal de chien, mais c'est tout.

Le bras de Greg était plié de manière peu naturelle et commençait à enfler. En dehors de ça, il paraissait aller bien.

— Je vais l'emmener à l'hôpital, lui dit Brody. Je vous appellerai en cas de complication.

— D'accord. Je vous texte mon numéro. Tenez-moi au courant. Je vais préparer des sandwiches pour quand vous reviendrez.

Jill les accompagna jusqu'au pick-up de Brody et le regarda anxieusement installer Greg dans le siège du passager et lui mettre sa ceinture de sécurité. Brody se glissa ensuite derrière le volant et, après un petit signe de la main, démarra et sortit de l'allée.

Encore secouée par ce qui venait de se produire, elle s'assit sur un des fauteuils à bascule du porche avant et prit une profonde inspiration. La chute inattendue de Greg était un rappel des surprises de la vie.

Plus tard, son téléphone sonna alors qu'elle préparait un ragoût pour le dîner. Elle vérifia l'identité de l'appelant et décrocha.

— Salut Brody. Comment va Greg ?

— Aussi bien que possible. Ils ont fait des radios. C'est une fracture assez simple à réparer. Mais à cause de son âge, ça prendra plus longtemps à guérir. Il aura un plâtre pendant les prochains mois.

— Oh, non ! Comment allez-vous faire pour continuer à travailler ?

— On verra ça ensemble. Greg dit qu'il est encore capable de faire certaines choses, mais honnêtement, je ne vois pas comment. Je peux en faire beaucoup par moi-même, mais ça veut dire que je vais devoir passer tout l'été au Seashell Cottage.

— Je vois, dit Jill, sans vraiment savoir comment prendre la nouvelle. Nous devrons prendre le temps d'en discuter quand vous reviendrez tous les deux à la maison.

— On est là pour un moment. Pourriez-vous me rendre service et aller chercher Kacy au centre de loisirs à seize heures ? Je vous texterai l'adresse. Il faudra que vous expliquiez ce qui s'est passé à Mlle Melanie ou Mlle Susannah. Il faudra aussi que vous soyez inscrite sur leur liste de personnes autorisées à passer prendre Kacy. Je m'en charge d'ici.

— Très bien. C'est comme si c'était fait. Dites à Greg que je pense très fort à lui.

Elle mit fin à l'appel et vérifia l'heure sur son téléphone. Elle pouvait lire pendant deux heures. Avec un peu de chance.

La chance voulut justement qu'elle ait terminé le premier chapitre de son livre quand son téléphone sonna de nouveau. Elle fronça les sourcils. *Centre de loisirs Sunnyside.* Elle accepta l'appel.

— Allô ?

— Allô. Est-ce que je parle bien à Jill Conroy ?

— Oui. Que se passe-t-il ?

— Bonjour. Je suis Melanie Heckinger, une des propriétaires du centre de loisirs Sunnyside. J'ai appris que c'était vous qui passeriez chercher Kacy Campbell. C'est exact ?

— Oui. Son père m'a demandé de m'en charger cette après-midi.

— Nous souhaiterions que vous veniez immédiatement. Elle a été impliquée dans un incident ici et elle veut rentrer.

— Ah ? Que s'est-il passé ?

— Un garçon l'a insultée et elle l'a frappé. Il saigne du nez.

— Pouvez-vous me répéter ce qu'il lui a dit ? demanda Jill, presque certaine du type d'insulte qu'il avait employée.

— Il l'a appelée Casimir et lui a dit qu'elle était tellement grosse qu'elle éclaterait comme un œuf si jamais elle tombait.

— Oh non ! C'est méchant.

Elle ne voulait pas encourager Kacy, mais ces mots suffisaient à donner envie à n'importe quel enfant de répondre.

— Nous avons discuté avec les deux enfants et, à présent, nous demandons aux parents de venir les chercher pour leur expliquer ce qu'est la cruauté verbale et l'importance d'être gentil. Notre centre aéré est fier de fournir un environnement sain et ouvert. Avant d'être accepté au centre, chaque enfant doit signer un accord disant qu'il soutient notre cause, de même que ses parents.

— Très bien. J'arrive.

Jill vérifia que Brody lui avait bien envoyé l'adresse du centre et ferma son livre. Un autre problème avec Kacy.

CHAPITRE QUATRE

Jill prit l'allée entre les piliers qui soutenaient une enseigne indiquant clairement « Centre de loisirs Sunnyside ». Situé entre les plages de Treasure Island et de St Pete, le bâtiment administratif du centre ressemblait à une maison des années cinquante. Sur un des côtés, un grand auvent protégeait du soleil quelques enfants penchés sur des tables où ils travaillaient apparemment sur des projets créatifs.

Après avoir garé sa voiture, elle examina la maison. Construite en parpaings peints en bleu océan, la maison de plain-pied accueillait les visiteurs par un minuscule porche flanqué de poteaux qui supportaient une partie du toit. De chaque côté de la porte d'entrée, une fenêtre dotée de volets blancs faisait face à l'allée. Un palmier, planté au coin de la bâtisse, émettait une sorte de musique lorsque la brise marine agitait régulièrement ses feuilles. Des buissons d'hibiscus et d'autres fleurs éclatantes adoucissaient la façade de la maison.

Soignés et bien entretenus, la maison et le jardin paraissaient ne pas avoir souffert de la présence des nombreux enfants que Jill suspectait d'avoir traversé cet espace. Un chemin bétonné bordé de coquillages cassés et décolorés par le temps la conduisit jusqu'au porche avant, où elle sonna à la porte.

Une femme au visage agréable, dotée de courts cheveux gris et de grands yeux bleus, ouvrit la porte.

— Ah, vous devez être Jill Conroy. Je suis Melanie. Entrez, s'il vous plait.

Jill pénétra dans l'entrée et examina l'aménagement

intérieur. À droite, elle découvrit un bureau. À gauche, un petit salon. Depuis l'entrée, elle apercevait la cuisine à l'arrière de la maison, où une autre femme aux cheveux gris s'activait.

— Allons dans mon bureau, dit Melanie. Nous y serons tranquilles pour discuter.

Le bureau de Melanie était petit, mais meublé avec goût. Des étagères chargées d'un mélange de livres et d'objets colorés faits à la main – par les enfants, supposa Jill – tapissaient tout un mur. Au centre de la pièce, deux chaises faisaient face à un bureau. Un classeur métallique gris occupait le coin derrière le bureau, et le milieu de ce mur accueillait un grand tableau encadré d'un garçon agenouillé avec une chienne et ses chiots.

— Est-ce que c'est une reproduction de Norman Rockwell ? demanda Jill, attirée par la lithographie.

Melanie sourit.

— C'est « Pride of Parenthood ». J'adore ce tableau. Au centre Sunnyside, nous pensons que tous les enfants devraient bénéficier de parents bienveillants. C'est exactement ce qu'il représente.

— C'est charmant.

Jill s'assit sur une des chaises qui faisaient face au bureau, alors que Melanie s'installa derrière.

Melanie s'éclaircit la gorge.

— J'ai cru comprendre que vous étiez une connaissance de la famille.

— Oui. Je viens juste de rencontrer Kacy et son père. C'est une longue histoire, mais je rends service à la propriétaire du Seashell Cottage et je ne savais pas que je devrais partager les lieux avec eux.

— Vous n'avez donc pas conscience des difficultés que Kacy a déjà eues par le passé ?

— Non. Mais on m'a parlé des problèmes qu'elle a avec sa mère. Le rapport à la nourriture en fait partie.

Melanie hocha la tête.

— Oui, je l'ai remarqué. Y a-t-il autre chose que je devrais savoir avant qu'on ne retrouve Kacy ? Pour le moment, elle est dans notre bâtiment extérieur. Je lui ai demandé d'écrire une lettre pour expliquer à Justin qu'elle était désolée.

— Rien qui me vienne à l'esprit. Son père est ouvert à toutes les suggestions sur son problème. Je suis sûre que vous devriez être en mesure d'en discuter avec lui. Il est à l'hôpital avec son oncle pour l'instant. Mais je lui demanderai de vous appeler dès qu'il en aura l'occasion. Avez-vous une carte ?

Melanie lui tendit une carte jaune avec un logo en forme de soleil. Les noms des deux propriétaires étaient inscrits sous celui du centre : Melanie Heckinger et Susannah Magellan.

— Le centre vous appartient ?

Jill ne put cacher sa surprise. Melanie donnait plus l'impression d'être une grand-mère à l'ancienne bien dans sa peau qu'une femme d'affaires.

Un sourire qui atteignit ses yeux releva les coins de la bouche de Melanie.

— Personne n'en est plus surpris que moi. Après mon divorce, je ne savais pas trop quoi faire de ma vie. Un jour, j'ai rencontré Susannah sur la plage. Elle venait de perdre son mari. Elle était au bout du rouleau et se demandait ce qu'elle allait faire de sa maison. Nous avons discuté et c'est ainsi que le centre a vu le jour. Tout s'est très bien arrangé. Nous habitons toutes les deux dans une copropriété le long de la plage.

— C'est elle qui travaille dans la cuisine ? demanda Jill.

Melanie s'esclaffa.

— Oui, c'est Susannah, même si tous ceux qui nous rencontrent pour la première fois pensent que c'est plutôt moi qui me charge des repas.

Elle se tapota joyeusement l'estomac.

Jill ne put s'empêcher de sourire. Elle aurait eu la même idée.

— Depuis combien de temps tenez-vous ce centre ?

— C'est notre huitième été. Nous sommes aussi ouverts en journée pendant les autres vacances et les week-ends. Et les hôtels avoisinants font parfois appel à nous pour les enfants de leurs clients pendant la haute saison.

— Vous avez du personnel ?

Jill était curieuse. Elle aimait l'idée que deux femmes aient monté une affaire de ce genre. Elle prit conscience qu'elle pourrait devenir indépendante et s'affranchir du passé si elle trouvait elle-même une idée originale.

— Oh, oui. Nous avons quatre employés à temps plein. Nous en cherchons un cinquième. Et de temps en temps, nous embauchons des temps partiels pour certaines activités spécifiques comme la musique, la plongée et plein d'autres choses. Cet été, nous avons déjà soixante enfants de différents âges inscrits. D'autres s'ajouteront avec le temps.

Jill prit une profonde inspiration pour calmer son esprit galopant, puis laissa échapper :

— Je suis maîtresse de maternelle dans l'État de New York. J'ai aussi enseigné en primaire. J'adorerais travailler dans ce genre d'environnement.

Les yeux de Melanie s'agrandirent et leurs coins se plissèrent de plaisir.

— Je vais vous donner un formulaire. Je serais très intéressée par votre candidature.

Elle chercha dans un tiroir de son bureau et tendit une feuille de papier à Jill.

— Remplissez ça et nous en discuterons. Nous sommes difficiles dans nos recrutements. Naturellement, ce genre de décision est prise à deux.

— Merci beaucoup.

Jill plia soigneusement le papier et le rangea dans son sac à main.

— À présent, allons voir ce que Kacy a fait de cette lettre, dit Melanie en se levant.

Ses yeux pétillèrent d'humour.

— Je ne devrais pas dire ça, mais j'espère que vous comprenez qu'une part de moi est contente que Kacy se soit défendue. Elle doit simplement trouver une nouvelle manière plus efficace de supporter les moqueries.

— Et pour le problème sous-jacent ? demanda Jill.

— Son poids ?

Melanie lui adressa un regard pensif.

— J'ai la sensation que moins on en dit, mieux ça vaut. Ici au centre, nous abordons la question des choix alimentaires et de l'exercice avec les enfants de manière très subtile. Kacy est assez futée pour comprendre comment elle peut en tirer profit, si elle le désire. Ça prend du temps, mais la plupart des enfants finissent par apprécier les repas équilibrés de Susannah.

— Vous fournissez les repas ?

— Oui. Pour certains, c'est le petit déjeuner. Et le déjeuner pour tout le monde. C'est un des bénéfices d'un centre dirigé par des grands-mères à l'ancienne.

Jill sourit, intriguée par ce qu'elle avait entendu.

— Venez. Je veux vous présenter Susannah sur notre chemin.

Elles pénétrèrent dans la cuisine.

Susannah était surprenante. Grande et mince, avec de longs cheveux gris attachés dans le dos, elle ressemblait plus au mannequin d'un magazine pour grands-parents modernes qu'à la propriétaire d'un centre aéré qui aimait cuisiner pour les enfants.

Après les présentations, Susannah parcourut Jill de ses yeux marron et parut l'approuver.

— Susannah, Jill aimerait travailler avec nous. Je lui ai donné un formulaire à remplir. Elle va le faire et nous rappeler pour prendre rendez-vous.

— Super, dit Susannah. Vous avez une belle aura. Je crois que travailler ici vous sera bénéfique et à nous aussi.

Melanie émit un petit rire nerveux.

— Susannah aime à dire qu'elle est étudiante de l'univers.

— Je ne suis habituellement pas aussi ouverte sur ma capacité à voir l'avenir, mais j'ai su à la minute où je vous ai vue que vous finiriez par travailler ici. Des choses comme ça m'apparaissent parfois. J'espère que ça ne vous choque pas, déclara Susannah en lui adressant un sourire tranquille.

Jill avait remis tellement de choses en question dans sa vie qu'elle avait toujours été prudente quand elle parlait à des gens comme Susannah, qui semblaient deviner l'avenir. Toutefois, Susannah la mettait étrangement à l'aise, comme si c'était ce qu'elle devait faire et qu'elle venait seulement de le découvrir.

— Bon, bien que tout semble décidé, il faut toujours que vous suiviez la procédure en remplissant le formulaire et en prenant rendez-vous pour un entretien, dit Melanie.

— Ah oui, c'est vrai.

Susannah entoura les épaules de son amie d'un bras.

— C'est Melanie qui maintient le navire à flot. Je ne sais pas ce que je ferais sans elle.

En les voyant se sourire, Jill eut la sensation que Susannah avait sauvé Melanie d'un avenir incertain autant que Melanie l'avait aidée. Elles étaient tellement intéressantes que l'idée de travailler avec elles était attrayante.

Quand elle vit Jill suivre Melanie vers la table dans un coin où elle était assise toute seule, Kacy la regarda avec surprise.

— Qu'est-ce que *vous* faites ici ? lui demanda-t-elle en fronçant les sourcils.

— Mme Melanie m'a demandé de venir te chercher en avance. Je suppose que tu sais pourquoi, répondit calmement Jill.

— Pourquoi ne racontes-tu pas à Jill ce qui s'est passé ? Il est préférable de tout lui révéler, l'incita Melanie.

Kacy poussa un soupir exagéré.

— Justin Kinley est une brute et je le hais !

Jill attendit que Melanie réponde.

— Haïr est un peu trop mélodramatique, dit Melanie. Cherche un autre terme.

— OK, c'est une brute et je ne l'aime pas, dit Kacy en défiant Melanie du regard.

— C'est mieux, dit celle-ci. As-tu écrit la lettre que je t'ai demandée ?

Kacy poussa une feuille de papier vers Melanie.

— Voilà. Je l'ai dit, mais je ne suis pas désolée. Ce n'est pas gentil d'insulter des gens.

— Je suis d'accord, admit Melanie, c'est pourquoi tu devrais recevoir une lettre de sa part. C'est difficile pour lui en ce moment avec sa famille, alors j'ai bon espoir que vous trouverez un moyen d'arrêter de vous battre. À chaque fois que l'un de vous ou quelqu'un d'autre utilise des mots pour faire du mal, il ne peut plus les reprendre. Les coups ne sont pas le bon moyen de faire face à ces mots. C'est d'accord ?

Kacy regarda le sol et hocha la tête.

— Mme Melanie m'a demandé de te ramener à la maison, dit Jill. Ton père n'est pas en mesure de le faire.

— Merci Jill, dit Melanie. Kacy, prends tes affaires. Merci pour la lettre pour Justin. Nous nous verrons demain.

— Je ne reviendrai pas, dit Kacy en jetant un regard en coin à Jill.

— Je suis certaine que tu en décideras avec ton père, dit Jill. À présent, il se fait tard. Et il faut que je te mette au courant pour oncle Greg. Il s'est cassé le bras. Nous devons nous assurer que tout est prêt pour son retour au cottage.

— Il s'est cassé le bras ? Vraiment ? demanda Kacy, dont l'attention fut détournée de la question de son retour au centre.

— Oui, nous en saurons davantage quand nous serons rentrées à la maison.

Jill attendit que Kacy soit prête à partir. Le temps de retourner ensemble à la voiture, elles gardèrent un silence paisible. Jill s'assura que Kacy était attachée dans le siège arrière avant de faire le tour du véhicule et de s'installer derrière le volant.

— Je ne reviendrai pas au centre, dit Kacy d'un ton agressif alors que Jill s'en éloignait.

Jill l'observa dans le rétroviseur intérieur.

— Je comprends pourquoi tu ne veux pas revenir, mais je ne crois pas qu'il soit bon d'abandonner parce que quelqu'un a heurté tes sentiments. Si tu ne reviens pas, Justin pensera qu'il peut continuer à faire dire des méchancetés. Tu comprends ?

Kacy fronça les sourcils.

— Vous n'êtes pas ma mère !

— Non ma chérie. Je suis juste là cet été pour aider une amie, toi, ton père et oncle Greg.

— Oh.

Kacy resta un moment silencieuse.

— Des fois, papa a des amies qui pensent qu'elles vont être ma mère. Je n'aime pas ça.

— Je vois, mais ne t'inquiète pas. Je ne suis là que pour l'été.

Jill ne fut pas du tout surprise d'apprendre que Brody était sorti avec des femmes désireuses de prendre la place de son épouse. C'était un homme séduisant qui semblait être un type bien et qui s'inquiétait du bien-être de son enfant.

Quand Jill entra dans l'allée du Seashell Cottage, le pick-up de Brody était là. Elle gara la voiture et en sortit pour prendre des nouvelles de Greg.

Kacy courut devant elle jusqu'au porche en criant :

— Papa, je ne retourne pas au centre !

Brody les rejoignit à la porte.

— Pourquoi ?

Son regarda circula de Kacy à Jill.

Kacy se précipita à l'intérieur.

— Je suggère qu'on en discute plus tard, dit Jill. Comment va Greg ?

Brody soupira et secoua la tête.

— Il a une fracture de l'ulna et son avant-bras est plâtré. La bonne nouvelle, c'est que la fracture est simple. La mauvaise, c'est qu'il faudra entre trois et six mois à l'os pour se consolider et qu'il ne pourra pas faire grand-chose pendant ce temps.

— Oh non ! C'est avec ses mains que Greg gagne sa vie. Et comment allez-vous faire pour ce chantier ?

— Nous en discuterons tous ensemble demain. Pour l'instant, il est sous antalgiques et doit se reposer. Le médecin a dit : « ce genre de chute est très dure pour les personnes âgées ».

— Oui, pauvre Greg. Je vais aller voir ce que je peux faire pour lui.

Elle s'apprêtait à entrer dans la maison quand Brody lui demanda à voix basse :

— Est-ce qu'on peut parler de Kacy tout de suite ? Elle est rentrée en avance. Pourquoi ?

En voyant l'expression angoissée affichée sur son visage, elle dit :

— Allons nous asseoir dehors. J'ai beaucoup à vous raconter.

Ils s'installèrent l'un en face de l'autre dans les fauteuils à bascule.

— J'ai reçu un appel du centre me demandant de venir chercher Kacy plus tôt. Il semblerait qu'un garçon l'ait appelée Casimir et lui ait dit qu'elle éclaterait comme un œuf si elle tombait. Kacy avait le droit d'être en colère, mais malheureusement, elle lui a donné un coup de poing dans le nez et l'a fait saigner.

Jill ne releva pas l'humour qui éclaira son visage et poursuivit.

— J'ai discuté avec Melanie Heckinger, une des propriétaires du centre, qui a obligé Kacy et le garçon qui s'était moqué d'elle à s'écrire des lettres d'excuses.

— Est-ce que Kacy l'a fait ? demanda Brody avec inquiétude.

— Oui, mais elle nous a annoncé qu'elle ne voulait pas retourner au centre de loisirs.

— Mmh. Je n'aime pas l'idée qu'on se moque de Kacy, dit Brody. Sa mère passe son temps à la harceler à cause de son poids. Je ne veux pas que d'autres enfants le fassent aussi.

— En tant que maîtresse, j'ai déjà eu à gérer des comportements similaires et je ne pense pas qu'il serait sage de la laisser abandonner. Melanie m'a expliqué la méthode du centre pour accompagner des enfants comme Kacy, et j'ai été tellement impressionnée que je vais postuler pour un boulot avec eux.

— Vraiment ? Je croyais que vous étiez en vacances, dit

Brody.

— J'avais l'intention de passer du temps seule, admit Jill. Mais après avoir vu le centre et discuté avec Melanie et Susannah, l'autre propriétaire, l'idée de faire quelque chose de différent avec les enfants m'a paru attrayante. Je ne sais pas où ça va me mener, mais j'ai envie d'expérimenter. Melanie et Susannah ont mis en place un programme alimentaire subtil pour apprendre aux enfants à manger sainement. Je pense que ça pourrait aider Kacy. Et tous les enfants ont besoin de l'atmosphère bienveillante qui règne là-bas.

— Très bien, si vous le dites. Je ferai savoir à Kacy qu'elle doit y retourner. Surtout maintenant que Greg n'est plus en mesure de travailler. Je vais être deux fois plus occupé.

Quand il se leva, Jill toucha son bras.

— S'il vous plait, ne lui dites pas que je serai vraisemblablement sur place. Elle se sent menacée par ma présence. Il semblerait qu'elle ait peur qu'une autre femme devienne sa mère.

Le son dégoûté émis par Brody la surprit.

— Encore une idée de sa mère. À une époque, Allison a même demandé à Kacy de lui dire si je voyais quelqu'un régulièrement. Incroyable, mais vrai.

— Je vois, dit Jill en réalisant que cet homme et sa famille avaient vraiment de gros soucis.

CHAPITRE CINQ

Le lendemain matin, après que Brody eut déposé Kacy au centre de loisirs, Greg, Jill et lui s'installèrent dans la cuisine pour discuter de la blessure de Greg et de ses conséquences.

— Le docteur a dit que je pouvais faire quelques petits travaux tant que je ne soulève rien et que je ne mets pas de poids sur ce bras, affirma Greg. Je comptais sur ce boulot pour tenir tout l'été. Mes clients comprendront si je suis un peu en retard cet automne pour les aider à ouvrir ou fermer certaines propriétés. Je peux toujours les surveiller, mais je ne serai pas capable de faire de gros travaux de rénovation ou d'entretien avant septembre, au mieux.

— Ou plus tard, Greg. Ça dépendra de la vitesse à laquelle ce bras guérit, lui rappela Brody.

— Et pour ce chantier ? demanda doucement Jill.

Greg jeta un regard à Brody.

— J'avais prévu de rester ici deux semaines, trois au maximum. Mais je crois qu'il vaudrait mieux pour Kacy que nous passions tout l'été ici et que nous l'aidions tous à avoir une nouvelle vision de sa vie. Tu pourras me donner un coup de main pour les réparations et d'autres petits travaux, Greg, mais je ferai le plus gros du travail. On ne peut pas laisser ton entreprise péricliter. Tu en as fait une jolie petite affaire.

Les yeux de Greg s'embuèrent.

— Ce serait sympa, Brody. J'ai vendu ma maison avant de venir ici en pensant que je passerais l'été au cottage avant de décider où habiter. J'ai visité quelques appartements dans le coin qui me plaisent.

Ils se tournèrent tous les deux vers Jill.

— Est-ce que ça vous va si on passe tout l'été avec vous au Seashell Cottage ? demanda Greg. Je sais que ce n'est pas comme ça que vous aviez envisagé votre séjour ici.

Jill abandonna l'idée d'un été calme et reposant.

— C'est bon. Je ne souhaite pas que cette blessure fasse couler votre entreprise. Et vous avez raison, Brody. Cet été pourrait être profitable à Kacy.

— Nous allons établir une liste de priorités et partir de là, dit Brody.

Greg hocha la tête en signe d'approbation.

— Très bien. Je ferai tout ce que je pourrai pour t'aider.

— J'aiderai Kacy de mon mieux, mais comme je vous l'ai dit hier, je postule pour un boulot au centre Sunnyside. Je ferai un essai à temps partiel pour voir si ça colle.

Ils échangèrent un sourire tous les trois.

— On dirait qu'on a un plan, dit Greg, dont les yeux s'humectèrent de façon suspecte. Je vous remercie.

— Il y a encore un écueil, dit Brody. L'accord avec Allison prévoyait que je passe deux semaines en Floride avant de rentrer en Pennsylvanie, au cas où elle voudrait voir Kacy.

Le soupir de Brody fut révélateur.

— Essayer de s'arranger avec elle est toujours difficile, mais je vais l'appeler tout de suite et voir ce que je peux obtenir.

Après le départ de Brody, Greg questionna Jill sur le centre de loisirs.

Elle sentit son enthousiasme grandir au fur et à mesure qu'elle lui expliquait la philosophie du centre, et ce qu'elle avait vu des enfants et des équipements disponibles.

— Je pense que ça me donnera une nouvelle approche pour enseigner. Ou peut-être pour faire quelque chose de complètement différent.

— C'est fantastique. Je connais Susannah. C'est quelqu'un

de gentil.

Jill ne put s'empêcher de sourire. Susannah et Melanie semblaient à l'opposé l'une de l'autre, tant en termes d'approche que d'apparence. Susannah donnait l'impression d'avoir la tête dans les nuages, alors que Melanie était terre à terre comme une grand-mère habituée à mener son monde à la baguette. Et pourtant, d'une manière ou d'une autre, leur tandem avançait.

Brody revint dans la pièce, le regard noir.

— Il a fallu batailler, mais je pense qu'Allison acceptera que je reste tout l'été ici avec Kacy. Pour Allison, c'est une question de contrôle, elle se fiche du bien-être de Kacy. Croyez-moi, j'en sais quelque chose.

— Même si elles sont en conflit, je n'ai jamais entendu Kacy dire de mal de sa mère, affirma Jill.

— Oui, elles ont une sorte de relation de co-dépendance. J'essaie de faire comprendre à Kacy ce que ça signifie de s'intéresser aux autres et de s'en soucier.

Brody haussa les épaules avant de les laisser retomber.

— Un petit pas à la fois, n'est-ce pas ?

Jill hocha la tête et l'encouragea d'un sourire.

— Chaque pas est important.

Greg se leva.

— La piscine est la priorité du jour. Nous devons la repeindre tant qu'elle est sèche. Les jours vont devenir plus chauds et plus humides. Et Kacy appréciera peut-être de se baigner dedans quand nous aurons terminé.

— Elle doit d'abord prendre des cours, dit Brody. Allison a peur de l'eau, c'est pourquoi Kacy ne sait pas encore bien nager.

— C'est très important. Il est prouvé que les enfants qui n'ont pas appris à nager avant l'âge de huit ou neuf ans ont peu de chance d'y parvenir par la suite, compatit Jill.

En s'entendant parler, elle s'interrompit et se rappela silencieusement qu'elle ne devrait pas s'impliquer. Si elle devait passer tout l'été avec Kacy dans la maison, elle ne devait pas se conduire comme si elle tentait de remplacer sa mère. Kacy avait été claire à ce sujet.

Jill se leva.

— Je vais remplir le formulaire d'embauche et me rendre au centre pour discuter avec Melanie et Susannah. Je devrais être de retour à temps pour vous préparer un bon déjeuner.

— Comme je l'ai déjà dit, je suis capable de faire de sacrés sandwiches, dit Brody. Et si vous devez travailler, vous n'avez pas besoin de vous inquiéter pour nous.

Jill en ressentit du soulagement. Jay avait toujours exigé qu'elle prépare tous ses repas, déclarant que c'était son boulot. Elle n'en avait pas pris ombrage pendant leur court mariage, mais elle comprenait à présent que c'était un moyen de la manipuler et de la contrôler.

— Merci, dit-elle à Brody en s'interrogeant sur les problèmes qu'il avait rencontrés avec Allison.

Si elle était aussi difficile que Jill le craignait, il avait dû en baver.

Brody sourit, prit le bras indemne de Greg et ils quittèrent la pièce.

Jill se rendit dans sa chambre, heureuse d'avoir un peu d'intimité et un petit bureau informatique. Ses pensées dérivèrent alors qu'elle remplissait le formulaire.

Elle avait toujours voulu être enseignante, comme son père. Même si sa mère l'avait inconsciemment rabaissée parce qu'elle ressemblait plus aux Davis, personne ne pouvait nier qu'elle partageait avec son père la soif d'apprendre, un humour subtil et une affection unique au sein de la maisonnée. Jill était sa petite princesse, au grand dam de sa mère.

Comme à chaque fois qu'elle pensait à son père, le cœur de Jill se serra. Elle avait dix ans quand il était tombé sur le parking de l'école, victime d'une rupture d'anévrisme. La ville entière avait pleuré le professeur d'anglais et l'entraîneur de basket qu'elle adorait. Mais personne n'avait eu autant de chagrin qu'elle.

Jill reposa son stylo, se leva et regarda par la fenêtre, observant l'eau qui roulait sur le rivage dans un rythme paisible aussi intemporel que le golfe lui-même. Elle prit ses sandales et se dirigea vers la plage, pressée de sentir la nature embrasser ses joues et le sable entre ses doigts de pieds. Son père serait heureux qu'elle tente une nouvelle aventure avec les enfants du centre Sunnyside. Elle sentit ses yeux s'embuer. Il était le seul à l'avoir toujours soutenue. Elle avait pensé que Jay prendrait la relève. Il l'avait subjuguée par son affection et son amour quand ils s'étaient rencontrés et dans les premiers temps de leur relation. Mais après quelques mois de mariage heureux, Jay avait montré son vrai visage et avait cherché tous les moyens de la dévaloriser, sabotant sa confiance en elle-même tel un chancre.

Jill leva le visage vers le soleil et laissa sa chaleur remplir le vide qui l'avait envahie à la pensée de son ex. Elle avait été stupide de l'épouser. *Idiote ! Idiote ! Idiote !*

Elle se prit la tête entre les mains et se débarrassa de la sensation déplaisante en se remémorant que Jay n'était désormais plus là pour lui faire du mal.

Elle remonta la plage d'un pas décidé. Le passé était derrière elle et elle n'allait pas le répéter. Ses pensées s'envolèrent vers Brody et Kacy. Comme elle se l'était déjà dit à de nombreuses reprises, ils étaient dangereux pour elle parce que Kacy, malgré ses actions, n'était qu'une enfant qui avait besoin que quelqu'un l'aide à découvrir et à accepter sa beauté intrinsèque. Et Brody ? C'était un très bel homme qui n'aurait aucun mal à trouver des rencards ou une nouvelle épouse.

Jill ralentit l'allure. Elle s'arrêta face à la mer et inspira l'air humide et fortement salé. Les cris des goélands et autres oiseaux emplissaient l'air. Elle appréciait l'authenticité qu'ils donnaient à la scène qui se déroulait autour d'elle. De nombreuses personnes étaient assises sur la plage, s'y promenaient ou nageaient dans l'eau. Elle rit en voyant un bambin qui traînait un seau en plastique plein de sable derrière lui pendant qu'un autre creusait le sable avec beaucoup de concentration. De futurs gars du bâtiment.

D'humeur plus légère, elle retourna à la maison, pénétra dans sa chambre, puis dans la salle de bains où elle appliqua davantage de lotion solaire sur son visage. Jill se regarda dans le miroir. Ses cheveux, soumis aux assauts de la brise marine, étaient frisottés. Elle avait toujours porté les cheveux longs parce que ceux de Cristal l'étaient. Cependant, elle se demandait à présent de quoi elle aurait l'air avec une coupe plus courte et facile à entretenir. Avant d'avoir le temps de changer d'avis, elle se dirigea vers son ordinateur, trouva l'adresse d'un salon de coiffure et l'appela. Quand la réceptionniste lui proposa une place libérée par une annulation plus tard dans la matinée, elle accepta. Si elle voulait faire des changements dans sa vie, elle commencerait par là.

Elle appela ensuite Melanie pour convenir d'un rendez-vous en fin d'après-midi.

Satisfaite d'avoir pris les choses en main, Jill sortit pour voir où en étaient Brody et Greg. Brody appliquait de la peinture sur les murs désormais secs de la piscine avec un rouleau. Greg tentait de peindre le rebord.

— Attendez, dit Jill. Laissez-moi vous aider. J'ai un peu de temps avant de me rendre à mon rendez-vous.

Brody leva des yeux surpris vers elle.

— Vous voulez faire de la peinture dans cette tenue ?

Il ne portait qu'un short de bain.

— J'ai fini par comprendre que moins vous portez de vêtements, mieux c'est.

— Je reviens tout de suite, dit Jill.

Elle retourna en vitesse à sa chambre et enfila un vieux tee-shirt sur le bas du bikini qu'elle aimait le moins.

Elle se hâta de revenir à la piscine où les deux hommes lui sourirent avec approbation.

— C'est mieux, admit Greg. Cette résine époxy peut faire des taches.

Jill prit le pinceau des mains de Greg et se mit au travail à l'opposé de l'endroit où Brody se tenait. Elle aimait peindre. La résine bleue était plus difficile à étaler, mais elle poursuivit bravement sa tâche jusqu'à ce que Brody se place derrière elle.

— Bon boulot ! À présent, je vais prendre la relève. Merci.

En reculant, elle trébucha sur le long manche que Brody avait utilisé avec son rouleau.

Une main ferme agrippa son bras et la maintint debout.

— Je vous tiens ! Je ne veux pas d'autre accident dans cette piscine.

Les doigts chauds qui l'enserraient déclenchèrent des sensations dans tout son corps. Pour le masquer, elle sourit et se tourna vers Greg.

— Plus d'accidents. C'est entendu, Greg ?

Il éclata de rire.

— C'est compris.

Elle sortit de la piscine et rentra dans le cottage, consciente que deux paires d'yeux suivaient ses moindres mouvements.

Plus tard, assise dans le fauteuil du coiffeur au salon

d'Henri, Jill se demanda si elle n'avait pas fait une bêtise en prenant ce rendez-vous. Les cheveux longs et raides étaient à la mode chez les jeunes femmes. Elle avait toujours aimé ce look sur Cristal.

Le visagiste, un homme prénommé Frederick, fit le tour du fauteuil pour étudier ses traits. Il s'arrêta en face d'elle et sourit.

— Je pense à quelque chose comme cette photo que j'ai vue de Jennifer Lawrence. Une coupe courte et sexy. Ça ira très bien avec tes traits fins. Très tendance. Très toi.

Jill prit une grande inspiration. Était-elle capable de sauter le pas ?

Frederick agita les mains devant elle.

— Mon chou, ça va être fa-bu-leux. Je te le promets. On ajoutera quelques mèches bien placées et tu n'en croiras pas tes yeux.

Son sourire était tellement éclatant, tellement encourageant, qu'elle accepta.

— D'accord. Allons-y.

Il commença à couper des cheveux rapidement en faisant pivoter le fauteuil d'un côté à l'autre.

— Ne regarde pas, mon chou. Je n'en aurai pas fini avec toi avant le shampooing. Et je ferai les dernières retouches ensuite.

Il tourna la chaise dos au miroir.

Il continua à couper et à décolorer ses cheveux en chantonnant, quand il ne déversait pas des flots de paroles. Frederick s'avéra être une mine d'informations. Il connaissait tous les endroits où on mangeait bien.

Il agita son peigne en l'air.

— Le Gavin, à l'auberge Salty Key, est un de mes préférés. Il y a une belle histoire autour de cette propriété. Et la cuisine est encore meilleure.

Jill en prit note mentalement. Elle n'avait pas l'intention de laisser passer l'été sans s'offrir quelques bons restaurants.

Elle lut en attendant la prise des mèches, puis Frederick lui lava les cheveux. Jill s'assit ensuite dans son siège, les mains serrées sur ses genoux. Elle avait l'air tellement... différente. Ses cheveux humides lui collaient au crâne. Son estomac se contracta. Avait-elle fait quelque chose qu'elle regretterait ?

— Ne t'inquiète pas, lui dit Frederick d'un ton apaisant. C'est toujours un choc quand tu te vois. Mais crois-moi, mon chou. Tu vas adorer.

Il lui sécha les cheveux et se mit à travailler rapidement la coupe pour lui donner du volume. Chaque claquement de ses ciseaux faisait grandir en elle la sensation d'inquiétude.

Quand il eut terminé, il recula et lui sourit.

— Tu vois ? Je te l'avais dit. Tu es à tomber.

Jill cilla en voyant son reflet dans le miroir. Ses yeux paraissaient plus grands et ses pommettes plus prononcées. Elle avait eu peur que ses cheveux soient trop courts, mais il les avait coupés et coiffés à la bonne longueur, pour qu'ils encadrent parfaitement son visage.

— Merci Frederick ! J'adore !

Il sourit et hocha la tête.

— Je le savais.

Il l'étreignit brièvement.

— À la prochaine, mon chou.

— Oui, dit-elle en tapotant ses cheveux avec précaution. J'en ai déjà l'intention.

Jill quitta le salon rassurée, non seulement à propos de son apparence mais, plus important encore, au sujet des changements qu'elle mettait en place dans sa vie. Sur un coup de tête, elle appela Melanie pour voir s'il était possible de déplacer leur entrevue au lendemain matin.

Elle allait faire du shopping.

Quand Jill revint à la maison avec une poignée de sacs, elle trouva Greg allongé dans sa chambre avec la porte ouverte et Brody en train de placer du scotch de masquage sur la moulure de la salle de séjour.

— Ça va être un peu le bazar pendant un moment, dit-il en lui tournant toujours le dos. Je commencerai à peindre cette pièce demain.

Il plaqua un morceau de scotch en place et se tourna vers elle.

— Ils annoncent de la pluie, alors... Waouh ! Quelle transformation ! Que s'est-il passé ? Enfin, ça vous va bien...

Un gloussement échappa à Jill devant sa gêne manifeste.

— Merci.

Ses joues s'enflammèrent. La réaction de Brody lui faisait plaisir autant qu'elle l'embarrassait.

Il regarda au loin avant de revenir sur elle.

— Comme je disais, je vais commencer à peindre le séjour demain. J'espère que ça ne vous dérangera pas.

— Ça devrait aller. Je vais à mon entretien d'embauche demain matin. Je commencerai peut-être à travailler immédiatement. Ils semblent avoir un besoin de personnel urgent.

Il l'observa.

— J'ai fait beaucoup de recherches sur le centre de loisirs avant d'y inscrire Kacy. Je l'aime bien et j'apprécie aussi l'idée que quelqu'un comme vous, qui a enseigné auparavant, en fasse partie. Quel super boulot d'été ! J'ai déjà pensé à faire un truc du même genre.

Jill sourit. Son attitude était tellement positive. Il n'était pas étonnant que Brody s'en sorte bien avec les enfants.

Elle se rendit dans sa chambre et déballa ses achats. Elle s'était un peu lâchée, mais elle n'avait pas acheté de vêtements depuis des années et avait réalisé qu'elle avait besoin de changement aussi dans ce domaine. Ses nouveaux vêtements étaient modernes et collaient à sa nouvelle image. Elle s'était aperçue qu'à trente-deux ans, elle s'habillait et agissait comme une vieille dame. Le vendeur qui l'avait aidé à faire son choix avait été aussi satisfait qu'elle.

Une de ses tenues préférées était une robe bain de soleil rose vif ornée de grandes fleurs tropicales blanches. La couleur rose bougainvillée donnait une autre allure à la coupe classique. Un jean blanc, des shorts en jean et d'autres accessoires viendraient agrémenter sa garde-robe limitée. Maintenant qu'elle avait décidé d'améliorer son apparence, elle se demanda si elle avait abandonné les choses simples comme une jolie garde-robe uniquement à cause de sa situation désastreuse. Elle se jura de saisir toutes les occasions qui lui permettraient de regagner une vision positive de la vie.

CHAPITRE SIX

Le lendemain matin, Jill s'examina une dernière fois dans le miroir. Elle avait mis un peu de mascara et d'ombre à paupières, et elle aimait le résultat. Comme Frederick l'avait laissé entendre, elle commençait à se voir différemment. Plus comme l'affreuse petite sœur de son enfance, mais comme une femme avec de nouvelles perspectives. C'était merveilleux.

Elle prit congé de Greg et de Brody et partit pour son entretien, mue par une nouvelle foi en l'avenir.

Au cours de l'entrevue dans le bureau de Susannah et Melanie, Jill leur expliqua qu'elle aimerait travailler à temps partiel au centre de loisirs, car elle se sentait tenue de faire ce qu'on attendait d'elle au cottage.

Melanie et Susannah échangèrent un regard, puis lui sourirent.

— Ce n'est pas un problème, dit Melanie. Susannah m'avait déjà avertie de cet état de fait. Il s'avère que le professeur auquel nous avions offert un poste il y a quelques jours a accepté notre offre. Il sera à temps complet, donc c'est parfait. Vous serez ce que nous appelons un « professeur itinérant », qui voyage d'un projet à l'autre. Vous serez même peut-être appelée à aider au bureau.

Jill sourit. Une idée s'était développée dans son esprit, une pensée qu'elle avait mise en attente depuis un moment.

Après s'être mises d'accord sur les horaires et le salaire, les trois femmes se levèrent.

— Je suis très heureuse que vous rejoigniez l'équipe,

affirma Susannah en l'étreignant. J'en étais sûre, mais c'est toujours agréable de voir mes prémonitions se réaliser.

Melanie la serra dans ses bras avec enthousiasme.

— Nous allons passer le meilleur des étés. J'en suis persuadée.

Susannah haussa un sourcil, mais ne commenta pas.

Elles décidèrent que Jill débuterait dès le lendemain et lui donnèrent divers objets dont elle aurait probablement besoin pour travailler, y compris une bouteille d'eau, de l'écran solaire, une casquette de baseball marquée du logo du centre et trois tee-shirts jaunes avec le même logo et l'inscription « personnel » en bleu vif dans le dos.

— Nous aimons que tout soit gai, dit Melanie en tapotant les chemises jaunes pliées qu'elle tendait à Jill.

Jill sourit. Comme Melanie l'avait dit, cet été allait être le meilleur qu'elle ait passé depuis longtemps. Elle se sentait presque de nouveau comme une gosse en colo.

— Demain, vous rencontrerez Jed. C'est un type vraiment génial avec une famille très intéressante, dit Susannah.

À la manière dont Susannah ferma les yeux, Jill devina que l'histoire ne s'arrêtait pas là. Ce qui rendit l'idée de travailler ici encore plus excitante.

En retournant à sa voiture, Jill vit Kacy assise avec un garçon à une table du bâtiment à ciel ouvert. Elle se hâta vers son véhicule. Elle voulait avoir la chance d'apprendre à Kacy qu'elle allait travailler au centre à un moment où elles auraient un peu d'intimité pour discuter.

Au cottage, Greg et Brody travaillaient dans le séjour où ils peignaient les murs à proximité de la moulure.

— Hé ! Que faites-vous, Greg ? Je croyais que vous deviez laisser votre bras se reposer.

Il leva les yeux vers elle et sourit.

— Mon bras se repose. J'ai trouvé un moyen de tenir le

pinceau sans m'en servir.

— Bien sûr, ça lui prend une éternité pour faire son côté de la pièce, plaisanta Brody.

La camaraderie manifeste entre les deux hommes fit sourire Jill. Il était évident qu'ils s'adoraient. Alors que Brody se remettait au travail, elle s'interrogea sur son passé.

— Vous avez eu ce boulot ? lui demanda Greg.

— Oui. Je travaillerai au centre de loisirs Sunnyside du lundi au vendredi, de onze heures à seize heures. J'ai hâte de commencer demain.

Brody se retourna.

— Félicitations. L'emploi du temps a l'air parfait.

— Il fallait que je sois sûre d'avoir assez de temps pour vous superviser tous les deux, lança-t-elle malicieusement.

Brody et Greg éclatèrent de rire en même temps.

— Alors ça, non, grogna plaisamment Brody, l'air adorable alors qu'il la taquinait à son tour.

Jill enfila un short et un tee-shirt avant de sortir vagabonder sur la plage pour rassembler ses pensées. Elle aimait l'idée de pouvoir marcher sur le sable. À la maison, sa « plage » était un petit parc de l'autre côté de la ville.

Elle s'arrêta pour ramasser un coquillage et l'examina, stupéfaite qu'une chose d'une telle beauté attende dans le sable que quelqu'un la découvre. Son regard se porta sur le golfe et elle sentit le calme l'envahir en contemplant le flux et reflux des vagues. Une nouvelle vie, comme le coquillage qu'elle avait trouvé, attendait qu'elle la découvre.

L'idée de repartir à zéro ne lui faisait désormais plus peur. Elle avait lu un jour quelque chose du genre « une femme forte peut changer son avenir ». C'était le moment idéal pour le faire, songea-t-elle, alors que l'espoir s'imposait à elle. Elle s'aperçut qu'elle n'avait pas envie de retourner vivre dans sa petite ville. Cristal pourrait garder un œil sur leur mère, qui n'appréciait de toute façon pas ce que Jill tentait de faire pour elle. Et la maison ? Elle la mettrait en vente comme elle aurait dû le faire depuis longtemps. Elle leva les bras vers le ciel et cria :

— Oui !

Les bécasseaux et autres oiseaux s'égaillèrent.

Jill éclata de rire en voyant qu'elle les avait surpris. Elle s'était surprise aussi.

L'esprit de Jill se mit à fonctionner en rythme avec son allure rapide. Elle aurait beaucoup à faire dans les prochaines semaines. Elle avait hâte de s'y mettre.

De retour au cottage, elle prépara le déjeuner et emporta son sandwich dans sa chambre, où elle fit des recherches en ligne sur les écoles de la région avant de téléphoner à la commission scolaire de Pinellas. Elle enseignait en maternelle à New York, mais elle était prête à prendre n'importe quel niveau pour avoir un emploi. Après avoir étudié les postes disponibles, elle déposa une candidature en ligne. Puis elle appela Sandra Dixon, une amie à elle qui vendait des biens immobiliers. Sa maison était en excellent état et pouvait être vendue telle quelle. Et si Sandra voulait faire de la publicité, elle était prête à payer pour ça.

Quand Jill lui eut expliqué ce qu'elle souhaitait faire, Sandra dit :

— Je suis surprise, Jill, mais je suis contente que tu aies décidé de faire des changements dans ta vie. Toutefois, je ne pensais pas que tu quitterais la ville.

— M'éloigner de la maison, même pendant si peu de temps, m'a donné une chance de réfléchir. Ou peut-être que j'ai acquis de nouvelles perspectives parce que je peux sortir sur la plage chaque matin.

— Tu vas me manquer, Jill. Tu es une des rares personnes sur lesquelles tout le monde, moi y compris, peut compter en cas de besoin. Je te rappelle dès que j'aurai tous les détails et nous mettrons la maison en vente rapidement. Y a-t-il des objets de valeur, des papiers personnels ou d'autres choses dont il faut débarrasser la maison ?

— En fait, je m'en suis occupée avant de partir, pour que ma mère ne fouine pas en mon absence. Valerie Davis aime recueillir des informations, comme elle appelle ça.

Jill et Sandra s'esclaffèrent de concert.

Elles se firent leurs adieux, puis Jill s'assit à son bureau et commença une liste de choses à faire. Elle se rendit compte que la maison ne serait peut-être pas vendue tout de suite. Elle était parfaite pour un couple ou une petite famille, mais ne convenait pas pour la plupart des familles nombreuses de la ville.

Jill avait l'estomac noué en allant chercher Kacy au centre à la demande de Brody. Elle ne savait pas du tout comment Kacy réagirait à l'annonce de son embauche.

À son arrivée au centre de loisirs, elle prit place dans la file de voitures qui remontait doucement l'allée vers l'entrée de la maison, où Melanie et Susannah aidaient les enfants à monter dans les véhicules.

Kacy se renfrogna quand Jill s'arrêta devant elle.

— C'est ta voiture, Kacy, dit Melanie. Monte en vitesse. Les autres attendent.

Kacy prit une pose désormais familière, les bras croisés sur la poitrine.

— C'est mon papa qui vient me chercher. Pas elle.

— Aujourd'hui, c'est Jill qui te ramène, dit calmement Melanie en ouvrant la portière de la voiture et en poussant doucement Kacy.

Elle attendit que Kacy se soit attachée dans le siège auto à l'arrière avant de reculer.

— À demain, toutes les deux !

— Vous venez me chercher demain aussi ? geignit Kacy.

Jill sourit et répondit calmement.

— Je vais travailler au centre, donc tu rentreras sans doute avec moi la plupart du temps.

— Je ne veux pas de vous au centre. C'est *ma* colonie. Pas la vôtre !

— Tu y es en tant qu'enfant et moi comme membre du personnel, répliqua Jill. C'est un centre très chouette pour nous deux.

— C'est pas juste, dit Kacy.

Jill ne prit pas la peine de répondre. Kacy en profiterait probablement pour continuer à se plaindre.

— Vous avez fait quoi avec vos cheveux ? demanda Kacy pour meubler le silence. Vous les avez coupés. Les filles sont censées avoir les cheveux longs.

— Ah oui ? Qui t'a dit ça ?

— Ma mère. Elle ne veut pas me laisser couper les miens. Elle dit que mon visage est trop large pour avoir des cheveux courts.

— Je vois, commenta Jill.

Si elle en avait le temps, elle espérait pouvoir faire comprendre à Kacy qu'elle était très bien telle qu'elle était. Si, par chance, les activités et l'alimentation du centre de loisirs aidaient Kacy à perdre un peu de poids, tant mieux, mais elle ne surveillerait certainement pas ce que la fillette mangeait ou ne mangeait pas. Ce n'était pas son problème.

Dès que Jill s'arrêta dans l'allée, Kacy détacha sa ceinture de sécurité, descendit de la voiture et se précipita vers la porte en courant et en criant :

— Papa ! Papa ! Où es-tu ?

Jill soupira. Elle savait à quoi s'attendre. En entrant dans la maison, elle entendit Kacy.

— Non, papa. C'est toi qui dois venir me chercher. Pas Jill.

— Jill nous rend service à tous les deux en allant te chercher et en passant du temps avec toi avant le dîner. Je dois continuer à travailler avec oncle Greg pour avoir du temps à te consacrer dans la soirée.

Quand Brody aperçut Jill, il lui fit signe d'approcher.

— Salut ! J'étais justement en train d'expliquer à Kacy qu'il est important que j'aie le temps de finir les travaux pour Greg.

Jill jeta un coup d'œil à Kacy et hocha la tête.

— Oui, ton père et moi avons conclu un accord. Nous pouvons faire un tas de choses amusantes. J'ai cherché ce matin et j'ai trouvé des seaux en plastique et des pelles pour faire des châteaux de sable, et des filets pour ramasser des coquillages.

— Des châteaux de sable ?

— Ou tout ce qu'on veut construire. Comme je n'habite pas à côté d'une plage, je souhaite faire tout ça pendant que j'en ai l'opportunité.

Kacy la dévisagea pendant un moment.

— D'accord.

— Donne-moi un instant pour décider de ce que je vais faire pour le dîner et nous pourrons sortir ensuite.

Jill sourit.

— En fait, quand tu veux m'aider à cuisiner, tu es la bienvenue.

— Vraiment ?

Les yeux de Kacy brillèrent d'excitation.

— Ma mère ne me laisse pas l'aider.

Jill et Brody échangèrent un regard éloquent.

— Pendant ton séjour ici, tu peux apprendre à cuisiner avec Jill, dit Brody. Souviens-toi que nous sommes là pour faire de nouvelles expériences.

— OK, dit Kacy. Je veux faire des cookies.

— Pour le moment, nous préparons le dîner, mais nous pourrons faire autre chose une prochaine fois, déclara Jill. Mais d'abord, allons profiter de la plage. Va mettre ton maillot de bain et je t'attendrai à la porte d'entrée avec les draps de bain et tout ce dont nous avons besoin.

Jill s'en fut avant que Kacy ait le temps de protester. Brody et elle avaient discuté plus tôt de la nécessité pour Kacy de passer du temps dehors.

Jill se changea rapidement, attrapa ses lunettes de soleil, sa crème solaire et des serviettes, puis mit le tout dans un grand sac en toile où elle avait déjà rangé le nécessaire pour fabriquer des châteaux de sable. Elle repassa par la cuisine où elle s'arrêta net.

— Hé, Kacy ! Que fais-tu ?

— J'ai faim, dit Kacy, qui grignotait un biscuit sec.

— D'accord, dit Jill en ouvrant le frigo.

Elle se retourna et tendit une grappe de raisin et deux bouteilles d'eau à Kacy.

— On va mettre ça et un drap de plage dans notre sac avant de sortir.

Kacy suivit Jill jusqu'à la porte d'entrée, l'aida à charger le sac et elles partirent vers la plage.

— Attendez-moi ! s'écria Kacy en se dépêchant pour rattraper Jill.

Jill se retourna et sourit, contente que Kacy ait accepté des activités de plein air. Pour une gamine de huit ans, elle passait trop de temps à jouer aux jeux vidéo ou à regarder la télévision.

Des nuages gris surplombaient l'horizon, donnant l'illusion de montagnes au loin. Jill prit plusieurs profondes

Judith Keim

inspirations, accueillant l'air marin dans ses poumons avec reconnaissance.

— Vous faites quoi ? demanda Kacy en la dévisageant avec perplexité.

— Je respire l'air frais, répondit Jill. Vas-y. Essaie.

Kacy renifla.

— J'ai pas envie.

Jill posa le sac et étala le drap sur le sable.

— Très bien, je vais voir ce que je peux trouver comme coquillages. C'est la marée haute, donc ce n'est pas la meilleure heure pour en ramasser, mais on peut toujours regarder.

— Je veux mon goûter, maintenant, exigea Kacy.

— Toute à l'heure, dit Jill avant de s'approcher de l'eau.

Derrière elle, elle entendit une voix d'enfant.

— Est-ce qu'on peut faire des animaux en coquillages comme j'ai vu au magasin ?

Jill ne put masquer son sourire.

— Ça me paraît amusant, Kacy.

Kacy se hâta de revenir aux côtés de Jill.

— Bon. Alors je vais aussi chercher des coquillages.

Penchées pour mieux voir, elles se déplacèrent lentement le long de l'eau à la recherche de coquilles offertes par les eaux du golfe.

— Regardez ! s'écria Kacy en souriant lorsqu'elle trouva un pétoncle presque parfait. On pourra s'en servir.

— Certainement, dit Jill. C'est un très bon début. Nous pouvons ramasser de nombreux coquillages. Quand tu en auras assez, nous en collerons certains ensemble pour fabriquer différentes formes.

Elle ouvrit son filet et Kacy y déposa fièrement sa coquille.

Au bout d'un moment, Kacy déclara :

— J'en ai marre et j'ai faim.

— Rentrons, dit Jill. On fait la course jusqu'au drap de bain.

Elle s'éloigna en trottinant sans attendre Kacy. Si elle ne se trompait pas, Kacy ne la laisserait pas gagner.

Sans surprise, le souffle court, Kacy la rattrapa puis la dépassa quand Jill ralentit son allure.

Alors que Jill s'approchait de la couverture, Kacy la fixa avec une lueur narquoise au fond des yeux.

— Je vous ai battue !

Jill rit en entendant le triomphe dans la voix de Kacy. Ça ne la dérangeait pas. La petite fille avait besoin de réussir quelque chose.

— Oui, tu as bien gagné !

— On peut goûter, maintenant ? demanda Kacy.

— Oui.

Jill lui tendit une grappe de raisin.

— Sers-toi, mais laisse-m'en un peu. J'ai faim aussi.

Elles dégustèrent leur raisin dans le calme en regardant les vagues.

Jill rompit le silence.

— Je ne serai pas au centre toute la journée, Kacy. Je n'y serai que de onze heures à seize heures, à la fermeture. Et je te promets que je n'interviendrai pas dans tes activités. Je serai trop occupée à aider les autres. Je voulais juste que tu le saches.

Kacy la dévisagea avant de hocher la tête.

— D'accord.

Jill lui tendit une bouteille d'eau.

— Tiens. Tu pourrais en avoir besoin.

Kacy accepta la bouteille et plissa le front.

— Pourquoi êtes-vous gentille avec moi ? À cause de mon papa ?

— Quoi ? Non. J'essaie d'être gentille avec tout le monde

parce que c'est ce qu'il faut faire. Je suis sûre que ton père est un homme très bien, mais être plus que des amis ne m'intéresse pas. J'ai mes propres projets.

— Ouais ? Comme quoi ? demanda Kacy d'un ton chargé de suspicion.

— Waouh ! Tu es vraiment inquiète pour lui, n'est-ce pas ? commenta Jill avec sympathie.

— Ma mère m'a demandé de lui dire si papa recommençait à voir des femmes. Elle n'aime pas ça quand il sort avec quelqu'un qu'elle connaît.

— Oh, je vois, dit Jill en dissimulant sa consternation.

Allison se servait-elle de sa fille comme d'un pion entre ses parents divorcés ?

— Eh bien, ta mère ne me connaît pas et je ne sors pas avec ton père, donc tu peux dormir sur tes deux oreilles.

Kacy garda le silence.

Jill lui tapota le dos.

— J'ai entendu ton père dire que cet été serait différent pour vous. Tu n'as peut-être pas besoin de t'inquiéter autant de ce qu'il fait pendant que tu es ici. Qu'en penses-tu ?

— Et on ne le dira pas à ma mère ?

Un petit sourire éclaira le visage de Kacy.

Jill secoua la tête.

— Nous ne dissimulons rien, nous allons juste passer un agréable moment amical pendant que nous sommes au Seashell Cottage.

Kacy l'observa longuement, puis son visage se fendit d'un immense sourire qui illumina ses yeux bleus d'une lueur de bonheur. Des larmes montèrent aux yeux de Jill, mais elle battit rapidement des paupières pour en éloigner la menace. La joie inscrite sur le visage de Kacy valait tous les efforts nécessaires pour faire de cet été le meilleur qu'elles aient jamais vécu toutes les deux.

CHAPITRE SEPT

Quand elles rentrèrent au cottage, Greg et Brody les attendaient, assis sur le porche.

Kacy grimpa les marches quatre à quatre pour rejoindre son père.

— Jill et moi allons fabriquer des animaux en coquillages.

Elle leur montra le filet qu'elle portait.

— J'ai trouvé ma première coquille.

Brody sourit et attira Kacy sur ses genoux pour lui faire un câlin.

— C'est génial. J'ai hâte de voir ça.

— Oui, dit Kacy. Et je n'ai pas besoin de m'en faire parce que Jill ne veut pas sortir avec toi.

— Ah bon ? s'enquit Brody en jetant un coup d'œil à Jill.

— Nous avons eu une conversation, dit Jill alors que ses joues s'empourpraient, à sa grande consternation.

Elle lui envoya un message silencieux pour qu'il laisse tomber.

Conscient de sa gêne, il hocha la tête en signe d'acquiescement.

— Qu'est-ce que vous nous préparez pour le dîner, toutes les deux ?

— Je ne cuisine pas ce soir. Je suis trop fatiguée, dit Kacy en s'affalant sur la balancelle.

Brody et Jill échangèrent un regard. Jill devina que Kacy avait entendu cette excuse assez souvent chez elle.

— Eh bien, je peux faire cuire des crevettes. Pourquoi est-ce que vous ne prenez pas un verre de vin ou une bière en attendant que je me change et que je mette le dîner en route ? Ça ne devrait pas être long.

— Je n'aime pas les crevettes, déclara Kacy en se balançant d'avant en arrière.

— Tu dois juste y goûter. Si tu n'aimes pas ça, il y aura aussi du riz et de la salade verte.

Jill quitta le porche avant que Kacy ne puisse commencer ses habituelles jérémiades.

Plus tard, Jill mettait la table dans la cuisine quand Brody pénétra dans la pièce.

— Alors comme ça, vous ne voulez pas sortir avec moi ?

Il lui sourit.

— Voilà qui met fin à toutes mes chances de vous persuader que, derrière ce personnage ennuyeux, un chevalier en armure attend d'avoir la possibilité de vous enlever sur son cheval blanc.

Jill éclata de rire avant de se calmer rapidement.

— Apparemment, Allison s'inquiète de vous voir sortir avec quelqu'un qu'elle connaîtrait. Elle met beaucoup de pression sur Kacy sur de nombreux sujets. Pour la rassurer, j'ai dit que je n'avais aucune intention de sortir avec vous, que j'avais mes propres projets.

— Je vois, assura Brody. J'apprécie ce que vous faites pour Kacy, mais nous ne pouvons pas laisser une enfant de huit ans nous dicter notre conduite.

Il secoua la tête.

— Allison est difficile à vivre. Rester ici quelques semaines de plus nous sera sans doute bénéfique à tous.

Il lui sourit et quitta la pièce.

Alors qu'elle préparait le repas, les pensées de Jill tourbillonnaient. *Ennuyeux* ? Brody était tout sauf ennuyeux. Et il avait raison. Elle ne pouvait pas laisser une enfant prendre des décisions à sa place. Cela étant, elle n'avait aucune intention de sortir avec Brody ou un autre homme tant qu'elle n'aurait pas regagné un peu de stabilité émotionnelle.

#

Après le dîner, Jill s'installa sur le porche pour discuter avec Greg. Le repas qu'elle avait préparé avec soin s'était transformé en bataille au cours de laquelle Kacy avait constamment défié son père au sujet de la nourriture qu'elle n'aimait pas. Mais il avait tenu bon et elle avait fini par manger du riz et de la salade après avoir goûté une petite bouchée de crevette.

— On dirait que nous prenons tous part à une nouvelle expérience avec Kacy, dit tranquillement Greg. Mais il est important qu'elle s'aperçoive qu'aucun d'entre nous ne tolérera son comportement.

— C'est dommage que le repas se soit transformé en champ de bataille, dit Jill. Un bon petit plat est un tel plaisir. Je n'ai pas beaucoup cuisiné pour moi ces derniers temps, mais ça va changer maintenant qu'il y a des gens avec qui partager ce que je prépare.

— Mon Annie était une excellente cuisinière. De la cuisine familiale, rien d'extraordinaire, mais délicieux.

La note de tristesse contenue dans sa voix incita Jill à se pencher pour serrer sa main.

— Elle devait être adorable.

Il hocha la tête et acquiesça d'une voix bourrue.

— Elle était ma meilleure moitié.

Jill soupira doucement. C'était le genre de relation qu'elle espérait avoir un jour. Un mari qui l'aimerait et la traiterait avec respect, quelqu'un qui ne crierait pas sur elle, ne l'insulterait pas, ne la menacerait pas de ses poings. Elle se balança sur son fauteuil et fixa les vagues sombres qui s'écrasaient sur le sable.

— Vous habitiez dans la région ? C'est comme ça que vous avez rencontré les parents de Hope ? demanda-t-elle à Greg.

— J'ai rencontré ses parents lors d'une soirée mondaine il y a de nombreuses années. Richard et moi nous sommes tout de suite bien entendus et Rebecca, sa femme, et Annie sont devenues amies. La sœur de Richard, Louise, a légué le Seashell Cottage à Hope. Louise était une célibataire qui avait perdu son soupirant au Vietnam. Elle ne s'est jamais mariée.

— C'est un bel héritage, dit Jill.

Sa famille avait toujours eu assez de moyens pour vivre à l'aise, mais sans plus.

— Ouais, j'aime cette propriété. À une époque, j'ai cru qu'elle entrerait dans la famille. Brody et Hope sont sortis ensemble pendant un moment. Ensuite, Allison est apparue et tout a changé.

— Comment ça ?

Jill avait conscience d'être indiscrète, mais elle ne pouvait s'en empêcher.

— Allison est une femme splendide qui sait ce qu'elle veut et comment l'obtenir. Elle a voulu Brody dès qu'elle l'a vu. Annie et moi avons vu la chose se faire. Nous avons tenté de lui en parler, mais ils étaient déterminés tous les deux à se marier immédiatement. Il ne s'est pas donné le temps de découvrir à quel point elle était égoïste. Être le Dr Campbell ne suffisait pas pour les faire vivre de manière luxueuse et, quand elle s'en est aperçue, elle a plié bagage en vitesse en emmenant Kacy avec elle. Ça lui a brisé le cœur de ne voir Kacy que de temps en temps et qu'elle vive avec sa mère.

— Il est parfois difficile de voir ce que les gens sont vraiment, dit Jill, en se rappelant sa décision stupide de se marier.

Un bruit derrière eux empêcha Jill d'en dire plus. Elle se retourna et vit Brody et Kacy avancer sur le porche.

— J'ai fini de lui lire son histoire, alors Kacy voudrait dire bonsoir à tout le monde, dit Brody d'un ton égal.

Agrippée à la main de son père, Kacy dit :

— Bonne nuit.

Elle se tourna vers lui et demanda en chuchotant bruyamment :

— C'est bon, papa ?

— Oui, c'est bien, Kacy. Au lit maintenant.

Ils partirent ensemble et, quelques minutes plus tard, Brody revint seul sur le porche.

— Elle est couchée ? demanda Greg.

— Oui. J'essaie de mettre en place de nouvelles habitudes avec elle. Il lui faudra un certain temps pour s'y faire, mais elle a besoin d'un cadre routinier. Allison ne s'y tient pas.

Sa voix se chargea de tristesse.

— Elle m'a dit que ça lui demandait trop d'efforts.

Greg souleva le bras cassé encastré dans son plâtre.

— Mon accident aura peut-être une utilité, après tout. Tu pourras passer plus de temps avec Kacy ici, et c'est sans doute ce dont elle a besoin.

— On verra, répliqua Brody. Kacy est une enfant formidable quand elle est en confiance. Mais sa mère l'a tellement rabaissée qu'il sera difficile de percer les murs qu'elle construit autour d'elle, et qui ne devraient jamais exister chez un enfant de cet âge. Vous n'imaginez pas à quel point je suis furieux.

— Surtout que vous travaillez avec d'autres enfants, devina Jill.

En se remémorant sa propre enfance, elle identifia les murs qu'elle avait érigés autour d'elle-même en présence de Cristal.

Brody se tourna vers elle en souriant.

— Merci d'avoir passé du temps avec Kacy. Ça compte

beaucoup pour elle.

— De rien. Elle a très envie de fabriquer des animaux en coquillages et nous allons aussi bâtir des châteaux de sable. Je pense qu'on va bien s'amuser.

Il l'observa pendant un instant.

— Vous êtes très gentille. Je suis heureux que vous soyez là.

Elle sentit le rouge lui monter aux joues, mais ne put rien faire pour l'en empêcher. Le regard qu'il lui adressait était plus parlant que ses mots. Elle pria pour que les sentiments qu'il éveillait en elle ne s'affichent pas sur son visage.

Quand Jill se réveilla, le soleil dessinait sur le sol des bandes aux couleurs citronnées en traversant les persiennes des fenêtres. Elle se sentit envahie d'une nouvelle sensation d'excitation en réfléchissant à la journée à venir. L'idée de travailler avec Melanie et Susannah la rassura sur les choix qu'elle avait commencé à faire. Elle passa les doigts dans ses cheveux et sortit du lit, plus libre et heureuse qu'elle ne l'avait été depuis des lustres.

Elle enfila un short et un tee-shirt et se rendit lentement à la cuisine. Brody et Greg travaillaient dehors, mais Brody avait laissé la cafetière allumée et l'arôme du café flatta agréablement ses sens. Après s'en être servi une tasse, elle sortit sur le porche avant et s'assit pour observer le paysage.

Le soleil se reflétait sur la crête des vagues, créant autour d'elles un halo lumineux. Tout près d'elle, les branches des palmiers murmuraient dans la brise. Des nuages blancs floconneux, légers comme de la crème fouettée, flottaient au-dessus du littoral.

Jill soupira de plaisir. Elle sirota son café, plus convaincue que jamais d'avoir fait le bon choix en décidant de quitter sa ville natale. Elle aimait déjà la Floride – les plages, le climat, le style de vie. Même si elle n'obtenait pas tout de suite la place d'enseignante qu'elle cherchait, elle était sûre de trouver un emploi en attendant qu'un poste se libère.

La sonnerie de son téléphone fit voler son moment de paix en éclats. Elle vérifia l'identité de l'appelant et sentit son estomac se nouer. *Sa mère.* Elle décrocha à contrecœur.

— Allô ?

— Jillian Elizabeth Davis Conroy, qu'est-ce qui te prend de vendre ta maison ? Quelle mauvaise surprise ! Es-tu devenue folle ? Où vas-tu ? Que fais-tu ? Tu ne m'en as pas parlé. Est-ce que tu as une idée de ce que j'ai ressenti quand Barbara Becker m'a interrogée l'autre jour après avoir vu la pancarte « À vendre » dans ton jardin ?

Jill laissa sa mère fulminer encore quelques instants en se demandant pourquoi elle avait toléré cette conduite pendant aussi longtemps. Le destin lui avait permis d'échapper à un mari dominateur et violent. C'était désormais à elle de se débarrasser du même genre de comportement de la part de sa mère. Étonnamment, elle n'avait jamais trouvé ça abusif, mais à présent c'était le cas. C'était pour ça qu'elle avait supporté la conduite de Jay. Elle avait l'habitude qu'on fasse comme si son opinion ne comptait pas. Mais elle était adulte désormais. Elle n'avait pas à se justifier devant sa mère ou qui que ce soit d'autre pour avoir décidé de déménager, ce qui paraissait de plus en plus judicieux.

— Tu as terminé ? demanda Jill avec tout le calme qu'elle put rassembler alors que la colère montait en elle.

— Tu devrais bien réfléchir avant de te lancer, Jill. Tu es partie depuis à peine deux semaines. Comment comptes-tu trouver un travail ? Tu ne peux pas tout laisser en plan comme ça. Il y a des parents qui comptent sur toi pour faire classe à leurs enfants. Tu sais que tu as une bonne réputation dans cette école. Tu dois penser à ta responsabilité envers ces familles.

— Maman, arrête. Écoute-toi. Tu me traites comme une enfant. Je suis une adulte capable de prendre mes propres décisions. J'ai décidé de déménager et c'est ce que je vais faire.

— Mais comment vais-je faire ? se lamenta sa mère. C'est sur toi que je compte quand j'ai besoin de quelque chose. Cristal est tellement occupée qu'elle ne vient jamais me voir.

— Eh bien, il est peut-être temps qu'elle le fasse, rétorqua Jill, parce que je ne changerai pas d'avis.

Elle regarda les goélands tournoyer dans le ciel. Leurs cris stridents ressemblaient beaucoup à la voix perçante de sa mère.

— Je vais venir te mettre un peu de plomb dans la cervelle, déclara sa mère.

— Je suis désolée, mais toutes les chambres sont occupées, répondit Jill avec satisfaction.

— Quoi ? Je pensais que tu serais là-bas toute seule.

— Sans m'en avertir, Cristal a décrété que je ferai la cuisine et le ménage pour les deux ouvriers qui sont sur place et une petite fille de huit ans.

— Oh, je n'avais pas réalisé..., dit sa mère.

— J'aurais dû savoir qu'elle me ferait ce genre de coup, mais cette fois, ça ne me dérange pas. Ces gens sont gentils et je crois que je peux aider la petite fille à régler certains problèmes. En fait, elle et moi avons beaucoup en commun.

— Tu devrais te raviser. Tu as vécu toute ta vie ici, à Ellenton. Tu seras peut-être malheureuse ailleurs.

Jill réfréna sa colère.

— Je suis impatiente de tout recommencer, maman. Il est temps que je prenne ma vie en main.

— Est-ce que c'est à cause de Jay ?

— Je le fais parce que j'ai besoin de me libérer du passé, de

Jay comme de tous les autres.

— Bon, fit sa mère, vexée. J'ai toujours été de ton côté, Jillian. Il est peut-être temps que tu me soutiennes.

— J'ai peut-être besoin d'être de mon côté, répliqua Jill.

Par le passé, elle avait généralement fait les quatre volontés de sa mère.

— Il faut que j'y aille. Nous en discuterons une autre fois.

Et elle raccrocha avant que sa mère ne puisse protester.

Assise dans le rocking-chair, Jill prit de grandes inspirations pour calmer les battements de son cœur. Comme elle l'avait expliqué à sa mère, certains changements s'imposaient. Elle sourit, surprise par sa nouvelle détermination. Mince ! C'était fantastique de tenir tête à sa mère. Elle pouvait presque voir son père lever le pouce pour la féliciter.

Jill posa sa tasse de café et avança sur la plage, qui était vide devant la maison. Elle marcha jusqu'à la mer, laissant l'eau s'enrouler autour de ses chevilles. En se retirant, les vagues emportaient avec elles un peu de sable, lui massant agréablement les pieds. Elle ferma les yeux et leva le visage vers le ciel, autorisant la chaleur du soleil à effacer son expression ombrageuse. Jill tenta de synchroniser ses mouvements respiratoires avec le rythme lent des vagues et, bientôt, l'angoisse qui lui avait causé des maux d'estomac s'estompa.

Permettre à la nature de s'immiscer dans sa vie était une force tellement positive qu'elle sentit les larmes affleurer. Communier avec l'univers de cette manière lui offrit une nouvelle conscience d'elle-même et une nouvelle définition de la destinée. Elle se souvint d'une citation de Shakespeare qu'une amie lui avait faite un jour : « Ce n'est pas dans les étoiles que nous devons chercher notre destin, mais en nous-mêmes ».

Oui, c'est ce que je vais faire.

Elle parcourut la plage d'un pas plus léger. *Si j'avais des ailes, je volerais*, songea-t-elle, persuadée qu'elle le pourrait.

De retour au cottage, elle se rendit dans sa chambre et appela son agent immobilier.

— Comment ça se présente, Sandra ? demanda Jill. Je sais que le marché a ralenti. Est-ce que ma maison en pâtit ?

— En fait, non. Le fait que le terrain soit si grand est un point très positif. C'est parfait pour un couple auquel je pense. Ils sont absents pour le moment, mais ils ont promis d'y jeter un œil dès qu'ils rentreront.

— Oh, ça semble prometteur.

Sandra se tut un moment avant de poursuivre.

— J'ai reçu un appel de ta mère. Elle ne savait pas que tu vendais la maison.

— Oui, c'était assez inattendu, dit Jill. Mais je lui ai dit que je ne changerais pas d'avis. Et je serai aussi accommodante que possible avec les délais quand quelqu'un fera une offre. Franchement, je veux juste me débarrasser de la maison.

— C'est un grand changement, Jill, dit Sandra. Je suis contente pour toi. Vraiment.

— Merci, dit-elle.

Sandra avait gardé le contact après la mort de Jay, mais même elle ne connaissait pas les secrets que Jill avait gardés enfouis en elle.

CHAPITRE HUIT

Jill frémissait d'excitation quand elle gara sa voiture au centre de loisirs et en sortit. De bien des manières, c'était pour elle le début d'un tout nouveau mode de vie. Si tout se passait bien, elle n'attendrait pas plus longtemps pour appeler son école et démissionner.

Dès qu'elle franchit la porte, Melanie s'approcha d'elle.

— Je suis heureuse que vous soyez là. Les enfants sont agités ce matin. Je vais vous présenter Jed Carter. Vous serez avec lui pour les activités de plage et vous pourrez aider pour les cours de natation.

— Très bien. Ça a l'air amusant.

Melanie sourit.

— Jed est un type formidable. Il est professeur d'histoire et entraîne l'équipe de baseball du lycée local.

Susannah les rejoignit.

— Je pense que vous aimerez bien sa famille aussi. En fait, je le sais.

— Super, répondit Jill.

Elle s'interrogea sur ce que Susannah avait vu de l'avenir cette fois. Elle avait parlé avec tellement de confiance.

Melanie accompagna Jill jusqu'à la plage en passant par l'avant de la maison. Un homme grand et dégingandé les aperçut, leur fit un signe de la main et se dirigea vers elles d'un pas tranquille.

— Tu dois être Jillian, dit-il en souriant.

Il lui tendit une main et elle la serra, surprise par sa taille. L'étincelle malicieuse qui brillait dans ses yeux et son petit sourire donnèrent de la vie à son visage ordinaire.

— Jill, voici Jed Carter, notre nouveau directeur des sports, annonça Melanie en lui souriant béatement.

Jed éclata de rire.

— C'est un titre bien ronflant pour ce que je fais, mais j'adore les enfants et ça change agréablement du lycée.

— Tu es entraîneur de baseball ?

— Ouaip. J'étais lanceur en ligue mineure et je n'ai jamais atteint le niveau pro. Mais j'ai appris des tas de choses sur le jeu et j'ai envie de les partager.

— Papa ! Papa !

Jill se retourna au son de la voix et fut surprise de voir Kacy suivre une fillette aux boucles rousses qui accourait vers eux.

— Ah, c'est ma fille, Emily, dit Jed en souriant.

Elle vint jusqu'à eux.

— Papa, voici ma nouvelle amie Kacy. Elle est là pour l'été.

Kacy les rejoignit et s'arrêta à côté d'Emily. Debout côte à côte, elles étaient adorables toutes les deux. Les yeux bleus d'Emily pétillèrent quand elle sourit à son père, donnant à son visage plutôt ordinaire un éclat radieux.

— Salut Kacy. D'où viens-tu ? demanda Jed.

Kacy lança un regard à Jill, puis répondit :

— Je viens de Philadelphie, en Pennsylvanie.

— De Philadelphie, dit Emily. Qu'est-ce que tu viens faire ici?

— Passer des vacances au chaud avant de retourner à Philly, dit Kacy, et les filles se mirent à glousser.

Jill et Jed levèrent les yeux au ciel en rigolant.

— Vous feriez mieux de retourner dans votre groupe, les filles, dit Melanie qui riait toujours. J'adore quand les enfants se font de nouveaux amis.

Les fillettes détalèrent en se tenant la main. En les regardant, Jill sentit son cœur gonfler de tendresse. Elle savait qu'il était particulier de trouver une amie.

— La petite a l'air mignonne. Qui est-ce ? demanda Jed.

— Kacy est la fille d'un des deux hommes à tout faire qui logent au Seashell Cottage avec moi pour l'été, expliqua Jill. Je viens juste de faire leur connaissance. Greg Campbell est auto-entrepreneur dans la région. Son neveu Brody, le père de Kacy, est venu aider son oncle sur ce chantier.

— D'accord. Je suis content qu'Emily et Kacy s'entendent bien. Nous sommes aussi assez nouveaux dans la région et Emily a eu du mal à se faire des amis, en partie parce que c'est le chaos à la maison et que nous n'avons pas eu la possibilité de l'aider.

Melanie se tourna vers Jill.

— Jed et sa femme, Niki, ont des triplés qui viennent juste d'avoir un an.

— Oh, mon Dieu ! Oui, les choses doivent être *très* chaotiques chez vous.

Jed s'esclaffa.

— La famille de Niki habite ici. C'est pour ça que nous sommes venus du nord. À chaque fois que quelqu'un nous rend visite, il finit par s'occuper d'un des bébés. Les voisins et les nouveaux amis adorent ça. Surtout les parents dont les enfants ont quitté le nid et les grands-parents du voisinage.

— Bien. Je vais vous laisser superviser les activités tous les deux. J'ai cru comprendre que vous aviez organisé un tournoi de beach-volley, Jed.

— Pour les plus âgés. Les plus jeunes prennent des cours de natation à la piscine.

Il se tourna vers Jill.

— J'ai pensé que tu aimerais aider Kelly pour ça.

— Je vais lui présenter Jill, offrit Melanie.

— Merci, dit Jed.

Il leur fit un petit signe et se dirigea vers le terrain de volley délimité sur le sable.

— Hou la ! Vous aviez dit que sa famille était intéressante, mais des triplés ? Je ne comprends pas comment on peut s'en sortir, déclara Jill à Melanie.

— Niki et Jed sont assez décontractés tous les deux. Je suis certaine que ça joue beaucoup, dit Melanie.

À la piscine, Melanie présenta Jill à une grande jeune femme fortement charpentée aux cheveux sombres coupés très courts et dont les yeux marron foncé s'éclairèrent de plaisir lorsque Melanie annonça :

— Là voilà. Kelly Summers, je vous présente Jill Conroy.

— Enchantée de faire ta connaissance, dit Kelly. J'ai entendu dire que j'aurais une assistante aujourd'hui.

Melanie leur fit un grand sourire.

— Jill vient de rejoindre l'équipe. Elle travaille à temps partiel, de onze heures à seize heures les jours de semaine.

— Fantastique ! Tu vas adorer ton séjour ici. Pour l'instant, j'aide celles qui ont huit ans à apprendre à nager ou à améliorer leur technique.

Jill jeta un coup d'œil à la piscine. Kacy était l'une des huit fillettes assises en maillot de bain sur la margelle.

— Je suis prête quand tu veux. J'ai un maillot sous mon short et mon tee-shirt.

— OK. Ça marche, dit Kelly. J'ai des serviettes supplémentaires, mais tu auras le temps de te sécher parce que nous nous asseyons pour discuter après la baignade. Comme une sorte de thérapie, pour s'assurer que tout le monde se sente inclus dans le groupe.

— Super idée, dit Jill, qui aimait de plus en plus ce centre.

— À plus tard, dit Melanie. Je vais me cacher dans le bureau. Jill, à un moment dans l'après-midi, nous discuterons de l'aide que vous pourriez m'apporter pour la partie administrative.

Jill répondit au salut de Melanie avant d'ôter son short et son tee-shirt. Elle avait fait une folie en achetant le maillot qu'elle portait au cours des soldes de fin d'été l'année précédente. Elle avait trouvé le une pièce échancré rose vif un peu osé à l'époque, mais il paraissait à sa place dans cet environnement presque tropical.

Kelly conduisit Jill vers le groupe d'enfants.

— Salut les filles. Voici ma nouvelle assistante, Jill. Vous pouvez toutes lui dire bonjour ?

Jill fut soulagée quand Kacy se joignit au chœur. Elle n'avait aucune intention de faire savoir aux autres enfants que Kacy et elle habitaient sous le même toit. C'était à Kacy de le divulguer, si elle le souhaitait. Pour le moment, la fillette faisait de son mieux pour l'ignorer.

À la fin du cours de natation, Jill était épuisée. Aider une petite fille à surmonter sa peur de mettre la tête sous l'eau avait demandé une grande patience. Ensuite, Emily avait réclamé que Jill la regarde nager pendant que Kacy boudait sur le côté.

Jill sortit de la piscine avec les autres et enroula une serviette autour d'elle. Les rayons du soleil réchauffèrent son corps d'une caresse bienvenue.

— Très bien, les filles. Rassemblez-vous pendant que nous reprenons toutes notre souffle, dit Kelly en leur faisant signe de se mettre en cercle. J'ai aussi des bâtonnets de carotte pour celles qui ont une petite faim.

— Pas de cookies ? demanda une des fillettes.

Kelly sourit.

— Pas après avoir fait bien travailler notre corps. Et, les filles, pensez aussi à boire beaucoup d'eau.

Les gamines s'assirent en cercle comme demandé, la

plupart grignotant les bâtonnets de carotte. En s'installant avec elles, Jill remarqua que Kacy n'y avait pas touché avant qu'Emily se serve. Elle en avait alors pris deux, comme Emily.

— Nous avons une nouvelle venue dans le groupe aujourd'hui. Emily, veux-tu nous parler un peu de toi, s'il te plait ?

Les joues pâles d'Emily s'empourprèrent, mais elle hocha la tête.

— Mon papa est responsable des jeux de plage. C'est pour ça que je suis là. J'ai deux petits frères et une sœur. Ce sont des triplés et ils peuvent causer beaucoup de problèmes. Ma chienne, Mollie, vient d'avoir quatre bébés. Trois filles et un garçon.

Elle secoua la tête.

— Je ne veux plus d'autre bébé à la maison.

— Tu as des bébés chiens ! Je peux les voir ? glapit Kacy.

— Ouais ! s'écrièrent les autres filles.

— Ma maman dit qu'ils doivent rester avec leur mère. Ce ne sont que des bébés pour l'instant. Mais à la fin de l'été, mon papa me laissera peut-être les amener ici.

— Ça me paraît raisonnable, déclara Kelly pour interrompre les plaintes qui suivirent. Voyons. Qui d'autre voudrait nous raconter quelque chose à son sujet ?

Jill attendit que Kacy prenne la parole, mais elle garda le regard fixé sur le sol et resta silencieuse.

Le tintement d'une cloche brisa le silence.

— C'est l'heure de déjeuner, cria une des filles. Allez !

Les huit fillettes se dirigèrent vers le pavillon à ciel ouvert comme une nuée d'oies pressées.

— Merci pour ton aide, dit Kelly. C'est très bénéfique pour chacune des filles de profiter d'une attention sans partage. Il s'agit de bien plus que de simples leçons de natation.

— Oui, c'est également mon avis. Même à cet âge, les filles

peuvent être cruelles les unes envers les autres.

Le regard de Kelly se perdit au loin et elle hocha la tête.

— Tu peux imaginer ce que j'ai subi comme moqueries. Être aussi grande et gay en plus. Une combinaison mortelle.

— Je me doute que ç'a été dur pour toi, dit Jill avec compassion.

Elle avait peut-être été blessée et frustrée d'être en permanence comparée à Cristal, mais ça n'avait rien à voir avec ce que Kelly devait avoir souffert pendant son enfance.

— Merci de ta gentillesse. Les choses évoluent avec le temps, mais ça peut encore être difficile. Heureusement, j'ai une partenaire merveilleuse qui m'a aidée à m'accepter telle que je suis.

Les yeux de Kelly s'emplirent de larmes.

— C'est une bénédiction.

— J'aimerais bien faire sa connaissance, dit Jill. J'envisage de déménager dans la région et je souhaite rencontrer autant de personnes que possible. Je suis déjà fan de Melanie et Susannah.

Kelly éclata de rire.

— Elles sont aussi différentes que possible. Susannah était propriétaire de la maison avant que Melanie ne l'achète avec une partie de l'argent qu'elle a reçu au moment de son divorce. Ce qui était aussi une bonne chose, parce que le mari de Susannah lui avait laissé un monceau de dettes. Je crois qu'il était joueur.

— Oh. Elle ne l'avait pas vu venir ?

Kelly sourit, puis redevint sérieuse.

— Elle peut voir certaines choses, mais elle avait raté ça. Je connais Susannah depuis que je suis petite. Ma mère et elle sont amies. C'est pour ça que j'en sais autant à son sujet.

L'esprit de Jill tourbillonnait. La communauté semblait extrêmement petite. Était-ce réellement ce qu'elle souhaitait ?

— Allez. On va déjeuner. Susannah a un don avec la nourriture. Elle transforme la plus simple des choses en plat délicieux.

— Un peu de magie, peut-être ? plaisanta Jill en arquant un sourcil.

Kelly s'esclaffa.

— Qui sait ? Qui sait ?

Elles se dirigèrent ensemble vers le pavillon.

À la vue des enfants qui riaient, discutaient et mangeaient, le cœur de Jill se gonfla de bonheur. Elle se sentait bien ici. Même si elle n'avait pas voulu avoir d'enfants avec Jay, elle souhaitait continuer à enseigner. Demain matin, elle appellerait son école à New York pour prévenir qu'elle avait décidé de déménager, puis elle poursuivrait sa recherche d'emploi en Floride.

À la fin du repas, Jill se leva en même temps que deux autres membres de l'équipe qu'elle venait de rencontrer et avec lesquels elle discutait tranquillement. Jennifer était la directrice des arts plastiques et Mike, sous la direction de Jed, était chargé des sports nautiques.

Jed vint la trouver.

— Est-ce que tu veux bien que Kacy s'arrête chez moi sur le chemin du retour pour voir les chiots ? Emily l'a invitée.

Ses lèvres s'incurvèrent.

— Et je suis certain que Niki et toi vous entendrez à merveille.

— Bien sûr. Ça devrait être amusant.

Le repas qu'elle avait prévu pourrait attendre un jour de plus. Ce soir, ils mangeraient des hamburgers au dîner et peut-être que Brody ou Greg accepteraient de les faire griller dehors.

Ce serait parfait !

CHAPITRE NEUF

Quelques kilomètres à l'intérieur des terres, dans un lotissement familial, la maison à deux niveaux de Jed et Niki se démarquait au milieu de nombreuses habitations de plain-pied. La façade en stuc ocre était égayée par une grande porte d'entrée peinte en turquoise.

Jill s'arrêta devant la maison, coupa le moteur et se tourna vers Kacy.

— Nous ne pourrons pas rester trop longtemps. Je suis certaine que la mère d'Emily a beaucoup à faire avec les bébés.

Kacy se renfrogna.

— Je veux voir les bébés chiens.

— Oui, je sais.

Elles gagnèrent la porte d'entrée en passant devant une poussette triple et un petit vélo posé près de l'allée. Avant qu'elles puissent sonner, la porte s'ouvrit et Emily les accueillit avec un chiot frétillant dans les bras.

— Salut, entrez. Maman et papa sont dans la cuisine.

Jill et Kacy pénétrèrent dans la maison.

Emily referma la porte derrière elles.

— Viens vite, Kacy. Les chiots jouent dans l'abri de piscine. Suis-moi.

Jill leur emboîta le pas et découvrit un grand espace ouvert sur le côté qui semblait être une immense pièce à vivre. De l'autre côté du couloir, elle nota la présence d'une salle de bains et de ce qui ressemblait à un salon, avec des étagères chargées de livres de chaque côté d'une télé à grand écran.

Emily les guida jusqu'à la cuisine, puis continua avec Kacy

vers une pièce située à l'arrière de la maison dont les portes coulissantes en verre ouvraient sur une piscine entourée d'un grand patio.

— Salut, dit Jed. Je suis content que tu sois venue.

Il fit face à Jill, portant une petite fille dont les cheveux blond vénitien lui venaient manifestement de sa mère, laquelle sortait un petit garçon de sa chaise haute.

La mère d'Emily se tourna vers elle. De taille moyenne, la jeune femme était jolie avec ses boucles cuivrées, ses yeux noisette et son grand sourire.

— Bonjour, je suis Niki.

Elle frotta le ventre du bébé.

— Voici Luke. Nina est dans les bras de Jed et Mark dans la chaise haute du milieu. Il va bientôt piquer une crise si je ne lui donne pas à manger. Tiens, tu peux tenir Luke pour moi ?

Avant qu'elle ait le temps d'expliquer qu'elle n'avait pas beaucoup d'expérience avec les bébés, on lui tendit Luke. Un peu embarrassée par le petit garçon, Jill dit :

— Je n'ai pas l'habitude des petits de cet âge.

Niki lui sourit.

— Ne t'inquiète pas, tu t'en sors très bien. Dès que j'en aurai terminé avec Mark, nous pourrons les mettre dans leur parc et discuter.

Luke commença à s'agiter. Ne sachant que faire d'autre, Jill le fit sauter dans ses bras et se mit à produire des sons ridicules. Le visage de l'enfant s'éclaira. Jill éclata de rire quand il tendit la main et lui pinça le nez.

— Tu ferais mieux de faire attention, la prévint Jed. Luke adore pincer les nez. Ça peut faire mal.

Jill saisit le bras de Luke et lui fit décrire des cercles en l'air, pour maintenir sa main aussi loin que possible de son nez. Malgré l'application de crème solaire, tout son visage était brûlé par l'après-midi passée au soleil. Pris par le jeu qu'elle jouait avec lui, Luke poussa un cri de joie et agita son bras libre en l'air aussi.

Depuis sa chaise haute, Mark imita le bruit fait par son frère, puis Nina se joignit à eux, ravie de faire partie du concert de glapissements.

Jill se mit à rire, incapable d'imaginer la vie quotidienne avec des triplés.

— Comment faites-vous ? demanda-t-elle en regardant tour à tour Niki et Jed.

Ils échangèrent un regard amusé avant de se tourner vers elle.

— Une minute, une heure, un jour à la fois, dit Niki. À la naissance d'Emily, je faisais attention à tous les détails. Avec ces trois-là, j'ai appris que les bébés sont beaucoup plus adaptables que je ne le croyais.

Kacy pénétra dans la cuisine et trottina vers Jill.

— Je peux avoir un chiot ?

— Je ne peux pas répondre à cette question. C'est à tes parents de décider, pas à moi. Mais allons y jeter un coup d'œil.

Jill se tourna vers Niki.

— Je peux emmener Luke voir les chiots ?

— Bien sûr, répondit Niki, mais tiens-le bien. Il va gigoter et essayer de descendre.

Jill suivit Kacy dans la pièce d'à côté et vit quatre petites boules de poils soyeuses blanches et grises jouer à la bagarre sous la surveillance de leur mère.

— Comme ils sont adorables !

Jill se pencha pour voir de plus près et fut presque renversée par le garçonnet qui se tortillait dans ses bras.

— Hola ! Doucement, Luke.

Jed se glissa dans la pièce derrière elle.

— Attends, je vais le prendre. Les parents de Niki devraient bientôt arriver pour donner un coup de main. Continue à regarder les petits. Je te ferai un bon prix si tu en prends un.

Il lui fit un grand sourire en prenant Luke dans ses bras.

— Vous allez prendre un des chiots ? demanda Kacy d'une voix rendue aiguë par l'excitation. Je peux vous aider à le choisir ?

Elle montra du doigt un petit en train de se bagarrer.

— Celui-là. Je veux celui-là.

— Une minute, dit Jill en riant doucement. D'abord, il faut que je trouve un boulot et un logement.

— Tu cherches un poste d'enseignante ? demanda Jed, les sourcils arqués de surprise.

— Oui. J'ai décidé de faire des changements dans ma vie et je cherche un poste dans une école primaire. Je suis maîtresse de maternelle, mais j'ai aussi eu des CM1. Tu connais des places libres ?

— Peut-être, répondit Jed. Je vais chercher et je te dirai. Si ça ne fonctionne pas, je te suggère de t'inscrire comme remplaçante.

— Oui, j'en viendrai peut-être là.

Elle avait déjà fait des remplacements auparavant, mais n'avait pas aimé ça.

Niki vint les rejoindre.

— Mes parents sont là, Jed. Tu voudrais bien leur amener Luke, s'il te plait, pour que j'aie une chance de discuter avec Jill ?

Après son départ, Niki dit à Emily :

— Pourquoi est-ce que tu ne montres pas ta chambre à Kacy ? Jill et moi serons dehors au bord de la piscine si vous avez besoin de nous.

Les chiots, épuisés par leurs ébats, s'étaient roulés en boules floconneuses pour faire un somme avec leur mère, qui parut à Jill aussi calme que Niki l'était avec ses enfants.

Niki conduisit Jill jusqu'à une table en plein air protégée par un parasol et elles s'assirent chacune sur une des chaises qui l'entouraient.

— Ouf ! Quelques instants de calme bien mérités, dit Niki en lui adressant un sourire. Parle-moi un peu de toi. Jed m'a déjà raconté votre rencontre et il pense qu'on s'entendrait bien. J'ai du mal à me faire de nouveaux amis du fait de notre situation familiale.

— Je suis maîtresse d'école depuis plusieurs années dans la ville où je vis au nord de New York. J'ai été mariée pendant deux ans, mais mon mari a été tué dans un accident de voiture.

— Je suis désolée, dit Niki avec douceur.

Jill étudia son expression de sympathie, prit une profonde inspiration et la relâcha lentement. Elle en avait assez de se cacher.

— En fait, il était violent avec moi.

C'était bon de tout étaler au grand jour, de se libérer du passé et de l'horrible secret qu'elle avait conservé.

Niki se pencha à travers la table et serra sa main.

— Je suis heureuse que tu te sois sentie assez en confiance pour me le dire.

— Merci. Je l'ai caché pendant longtemps. À présent, je fais de mon mieux pour être honnête à ce sujet. Surtout parce que j'ai décidé de venir m'installer ici pour prendre un nouveau départ.

— C'est remarquable, s'exclama Niki. Nous habitions une petite ville sur la rive sud de Boston. Je pensais que je n'aimerais peut-être pas la Floride, mais je l'adore. C'est un endroit fantastique pour élever des enfants et c'est aussi bon pour leur santé de pouvoir être au grand air tous les jours.

— Jed m'a dit que vous étiez venus ici parce que tes parents habitent à proximité.

Un sourire malicieux éclaira le visage de Niki.

— Ma mère m'a tannée jusqu'à ce que je tombe enceinte d'Emily. Ensuite, comme aucune autre grossesse ne s'annonçait, elle m'a encouragée à avoir recours à la fécondation *in vitro*.

Niki gloussa.

— À présent, je lui dis que c'est normal de compter sur elle pour m'aider. Elle adore ça.

— Tu es fille unique ? lui demanda Jill.

— J'ai un frère qui a deux ans de plus que moi.

Ses yeux noisette pétillèrent.

— En fait, j'aimerais que tu le rencontres un jour. J'ai l'impression que vous seriez compatibles. Il est célibataire aussi, désormais. Sa femme était pénible, très égoïste. Aussi moche que ça puisse paraître, je suis contente qu'il en soit débarrassé.

Jill était sur le point de faire une remarque quand elle fut interrompue par Kacy et Emily qui accouraient vers elles.

— Est-ce que Kacy peut rester pour le dîner ? demanda Emily à sa mère.

En voyant l'hésitation s'inscrire sur le visage de Niki, Jill intervint.

— Vous savez quoi, les filles ? Pourquoi n'inviterions-nous pas plutôt Emily à venir dîner chez Kacy ?

Niki sourit.

— Ce serait sympa.

— Je vous ramènerai Emily vers vingt heures.

Le visage de Niki s'illumina de plaisir.

— Jed et moi pourrons peut-être dîner tranquillement tous les deux pendant que mes parents se chargent de coucher les petits.

Jill se tourna vers les filles.

— Très bien, c'est réglé. Emily va venir chez nous, Kacy, et rester pour le dîner.

Les yeux de Kacy s'écarquillèrent.

— C'est vrai, Jill ? Emily peut venir dîner chez nous ?

— Oui. Ce sera peut-être la première de nombreuses occasions, dit Jill.

Consciente que sa mère n'autorisait peut-être pas ça chez elle, Jill adressa un sourire d'encouragement à Kacy et se leva.

— Nous devrions nous mettre en route toutes les trois. Je sais que deux hommes affamés nous attendent là-bas pour dîner.

— Viens faire connaissance avec mes parents avant de partir, dit Niki en se levant de sa chaise.

Au cours des présentations, Jill apprit que Dave Beachum avait été agent d'assurances et trouvait la retraite un peu ennuyeuse après des années d'intense activité. Sa femme, Carolyn, s'épanouissait dans la vie communautaire et s'occupait de sa famille pendant que son mari jouait au golf. Ils adoraient tous les deux leurs petits-enfants.

À la fin de leur conversation, Niki déclara :

— Jill va venir habiter ici. Je pense qu'elle devrait rencontrer Charlie.

Deux paires d'yeux se tournèrent vers Jill.

Au lieu de se sentir mal à l'aise comme elle l'était toujours lorsque quelqu'un suggérait qu'elle soit présentée à un homme, Jill se détendit. Avec une sœur comme Niki et des parents aussi charmants, Charlie ne pouvait pas être un mauvais gars. Et si elle voulait apporter des changements à sa vie, elle devait commencer à faire de nouvelles connaissances.

Carolyn parcourut Jill du regard.

— Oui, elle devrait rencontrer Charlie, dit-elle avec une détermination qui flatta Jill. Ils pourraient très bien s'entendre.

Kacy tira sur la main de Jill.

— On peut y aller, maintenant ?

Jill sourit de l'enthousiasme de Kacy.

— Emily, tu es prête ?

Emily embrassa sa mère avant d'étreindre ses grands-parents.

— Je vais dîner chez Kacy, leur annonça-t-elle fièrement. C'est ma nouvelle meilleure amie.

— C'est très chouette. Pour vous deux.

Carolyn fit un large sourire à sa petite-fille et un discret clin d'œil à Jill.

Les deux fillettes se précipitèrent hors de la maison vers la voiture de Jill. En les voyant aussi heureuses, Jill sentit son cœur se gonfler de joie. Elle aimait l'idée que Kacy, qui paraissait tellement lui ressembler, se soit déjà fait une amie. Elle aussi avait trouvé une nouvelle amie.

Alors qu'elle s'engageait dans l'allée du Seashell Cottage, Jill s'inquiéta de la réaction de Brody, qui pourrait considérer qu'elle avait outrepassé ses droits en invitant Emily.

Elle gara la voiture et émit un petit rire en voyant Kacy et Emily courir autour de la maison vers le porche.

Quand elle s'approcha de l'avant du cottage, elle trouva les deux filles en grande discussion avec Brody et Greg.

Brody leva vers elle un regard interrogatif.

— J'espère que ça ne vous dérange pas…, commença Jill.

— C'est génial d'avoir invité Emily à venir, dit Brody avant qu'elle puisse terminer.

Ses yeux brillants lui prouvaient qu'il était très touché.

— Je vais montrer mes coquillages à Emily, annonça Kacy. Et nous allons sortir en chercher d'autres. C'est d'accord, Jill ?

Agréablement surprise que la question lui soit destinée, Jill regarda Brody et répondit :

— C'est parfait. Il va me falloir un peu de temps pour

préparer le repas.

Les filles se précipitèrent à l'intérieur, laissant Jill seule avec les hommes.

— Je ne me souviens pas de la dernière fois où Kacy a été aussi excitée, dit doucement Brody. Je ne vous en remercierai jamais assez.

— Emily et ses parents sont très gentils. Ils ont déménagé de la région de Boston il y a quelques mois et ses parents, Jed et Niki, n'ont pas eu beaucoup de temps pour voir des gens en dehors de la famille, parce qu'ils ont des triplés.

— Des triplés ? s'exclama Greg. Ce n'est pas simple.

Jill s'assit sur la balancelle.

— C'est extraordinaire. Jed et Niki semblent être tous les deux des parents calmes et compétents.

— J'aimerais bien les rencontrer. Surtout si les filles sont amenées à faire des choses ensemble, dit Brody.

— On pourrait peut-être les inviter à dîner un soir où les parents de Niki peuvent s'occuper des triplés.

En prononçant ces mots, Jill prit conscience du chemin qu'elle avait déjà parcouru. Elle n'avait pas reçu chez elle depuis des années. Jay avait déclaré qu'il n'aimait pas ses amis et, après sa mort, elle s'était sentie trop incompétente, trop bonne à rien pour se libérer de l'état d'esprit dans lequel il l'avait mise.

— Qu'est-ce qu'on mange ? Est-ce qu'on a le temps de boire un verre de vin ? demanda Greg en se mettant debout.

— Oui. On mange des hamburgers. J'espère que l'un d'entre vous acceptera de les faire griller pendant que je prépare le reste du repas. Un volontaire ?

Brody leva la main.

— Je m'en charge. Je vous dois une faveur pour avoir rendu Kacy aussi heureuse.

Bien qu'elle n'ait fait que ce qu'elle aurait fait pour

n'importe quelle petite fille en manque d'amis, le regard approbateur qu'il posa sur elle déclencha un frisson de plaisir.

CHAPITRE DIX

Les jours suivants permirent à chacun de s'installer dans sa nouvelle routine. Kacy était encore obstinée et récalcitrante par moments, mais avec une amie comme Emily, elle commençait à comprendre qu'il n'était pas cool de mal se comporter et que personne dans la maisonnée ne la laisserait s'en tirer comme ça.

Au centre, Jill découvrit qu'elle aimait bien aider Melanie au bureau. Quand celle-ci proposa de lui prêter des livres traitant de la psychologie enfantine, Jill s'empressa d'accepter. Un soir, alors qu'elle était assise sur le porche, Jill décida de demander à Brody ce qu'il pensait du livre qu'elle était en train de parcourir. Susan B. James avait écrit un livre fantastique sur les fratries et les problèmes que pouvaient rencontrer les enfants qui avaient l'impression de ne pas être à leur place dans leur famille. Il avait fait écho en Jill et elle avait besoin de recul.

Jill choisit le moment où Brody la rejoignit sur le porche pour l'interroger.

— Est-ce que je peux vous poser quelques questions au sujet du livre de Susan B. James que je lis ?

— C'est celui qui traite des fratries ? demanda-t-il, l'air très attentif.

— Oui. Melanie m'a prêté plusieurs livres que je trouve intéressants. C'en est un. Vous le connaissez ?

— En effet, je le connais. C'est un de mes préférés. Les familles sont fascinantes. Parfois utiles, parfois nuisibles. À la réflexion, nous sommes tous nés dans une famille. Ça ne signifie pas toujours qu'on aime en faire partie ou qu'on choisirait ses frères et sœurs comme amis.

— Ce qu'elle écrit est sensé, mais cette manière de penser m'a toujours fait me sentir coupable. Pensez-vous qu'il soit sain d'être capable de reconnaître ces faits ou que ça nourrit quelque chose en nous qui n'est pas forcément aimable ?

Brody la dévisagea.

— Je crois que c'est acceptable. Dans le système scolaire, j'ai travaillé avec des enfants dont beaucoup avaient des raisons de ressentir ça. La désintégration de la cellule familiale est un vrai sujet.

— La société a changé, dit Jill.

— Oui, elle a beaucoup changé. Je parle de familles où les parents sont trop occupés, trop paresseux ou trop accros aux drogues pour prendre le temps d'élever correctement leurs enfants.

Jill comprit qu'il était sincère à la manière dont il serra les poings.

— Avez-vous jamais eu à faire face à des parents ou à dénoncer des maltraitances sur enfant ?

Brody hocha la tête.

— J'ai téléphoné aux services de protection de l'enfance au sujet de quelques gamins et j'ai tenté de parler à des parents de temps en temps. Mon travail consiste principalement à écouter et conseiller des élèves de terminale sur leurs choix. Mais vous vouliez parler des fratries. Avez-vous des frères et sœurs ?

— Une sœur plus âgée qui est aussi différente de moi que possible, dit Jill d'une voix défaite qu'elle détesta. Après avoir lu le livre, je me demande s'il vaut mieux exposer ces différences au grand jour et s'en accommoder, ou continuer en sachant que nous ne serons jamais proches l'une de l'autre.

— Hum. Je pense qu'il est toujours préférable d'exprimer

ses sentiments et d'en gérer les conséquences de manière sûre.

Il sourit.

— Donc, votre sœur est moche et stupide, hein ?

Jill éclata de rire.

— Elle est superbe et brillante.

— Et ?

— Et c'est tout ce que j'en dirai pour le moment. Mais je vais réfléchir à notre conversation et, en temps voulu, je souhaite être capable de m'asseoir en face d'elle pour discuter d'un certain nombre de choses.

— Ça se comprend, lui accorda Brody. Je suis fils unique et j'aurais bien aimé avoir un frère. Je suis né de parents âgés et, malheureusement, ils sont tous les deux décédés. On pourrait dire que je suis seul et unique.

— C'est pour ça que vous vouliez d'autres enfants ?

— En partie. Mais Allison ne voulait pas en entendre parler.

— À une époque, je pensais vouloir beaucoup d'enfants. Mais quand j'ai découvert le côté sombre de l'homme que j'avais épousé, j'ai su que je n'en voulais pas avec lui.

Jill s'interrompit, changea d'avis et laissa échapper :

— À présent, j'ai recommencé à y penser.

Le regard de Brody resta fixé sur elle, lui faisant regretter d'avoir été aussi ouverte.

— Le mariage est une institution intéressante, dit Brody. Vous pensez connaître une personne et, après quelque temps de vie commune, vous vous apercevez que vous ne la connaissez pas du tout.

Jill garda le silence. Elle savait qu'il pensait à son propre mariage.

Brody secoua la tête.

— Une fois m'aura suffi. Je ne veux pas revivre ça.

Ses paroles la soulagèrent. Ils partageraient la maison pendant les prochaines semaines, mais il n'y aurait aucun besoin de faire bonne impression, aucun besoin d'être autre chose qu'elle-même. Il avait énoncé son point de vue d'un ton calme mais empathique qu'elle reconnaissait.

Quelques jours plus tard, Emily et Kacy se séchaient après s'être baignées dans la piscine du cottage quand Kacy déclara :

— Je veux avoir les cheveux courts comme Emily.

Surprise, Jill se redressa sur la chaise longue où elle était allongée.

— Je croyais que tu aimais avoir les cheveux longs.

Kacy secoua la tête.

— Plus maintenant. Est-ce que vous me les couperez ?

— Si tu veux vraiment les couper, il te faut un professionnel. Mais on ne fera rien avant d'avoir l'aval de ton père.

— D'accord, je vais lui demander tout de suite, dit Kacy.

Emily et elle se précipitèrent dans la maison.

Brody et les filles revinrent vers elle quelques instants plus tard.

— Dites-lui oui, Jill, s'écria Kacy en trépignant d'excitation.

— Qu'en pensez-vous, Jill ? Allison aime que Kacy ait les cheveux longs, mais je vois bien qu'il est difficile de les démêler quand elle s'est baignée, comme maintenant.

— Ce n'est pas à moi de prendre cette décision, mais je suis d'accord avec vous. Ces boucles sont difficiles à entretenir quand elles sont mouillées ou collées par le sel.

Son regard voyagea entre Kacy et Emily.

— C'est aussi une histoire entre copines, dit-elle tout bas à Brody.

— Très bien, Kacy. Je dis oui. Jill, connaissez-vous

quelqu'un qui puisse couper des cheveux d'enfant ?

— Je suis certaine que Niki a une adresse. Je vais l'appeler.

Elle prit son téléphone et tapa le numéro. Après avoir expliqué ce qu'ils cherchaient et obtenu les coordonnées d'une femme spécialisée en coupes d'enfants, Jill remercia Niki et se tourna vers Brody.

— Elle dit que Ronnie du salon Kids' Kuts fait du bon boulot.

Brody lui adressa un petit salut.

— Très bien, merci. Je vais les appeler.

Il rentra dans la maison, les deux fillettes sur ses talons comme deux poussins gazouillant derrière leur mère.

Jill et Niki poursuivirent leur conversation jusqu'à ce que Niki soit rappelée à l'ordre par des pleurs.

Mais même après la fin de l'appel, Jill en ressentit encore la chaleur. Niki semblait apprécier leur amitié naissante autant qu'elle.

Le lendemain après-midi, Jill attendait chez Kids' Kuts que Ronnie en termine avec les cheveux de Kacy. Brody avait donné comme instruction de faire le nécessaire pour que l'entretien soit facile. En regardant les longues mèches tomber au sol et la manière dont celles qui restaient bouclaient délicatement autour du visage de Kacy, Jill se rendit compte que ce nouveau style lui allait très bien. Les quelques kilos qu'elle avait perdus amincissaient le visage de la petite fille et les boucles éclaircies par le soleil l'entouraient joliment.

— C'est fini, annonça Ronnie en faisant pivoter la chaise pour que Kacy puisse se voir dans le miroir. Tu aimes ?

Les yeux de Kacy s'emplirent de larmes.

— Oui, mais ma mère va être en colère contre moi.

— Souviens-toi que cette décision a été prise en accord avec ton père. Il veut que tu sois heureuse pendant ton séjour en Floride.

Un sourire éclaira le visage de Kacy, effaçant son air inquiet. Elle tapota ses cheveux.

— J'aime bien. À présent, Emily et moi sommes comme des jumelles.

Ronnie et Jill échangèrent un regard amusé, bien conscientes que les deux petites filles ne se ressemblaient pas du tout.

— Cette coupe te va bien, affirma Ronnie. Tu vas être très contente de l'avoir fait. Ce sera bien plus facile à entretenir.

— J'adore, dit Jill en souriant à Kacy. Je suis convaincue que ton papa aimera aussi.

Kacy sauta du fauteuil de coiffeur et fixa la masse de cheveux répandue au sol. Quand elle leva les yeux, ils étaient de nouveau larmoyants.

Jill tendit la main et la posa sur l'épaule de Kacy.

— Ne t'inquiète pas autant. Je suis sûre que ta mère comprendra.

La petite fille secoua la tête.

— Non, elle va être en colère.

Elle se redressa.

— Mais je m'en fiche.

Le trajet de retour au cottage fut silencieux. Kacy regardait par la fenêtre, perdue dans ses pensées. Jill n'insista pas. Brody se chargerait d'apaiser les craintes de sa fille. Elle avait dit tout ce qu'elle pouvait pour rassurer Kacy.

À peine Jill s'était-elle garée dans l'allée que Kacy était descendue de la voiture et s'était précipitée vers l'avant de la maison. Jill sortit à son tour sur le chemin. Incapable de résister, elle se dirigea vers une des bougainvillées et se pencha pour admirer une fleur rose. Elle adorait les fleurs aux couleurs vives et la végétation de cette région subtropicale.

Elle avait un faible pour les grands palmiers. Elle aimait écouter le chuchotement de leurs feuilles bercées par la brise, comme s'ils se murmuraient des secrets. Elle aimait même l'intonation irritée que prenait ce son lorsque les orages de l'après-midi les dérangeaient.

Elle leva les yeux quand Brody et Kacy s'avancèrent vers elle.

Souriante, elle dit :

— Qu'en pensez-vous, Brody ? Est-ce que Kacy n'a pas l'air adorable ?

— Oui, tout à fait.

Il entoura Kacy d'un bras.

— À présent, ma petite fille veut se montrer à sa meilleure amie.

Son sourire en coin fit briller ses yeux.

— Nous allons chez Emily, mais je serai de retour à temps pour le dîner. J'ai hâte de profiter d'une soirée de détente. Nous avons fini de peindre l'intérieur de la maison. Nous allons pouvoir débuter les extérieurs.

— Comment Greg s'en sort-il avec tout ce travail ?

— Il fait de son mieux pour être utile, mais ce n'est pas facile avec un bras dans le plâtre. Il a tenté de me convaincre d'ouvrir un cabinet ici et de travailler avec lui à temps partiel pour absorber le surplus de boulot.

— Oh ?

L'idée la surprenait.

— J'ai refusé. Peut-être à l'avenir, mais pas maintenant. Pas avant que certains problèmes ne soient réglés.

Il jeta un coup d'œil à Kacy.

Jill acquiesça, consciente du message silencieux.

— On y va, papa.

Kacy saisit la main de son père et tira.

— Vous feriez mieux de vous dépêcher, dit Jill. Je connais

une petite fille qui attend avec impatience de voir le nouveau look de sa copine.

Il s'esclaffa.

— Les femmes ! Vous commencez tellement jeunes !

— Tout ça pour vous les hommes, le taquina-t-elle avant d'en rire avec lui.

Elle leur fit un signe de la main et s'éloigna sur la plage, où elle ôta ses sandales et planta ses pieds à la lisière de l'eau réchauffée par le soleil. Les vagues allaient et venaient, enveloppant ses chevilles de leur caresse salée. Son regard se perdit sur la vaste étendue d'eau bleue, lui donnant la sensation de se tenir sur le seuil de sa nouvelle vie.

Alors que la nature se mouvait autour d'elle, Jill laissa ses pensées dériver. Aussi étrange que cela puisse paraître aux autres, elle comparait les changements qu'elle faisait dans sa vie aux progrès de Kacy. Une mère dominatrice et critique pouvait causer de gros dommages. Elle se promit d'être gentille avec l'enfant qu'elle aurait peut-être un jour.

— Attention !

Une voix aiguë la tira de sa rêverie juste à temps pour lui permettre d'éviter un frisbee qui se dirigeait droit sur elle.

— Désolé, s'excusa un adolescent.

— Pas de problème, répondit-elle, se rappelant à quelle vitesse les choses pouvaient évoluer.

Elle retourna vers la maison en se demandant quels changements lui réservait l'avenir.

#

Brody revint seul à la maison.

— Kacy reste chez les Carter pour le dîner.

— Comment ça s'est passé ?

Il sourit et leva un pouce.

— Emily a adoré le nouveau style de Kacy et a adhéré sans

hésiter à l'idée que Kacy et elle sont des sœurs spéciales, sinon des jumelles.

— C'est fantastique qu'elles soient devenues rapidement si proches. J'espère qu'elles le seront toujours. Elles sont adorables toutes les deux.

— Ouais. Emily est une super gamine. Jed et Niki sont des parents merveilleux. J'ai discuté quelques minutes avec Niki. Elle vous aime vraiment bien, Jill.

— Je l'aime bien aussi, dit Jill. Elle et moi sommes déjà tombées d'accord pour prendre le temps de faire des choses ensemble. En fait, comme je l'ai suggéré précédemment, nous pourrions inviter Jed et Niki ici pour un dîner.

Brody se frotta l'estomac.

— En parlant de dîner...

Elle éclata de rire.

— Ne vous emballez pas. Je n'ai pas encore décidé ce que je vais faire. Je pensais à un filet de bœuf...

— Je vais le faire griller, l'interrompit Brody.

— D'accord, dit Jill. Ça marche. Je vais prévenir Greg.

— Où est-il ? demanda Brody en regardant autour de lui.

— Dans sa chambre. Il a dit qu'il allait se faire beau.

Elle abandonna Brody dans la cuisine et s'en fut frapper à la porte de Greg.

Greg lui ouvrit d'un geste théâtral et la regarda en souriant.

Jill détailla son pantalon fraîchement repassé, sa chemise de golf et ses cheveux encore humides de la douche.

— Waouh ! Vous êtes superbe. Vous sortez ?

— En fait, oui. J'espère que ça ne bouleverse pas vos plans pour le dîner, mais une de mes amies m'a appelé pour m'inviter chez elle. J'ai accepté.

— Comme c'est gentil ! Ça ne me dérange pas du tout. Brody va faire griller un filet de bœuf que j'ai acheté en promotion. Il en restera assez si vous changez d'avis.

Il l'étreignit brièvement.

— Ça ira. Ne vous occupez pas de moi et profitez de votre dîner tous les trois.

— Kacy est chez Emily.

Les yeux de Greg se teintèrent de malice.

— Alors ça tombe bien que je sorte. Vous pourrez passer une bonne soirée tous les deux.

— Vous savez que ce n'est pas comme ça entre nous, protesta Jill.

— Oh, oui. J'avais oublié, dit Greg avant de s'éloigner en rigolant.

Elle le suivit dans la cuisine.

Greg tendit une bouteille de vin à Brody.

— C'est un excellent cabernet, parfait avec une bonne grillade. Profitez d'une soirée tranquille tous les deux. Je vais retrouver un de mes amis pour le dîner.

— Une amie, rectifia Jill.

Elle se demandait malgré tout pourquoi Greg tentait manifestement de faire passer cette soirée pour un rencard. Il savait très bien qu'elle avait besoin de temps pour guérir avant d'envisager une relation avec un autre homme. Et Brody lui avait clairement fait comprendre qu'il ne cherchait pas de relation sérieuse.

— Une amie, hein ? Tu veux dire Barb Mitchell ? demanda Brody à Greg.

— La seule et unique.

Le rose monta aux joues de Greg.

— Annie et elle étaient de vieilles amies.

— Eh bien, je pense qu'elle désire plus que ça avec toi, oncle Greg. Fais attention à toi.

— Nous sommes amis. C'est tout. Mais je ne suis pas du genre à louper un repas savoureux. C'est une cuisinière fantastique.

— Oh !

Jill laissa échapper un petit cri de surprise. Elle s'était efforcée d'améliorer sa cuisine, mais elle avait encore besoin de s'exercer.

Greg lui sourit.

— Ne vous inquiétez pas, Jill. Vous êtes aussi une excellente cuisinière. J'ai juste besoin d'une soirée à l'extérieur.

— Alors tu ferais mieux d'y aller, le taquina Brody. J'ai prévu une soirée agréable ici.

En leur souriant à tous les deux, Greg fit un petit signe d'adieu et quitta la pièce.

Brody se tourna vers elle.

— Eh bien ? Est-ce qu'on est prêts à commencer ? Je ne me souviens pas de la dernière soirée que j'ai passée avec une belle femme.

Jill décida de suivre son exemple.

— Ni moi avec un bel homme sympathique.

Brody ouvrit la bouteille et versa le vin dans deux verres. Il en prit un et le lui tendit. Il porta l'autre à son nez.

— Mmm. Un parfum de fruits rouges. Voyons ça.

Jill en goûta une gorgée, permettant à la substance soyeuse de glisser lentement dans sa gorge. Elle n'était pas experte, mais elle reconnaissait un excellent vin quand elle en dégustait un. Celui-ci était délicieux.

— Qu'en pensez-vous ? lui demanda Brody.

— Il est bon. On devrait peut-être modifier un peu le repas. Si vous vous occupez d'assaisonner la viande, on pourrait la laisser reposer pendant que je prépare une vinaigrette pour la salade. Et pourquoi est-ce que je ne ferais pas des pommes de terre à l'étouffée à l'ail et au citron ? C'est une ancienne recette qui accompagnerait parfaitement le reste.

— Ça fait rêver, dit Brody. Asseyons-nous sur le porche et

détendons-nous. La semaine a été longue et elle n'est pas encore terminée.

— Donnez-moi le temps de mettre les pommes de terre en route et je vous rejoins.

Après quelques minutes, Jill sortit sur le porche et s'installa dans un des rocking-chairs. Comme d'habitude, assise sur le porche, elle sentit ses soucis s'envoler avec le lent mouvement du fauteuil. Le monde semblait en paix.

— Merci d'avoir aidé Kacy aujourd'hui, dit Brody depuis le siège voisin du sien. C'est merveilleux que vous puissiez passer du temps avec elle. Je pense que ça commence à payer. Elle est déjà différente de la petite fille qui est arrivée ici. J'espère que ça va continuer. J'ai décidé de demander à Allison de me confier sa garde permanente.

— Mais Allison pourrait la voir quand même, n'est-ce pas ?

— Certainement, dit Brody. La présence d'une mère est importante. Et quand elle grandira, il sera fondamental que Kacy partage avec sa mère tous ces trucs de filles dont nous autres mecs n'avons aucune idée.

Jill poursuivit avec une question qui la démangeait.

— Qu'est-il arrivé à Allison ? Elle a toujours été aussi difficile qu'elle semble l'être ? Kacy a eu une forte réaction émotionnelle quand elle a vu ses cheveux courts pour la première fois. Elle a eu peur que sa mère ne soit en colère contre elle.

Brody poussa un soupir.

— Allison a grandi dans la pauvreté et elle a des idées bien arrêtées sur l'allure et le comportement que certaines personnes devraient avoir – des choses qu'elle n'a pas eues. L'argent et les biens matériels sont importants pour elle. Elle a rencontré Marcus à une convention médicale à laquelle nous assistions et, croyez-moi, elle n'a pas hésité à le draguer quand elle s'est rendu compte de l'épaisseur de son portefeuille. Il a sauté sur l'occasion. C'est une très belle femme.

— Kacy traverse une période ingrate, mais elle sera magnifique aussi, un jour.

— Oui, mais j'espère qu'elle sera très différente de sa mère.

Brody fixa l'océan.

— Le fait qu'Allison et moi ayons été ensemble n'est pas très flatteur pour mon discernement. Et j'aurais dû réaliser que je ne serais jamais en mesure de lui donner tout ce qu'elle voulait.

— Vous vous jugez bien sévèrement, dit Jill, en se souvenant qu'elle avait facilement été séduite par un homme qui s'était avéré être tout le contraire de ce qu'elle avait cru.

Brody se tourna vers elle et sourit.

— Je suis content qu'on puisse discuter franchement de nos passés. Je n'en parle pas facilement et je trouve ça libérateur. On pourrait peut-être se passer des formalités, désormais ?

— Si on allait faire une balade ? Je trouve que ça aide aussi.

Brody posa son verre de vin et lui offrit sa main.

— Madame, voulez-vous venir vous promener avec moi ?

Jill éclata de rire, se leva, fit une petite révérence et prit la main tendue.

— Merci, mon bon monsieur.

Ils avancèrent sur le sable encore tiédi par la chaleur de l'après-midi. Sans un mot, ils marchèrent côte à côte, leurs pas s'accordant facilement. Jill ne s'était jamais sentie aussi à l'aise avec un homme. Il n'attendait rien d'autre d'elle que son amitié.

Brody se tourna vers elle et sourit.

— C'est agréable, hein ?

— Très agréable, répondit-elle de tout son cœur.

CHAPITRE ONZE

Le soleil commençait à baisser au loin quand ils rentrèrent à la maison. Les nuages à l'horizon étaient d'un jaune pâle, mais ils vireraient au rose et à l'orange vifs avant l'arrivée du crépuscule.

— Il fait tellement humide aujourd'hui. Je vais faire un saut dans la piscine avant de préparer le dîner. Ça te va ? demanda Jill à Brody.

— Ça devrait être rafraîchissant. Je vais partir devant pour sortir quelques petits trucs.

Jill le regarda s'éloigner en observant sa démarche nonchalante et son fessier rebondi. Elle se demanda comment serait l'amour avec lui. Surprise par ses pensées inattendues, elle repoussa l'idée scandaleuse.

Une fois dans sa chambre, elle ôta ses vêtements et enfila son maillot de bain rose. Sa nouvelle vie ici lui donnerait la possibilité de faire des choses aussi simples que ça : une baignade dans la piscine après une balade sur la plage.

Son téléphone portable sonna alors qu'elle attrapait une serviette. Elle s'arrêta pour le ramasser et vit un numéro qu'elle ne connaissait pas.

— Allô ? Jill Conroy ? demanda une voix grave.

— Oui, c'est moi.

— Bonjour, ici Charlie Beachum, le frère de Niki Carter. J'arrive en ville et Niki pense que je devrais vous rencontrer. Je me demandais si je pourrais vous inviter à dîner vendredi prochain.

Les doigts de Jill se crispèrent. Elle n'était sortie que deux fois pendant l'année précédente et les deux fois avaient tourné au désastre parce que ses cavaliers avaient désiré plus que ce qu'elle était prête à offrir. Elle n'était pas sûre de pouvoir de nouveau faire confiance.

— J'ai pensé qu'on pourrait aller au Gavin, à l'auberge Salty Key. Leur cuisine est excellente et l'endroit permet de discuter tranquillement, poursuivit-il.

Jill se rappela que son amitié grandissante avec Niki était importante et déglutit péniblement.

— Ça me semble très bien. Merci.

— Je viendrai vous chercher à dix-neuf heures, si ça vous convient.

Il paraissait satisfait et Jill fut subitement contente d'avoir accepté.

— C'est parfait. Je serai prête. Merci encore.

— Non, merci à vous ! Niki ne me laisserait jamais l'oublier si je n'avais pas appelé. Et nous aimons tous Niki, ajouta-t-il d'une voix affectueuse.

— C'est certain. À vendredi.

Jill mit fin à l'appel en souhaitant ne pas avoir fait une bêtise.

###

La tension provoquée par le rendez-vous à venir s'apaisa alors qu'elle conversait plaisamment avec Brody, assise dans la piscine. Si elle pouvait discuter comme ça avec lui, elle n'avait pas à s'inquiéter pour sa soirée avec Charlie. Il ne l'avait invitée qu'à dîner, pour l'amour du ciel.

— Où en es-tu dans ta quête immobilière ? lui demandait à présent Brody.

— Je n'ai pas encore contacté d'agence sur place. Je me contente de parcourir les petites annonces. Je commencerai à chercher activement quand ma maison sera vendue. L'été est une bonne saison pour ça.

Il posa sur elle un regard interrogateur.

— Tu es vraiment décidée ? À faire un tel changement ? Ça demande du courage.

Elle se figea avant de se redresser.

— Oui, mais je dois le faire. Je n'aurais probablement pas osé il y a quelques années.

— C'est compréhensible. Il est tellement facile de se retrouver coincé dans une situation dont on a l'impression de ne pas pouvoir s'extraire.

Brody quitta les marches de la piscine et s'élança pour un aller-retour, fendant l'eau en longs mouvements fluides. En le regardant, elle se demanda comment il pouvait faire paraître facile la plus compliquée des tâches. Il réparait la maison tel un magicien et faisait naturellement du bon boulot en travaillant tranquillement avec Greg.

— Je crois que je ferais mieux de sortir et d'allumer le barbecue. J'ai faim. Pas toi ?

— Si, et je prendrais bien un autre verre de vin. Greg avait raison, il est bon.

Elle monta les marches de la piscine, consciente que son corps était loin d'être parfait. Mais quand elle se retourna, elle vit l'admiration briller dans les yeux que Brody posait sur elle. Leurs regards se croisèrent. La chaleur envahit ses joues. Elle ne s'était jamais sentie particulièrement séduisante, surtout depuis son mariage. En voyant la réaction de Brody, elle eut l'impression d'être redevenue une adolescente timide qui cherchait un moyen d'avoir l'air cool quand le capitaine de l'équipe de foot passait à côté d'elle dans les couloirs du lycée. Elle attrapa un drap de bain pour se couvrir.

Il lui adressa un sourire espiègle en sortant à son tour de la piscine.

— J'ai décidé que j'aime le rose. Te voir dans ce maillot...

Il fut brusquement interrompu par la sonnerie de son portable. Il le ramassa et décrocha.

— Allô ?

Alors qu'elle se séchait, Jill ne put éviter d'entendre son côté de la conversation.

— Bien sûr. Je viendrai la chercher dans la matinée. Emily voudra peut-être passer la journée ici. Je vais prendre mon après-midi pour pouvoir les emmener au cinéma. Kacy m'a parlé d'un film. D'accord, à demain. Merci.

Brody raccrocha et se tourna vers elle avec un grand sourire.

— On dirait qu'on a toute la soirée. Kacy passe la nuit chez Emily.

Le regard qu'il lui lança prouvait qu'il en était enchanté.

Une nuée de papillons sembla vouloir s'échapper de l'estomac de Jill. Vêtu de son seul short de bain, il avait l'adorable... et tellement sexy. Elle s'éclaircit la gorge, qui était devenue sèche.

— Si tu allumes le barbecue, je commencerai à préparer le reste du dîner dès que je me serai changée.

— Ça marche.

Il enroula une serviette autour de sa taille et la suivit à l'intérieur.

#

Debout face au miroir de sa salle de bains, elle examina son reflet. Son corps n'était ni mince ni gros, mais agréablement galbé. Pour certains, elle devrait perdre du poids, mais elle ne serait certainement jamais mannequin et, franchement, elle n'y aspirait pas. *Comment se fait-il que les femmes et les jeunes filles ne soient jamais contentes de leur apparence ?* s'interrogea-t-elle. Ça ne semblait pas déranger les hommes qu'elles ne soient pas « parfaites ».

Elle essuya ses cheveux avec une serviette et les laissa retomber comme ils voulaient. Frederick avait appelé ça le style ébouriffé. Elle appliqua un peu de mascara et d'ombre à paupières, ce qui complétait le look, toujours selon lui. Sa peau prenait une teinte dorée sous l'effet du soleil, remarqua-t-elle. Elle ne s'était jamais sentie aussi bien.

Vêtue d'un short et d'un débardeur, elle retourna à la cuisine, désireuse de passer la soirée avec un homme qu'elle appréciait.

Il leva les yeux sur elle quand elle entra dans la pièce et sourit.

— Je nous ai servi un autre verre de vin et le feu est allumé. Le reste est entre tes mains.

— Merci. Est-ce qu'une simple salade suffira ? Les pommes de terre devraient bientôt être prêtes.

Après qu'elle eut vérifié la cuisson du plat, il leur sembla naturel de se diriger ensemble vers le porche. Autant la plage invitait à la marche ou au jogging, autant le porche était l'endroit idéal pour se poser, regarder les autres s'activer et admirer le paysage luxuriant.

— Que dirais-tu si j'envisageais un jour d'ouvrir mon propre centre de loisirs ? demanda Jill. Je pourrais enseigner pendant l'année scolaire et diriger un camp de vacances pour enfants spéciaux pendant les mois d'été.

Il plissa le front avec inquiétude.

— Qu'est-ce que tu entends par « enfants spéciaux » ?

— Des enfants qui ont été harcelés, qui ont besoin d'être rassurés sur leur valeur, qui ont besoin de vivre des expériences positives pour rebâtir leur confiance en eux.

— Et tu essaierais de les repérer par le biais du système scolaire local ?

— Oui, c'était mon idée.

Il se frotta le menton avec sa main droite et posa son regard sur le golfe où les mouettes tournoyaient, leurs ailes blanches contrastant avec le ciel qui s'obscurcissait.

— Ce genre de centre pourrait être précieux pour certains enfants. À l'école, je travaille avec des plus vieux, mais sur mon temps libre, j'aide de jeunes enfants en assistant un de mes amis qui est entraîneur de football. Ils seraient heureux d'avoir une telle opportunité. Tu devrais même pouvoir faire une demande de subvention pour financer ton projet.

Le pouls de Jill s'emballa. Faire quelque chose comme ça donnerait du sens à sa vie. Elle tendrait la main aux autres en se guérissant elle-même.

La sonnerie du four la fit bondir sur ses pieds.

— Les pommes de terre sont prêtes. Est-ce que tu peux cuire la viande pendant que je remplis nos verres d'eau et que je tourne la salade ?

— Bien sûr.

Brody se leva et la suivit à l'intérieur.

— Quelque chose sent bon, commenta-t-il quand ils pénétrèrent dans la cuisine.

— Une recette de famille, expliqua Jill.

Brody se dirigea vers le comptoir où il avait laissé le filet de bœuf assaisonné.

— Je pense que ça va prendre environ dix minutes, à une ou deux près. Le gril est bien chaud.

— Je serai prête, dit-elle, impressionnée par le sérieux qu'il mettait à jouer son rôle de maître du barbecue.

En vivant sous le même toit que Greg et Brody, Jill avait compris ce qu'aurait dû être son mariage. Les deux hommes étaient gentils et la soutenaient, sans chercher à saboter sa confiance en elle.

Le temps que Brody revienne avec le filet grillé, la table était mise, la salade mélangée et les pommes de terre prêtes à être servies. Après l'avoir laissé reposer, il coupa le filet et le servit.

Être assise en face de lui à la table de la cuisine pour partager un bon repas rappela vaguement à Jill des soirées similaires dans sa petite enfance.

— Notre dîner est agréable et paisible, ce soir, commenta Brody.

Jill sourit.

— J'ai eu la même idée en me remémorant comment c'était quand j'étais petite. À l'époque, on n'autorisait pas les enfants à faire des histoires à table. C'était un moment de calme pour tout le monde.

— Kacy commence à s'y faire, mais elle essaie toujours de décider de ce qu'on mangera ou pas au dîner. Je crois qu'il vaut mieux servir un repas équilibré et lui laisser le choix de le manger ou pas. C'est manifestement devenu une sorte de jeu entre sa mère et elle.

— Au centre, elle mange plus facilement ce qu'il y a dans son assiette, dit Jill. Susannah est une excellente cuisinière qui prépare des repas sains et bien équilibrés.

— J'ai remarqué que Kacy a déjà perdu un peu de poids, dit Brody. Je suis content que ça vienne naturellement.

— Oui. La pression exercée sur les enfants pour qu'ils aient une certaine apparence est stupéfiante. Ce n'est pas étonnant que quelques-uns se rebellent contre de telles attentes.

Il la parcourut du regard.

— Tu étais une de ces enfants ?

— Non.

Elle secoua la tête.

— Je n'ai même pas essayé. Je savais que je ne pourrais jamais rivaliser avec ma sœur alors, au lieu de me rebeller, je me cachais dans ma chambre. Ensuite, adolescente, j'ai fait de mon mieux pour ignorer ses piques et faire semblant que tout allait bien.

Elle masqua sa bouche avec sa main.

— Seigneur ! Je dois passer pour la pire des ratées.

Brody se pencha sur la table, prit sa main et la regarda avec sympathie.

— Non, tu passes pour quelqu'un qui a souffert des comparaisons dont tu parlais. Ce qui est dommage, c'est que tu n'avais pas à t'inquiéter, quels que soient l'apparence ou le comportement de ta sœur. Tu es une très belle femme, parfaite telle que tu es.

Pour cacher ses émotions, Jill prit une inspiration tremblante.

— Waouh ! Tu es doué pour ton boulot. Je parie que les élèves t'adorent.

Il s'adossa à sa chaise.

— Merci. Ça me touche beaucoup.

— Je suis sérieuse. C'est facile de te parler.

— Ça paraît tellement simple, n'est-ce pas ? Il suffit de s'asseoir et de discuter avec quelqu'un. Mais en réalité, chaque mot cache une expérience, une inquiétude, parfois une douleur qu'il faut gérer. Le traitement de certains problèmes peut être long.

— Oh mon Dieu ! Tu crois que j'ai besoin d'aide ?

Il éclata de rire.

— Non, je crois que tu es déjà en train de t'affranchir de ton passé en te préparant à un nouvel avenir. Je dois dire que je t'envie. Je me sens parfois coincé, mais je ne veux pas m'éloigner de Kacy. Si seulement Allison voulait bien m'en confier la garde, elle pourrait voyager davantage et participer à la vie sociale de son mari.

— Elle a épousé un médecin, c'est ça ?

— Oui, un chirurgien esthétique.

La bouche de Brody se pinça.

— Son boulot consiste à donner aux gens une apparence

parfaite. Allison a déjà été opérée une fois ou deux. Tu vois comment c'est lié à ses insécurités et pourquoi elle met autant de pression sur Kacy. C'est vraiment perturbant.

Ils terminèrent leur repas en silence.

— Une tasse de café ? demanda Jill en se levant de sa chaise.

— Ce serait parfait, dit Brody en prenant son assiette pour la poser dans l'évier. Tu as besoin d'aide ? Les Tampa Bay Rays jouent ce soir. Tu veux regarder le match avec moi ?

— D'accord. Va t'installer devant la télé et je t'apporte ton café.

Elle mit la cafetière en route et commença à charger le lave-vaisselle. Ça ne la dérangeait pas de ranger après avoir partagé un repas avec un homme qui l'appréciait.

Elle leur servit une tasse de café à chacun et se rendit dans le salon. Brody lui sourit et tapota la place à côté de lui sur le canapé.

— Ils mènent 3 à 2. Le match devrait être palpitant.

— Tu es un de leurs fans ?

— En temps normal, je soutiens les Phillies. Mais pendant mon séjour en Floride, je dois encourager les Rays.

— C'est très équitable de ta part, le taquina Jill.

Il s'esclaffa.

— Pourquoi pas ?

Ils restèrent silencieux jusqu'à ce que le batteur des Rays frappe un home run, ce qui les fit se lever en hurlant tous les deux. Prise par l'excitation du moment, Jill se tourna vers Brody.

Il l'attira contre lui et l'enlaça.

— Bien joué, hein ?

Le cœur battant à une allure effrayante, elle ne put que hocher la tête. La sensation de ses bras forts autour d'elle, le parfum sexy et épicé de son après-rasage la faisaient trembler.

Pendant un instant, elle s'appuya contre sa large poitrine en souhaitant pouvoir retenir le moment. Il lui donnait l'impression d'être à la fois en sécurité et audacieuse.

Il souleva son menton jusqu'à ce qu'elle le regarde dans les yeux, dont le vert était chargé de désir.

Il se pencha pour l'embrasser.

Elle se figea, puis fondit lorsqu'il posa ses lèvres sur les siennes. Elle savait que son baiser serait spécial, mais elle n'avait jamais éprouvé la vague de chaleur qui la traversa pour aller se loger au tréfonds de sa féminité.

Quand il recula, il semblait aussi hébété qu'elle.

Secouée, elle s'éloigna de lui.

— J'ai un rendez-vous vendredi, lâcha-t-elle, en tentant de ne pas réagir à la magie de l'instant qu'ils venaient de partager.

— Vraiment ?

Il lui adressa un sourire espiègle pour lui faire savoir qu'il savait ce qu'elle ressentait.

Elle lui répondit par un demi-sourire.

— J'ai pensé qu'il valait mieux que tu le saches. Je ne suis pas intéressée par une relation.

— Mais tu as un rendez-vous, dit-il doucement.

— C'est un service. Pour Niki.

— Je vois, répondit-il. Je ne pense pas qu'un petit baiser risque de gâcher ce rendez-vous. Et toi ?

Jill se ressaisit.

— Non, bien sûr que non. Et de toute façon, je ne fais que ce que Niki m'a demandé.

— Bien.

Son beau visage s'éclaira.

Elle resta immobile, se demandant s'il allait l'embrasser de nouveau. Elle fut fort déçue quand il se rassit sur le canapé.

Il lui sourit.

— La partie n'est pas terminée, Jill.

— Oh, c'est vrai.

Jill revint s'asseoir sur le canapé à côté de lui, le cœur battant tellement fort qu'elle se demanda s'il pouvait l'entendre.

Il se tourna vers elle, une expression tendre sur le visage.

— Je suis heureux qu'on puisse passer ce moment ensemble.

Ses yeux se muèrent en deux puits de désir verts alors qu'il se penchait vers elle.

— Moi aussi, répondit-elle avant qu'il ne couvre ses lèvres pour un autre baiser qui fit décoller ses émotions.

CHAPITRE DOUZE

Après une nuit agitée passée à imaginer ce que Brody pourrait faire d'autre avec ses lèvres, Jill se réveilla d'une humeur incertaine. Elle se leva et s'aspergea le visage d'eau, espérant ainsi chasser les turbulences de son esprit. Elle se dit que, si elle voulait se bâtir une nouvelle vie, elle ne pouvait pas s'engager avec un homme qui traversait lui-même une situation familiale difficile et qui retournerait en Pennsylvanie dans quelques semaines. Par ailleurs, se rappela-t-elle, elle avait promis à Niki de rencontrer son frère avec l'esprit ouvert.

Greg était assis à la table de la cuisine quand elle y pénétra.

— Bonjour ! fit-elle l'effort de dire gaiement. Comment s'est passé votre rendez-vous d'hier soir ?

Il secoua la tête en souriant.

— On ne peut pas qualifier de rendez-vous un dîner avec Barb Mitchell. Mais elle voudrait que je rencontre une de ses copines.

— Oh, vraiment ? Quelqu'un que vous connaissez ?

— Elle n'a pas voulu me dire de qui il s'agissait, mais j'ai accepté d'aller chez elle la semaine prochaine lors de la réunion de son groupe d'amis.

Ses yeux pétillèrent.

— À mon âge et célibataire, comment pourrais-je refuser ?

— Voilà qui paraît intéressant. Où est Brody ?

— Il est parti chercher Kacy et Emily. Ce matin, nous peindrons le petit cabanon de la piscine. Il va prendre son après-midi.

— Je vais me servir une tasse de café et faire une balade sur la plage.

Elle versa le liquide fumant dans son gobelet, se remémorant de quelle manière innocente le café de la soirée précédente avait débuté avant de se révéler être une merveilleuse surprise. Brody Campbell représentait tout ce qu'elle cherchait chez un homme. Mais c'était le mauvais moment et le mauvais endroit. Elle soupira. Elle avait toujours été à contretemps.

Elle reposa sa tasse et s'appuya au comptoir pour se stabiliser. Même si elle avait envie d'une simple romance d'été, elle ne pouvait pas se permettre de s'impliquer avec Brody.

— Ça va, Jill ? demanda Greg dans son dos.

Elle se tourna vers lui, acquiesça et se força à sourire.

— Ça va aller. Merci.

Elle saisit la tasse de café et l'emporta dehors où les oiseaux, les fleurs et le mouvement régulier des eaux du golfe la calmeraient.

###

Deux jours plus tard, Jill se présenta au centre Sunnyside pressée d'entamer une nouvelle journée. Elle n'avait pas ressenti une telle excitation pour son boulot depuis longtemps.

Melanie l'accueillit avec un sourire et lui fit signe d'entrer dans le bureau.

— Que diriez-vous de m'aider avec les finances ? Susannah pense qu'il serait bon pour vous d'apprendre à gérer les aspects commerciaux du centre. Ça me laisserait plus de temps libre.

Jill s'alarma.

— Vous allez bien ? Susannah ne voit rien de funeste dans

l'avenir, n'est-ce pas ?

Melanie s'esclaffa.

— C'est tout le contraire. Elle a prédit que j'allais rencontrer un homme. Ce n'est pas que j'y croie. Faites-moi confiance, je n'ai aucune envie de me remarier. Mais je pense que vous enseigner les procédures administratives ne peut qu'être positif pour le centre.

Soulagée, Jill hocha la tête.

— D'accord, ça me va. Même si j'aime beaucoup travailler avec les enfants, je suis intéressée par tout ce qui se passe en coulisses.

— Nous commencerons juste après le déjeuner. Je sais que Kelly compte sur votre aide pour les cours de natation. Au fait, je pense que Kacy s'en sort bien. À cet âge, une simple coupe de cheveux peut tout changer.

Melanie gloussa.

— Elle m'a dit qu'Emily et elle étaient de vraies sœurs, qu'elles auraient voulu être jumelles, mais qu'elles étaient plutôt sœurs de cœur. Adorable, hein ?

— C'est très mignon. Je ne peux que deviner ce qu'elle a vécu chez elle et je l'encourage.

— Oui, dit Melanie en la fixant. Je vois que vous êtes gentille et encourageante avec les enfants. C'est une qualité admirable.

— Merci. Je vous rejoins après le déjeuner.

Jill se dépêcha de se rendre à la piscine. Le cours des petites de huit ans était sur le point de débuter. Kelly, monitrice diplômée, n'avait pas besoin de son aide, mais les deux femmes avaient développé une amitié que Jill appréciait et la discussion avec les filles après la leçon était riche en enseignements.

Ce jour-là, les fillettes se préparaient à faire la course.

— Souvenez-vous, dit Kelly, c'est une façon de tester

comment vous vous débrouillez, pas si vous êtes jolies, intelligentes ou quoi que ce soit d'autre. Vous faites toutes des progrès et c'est ça l'important. Certaines d'entre vous seront plus rapides que les autres. Ce sera amusant de voir si ça change avec le temps. C'est compris ?

Les filles hochèrent la tête et se balancèrent d'avant en arrière sur leur pied avec impatience.

— C'est parti. Nous allons démarrer avec quatre d'entre vous et faire l'autre moitié du groupe ensuite. Jill vous chronomètrera.

Kelly tendit un chrono, un bloc-notes et un crayon à Jill et lui enjoignit de gagner l'autre extrémité de la piscine.

Jill avait tenu sa promesse de ne pas trop interagir avec Kacy, mais elle ne pouvait s'empêcher d'être nerveuse. Kacy n'était pas une très bonne nageuse, mais elle avait fait de gros efforts pour s'améliorer. Et en vivant avec elle, en apprenant à la connaître lors de leurs sorties sur la plage, Jill s'était attachée à la gentille petite fille qui se cachait parfois derrière le comportement difficile de Kacy.

Debout au bout de la piscine, Jill cria :

— À vos marques ! Prêt ! Partez !

Trois fillettes et Kacy plongèrent dans l'eau. Elles se dirigèrent vers elle, les bras et les jambes en action. Emily était en tête et Kacy fermait la marche.

— Allez Kacy ! cria Jill.

Comme si elle l'avait entendue, Kacy accéléra mais ralentit rapidement, et arriva la dernière.

— Bon boulot ! dit Kelly. Qui a gagné, Jill ?

— Emily est première, Jenna deuxième, Amy troisième et Kacy quatrième.

— Excellent. Dépêchez-vous de sortir pour pouvoir encourager les filles de la deuxième course.

Les fillettes se précipitèrent hors de la piscine et coururent chercher leurs serviettes. Elles regardèrent toutes ensemble le second groupe plonger dans l'eau en les encourageant, sauf Kacy.

Jill le remarqua mais était trop occupée pour pouvoir lui en parler.

Après l'annonce des résultats de la seconde course, Kelly rassembla les filles et les fit s'asseoir en cercle.

— Super course, les filles, déclara Kelly en s'asseyant à côté de Jill. Les plus grosses récompenses sont pour Kacy et Skye.

— Mais je suis arrivée première, se plaignit une fillette prénommée Molly.

— Oui, bien sûr, et tu auras une récompense pour ça. Mais la course d'aujourd'hui n'avait pas pour but d'arriver en tête, il s'agissait de s'accrocher et de faire de son mieux. Celle qui arrive dernière n'est pas une perdante. C'est une gagnante parce qu'elle a tout donné. Est-ce que vous comprenez ce que je veux dire, les filles ?

— Est-ce que ça veut dire qu'on ne doit pas essayer de gagner ? demanda Molly, l'air confus.

Kelly éclata de rire.

— Non, tu es une très bonne nageuse et tu devrais toujours essayer de faire de ton mieux. Si tu arrives première, très bien. Mais ça ne veut pas dire que les autres ne méritent pas de considération. En fait, vous aurez toutes la même récompense. Pourquoi ? Parce que j'ai vu que chacune d'entre vous a fait des efforts. Si ce n'était pas le cas, vous n'auriez rien eu.

Jill leur tendit une barre de céréales à chacune.

— Félicitations, les filles !

— À présent, je vais vous donner les rubans, dit Kelly. Bleu pour les premières. Voilà pour vous, Molly et Emily.

Elle leur distribua tous les rubans.

Jill regarda Kacy examiner son ruban jaune avant de le

mettre de côté. Et elle remarqua qu'elle le laissait par terre quand la cloche du déjeuner sonna.

Sans un mot, Jill ramassa le ruban et le mit dans sa poche. Avec un peu de chance, elle aurait l'occasion de le donner à Kacy en privé, à un moment où elles pourraient en discuter.

####

Après le traditionnel buffet du déjeuner, Jill se dirigea vers le bureau de Melanie, ravie d'avoir cette opportunité d'apprendre. Elle avait envisagé dernièrement de ne pas retourner enseigner à l'école, mais de faire quelque chose de complètement différent avec les enfants, peut-être même, comme elle l'avait évoqué avec Brody, d'ouvrir son propre centre.

Melanie prit le temps de montrer à Jill l'organisation du bureau, l'emplacement des dossiers, les formulaires nécessaires à chaque étape du processus.

— De nos jours, nous devons faire attention à la confidentialité des données qui nous sont fournies en ligne ou sur papier. Comme nous offrons des bourses, les informations financières sont particulièrement sensibles.

Jill observa le tiroir ouvert où les dossiers étaient rangés par ordre alphabétique.

— Vous remarquerez que certains dossiers sont plus épais que les autres. C'est parce que les familles dont les enfants réussissent ici nous en envoient en général plus qu'un.

Melanie sourit.

— Ça nous aide à maintenir le centre rempli. En fait, nous avons parfois une liste d'attente.

— J'avais oublié. Vous faites ça depuis combien de temps ? Tout semble tellement bien organisé.

— Depuis presque huit ans, répondit Melanie. Mais j'ai un peu d'expérience dans les affaires et ça m'a aidée.

— Kelly m'a raconté comment le centre a vu le jour. C'est vraiment impressionnant de voir comment vous deux avez pu vous réunir pour faire quelque chose comme ça.

Melanie secoua la tête.

— Je ne sais pas comment nous avons fait. Susannah et moi sommes le contraire l'une de l'autre. Ses idées à faire froid dans le dos à propos de connaître l'avenir m'inquiètent toujours. Et Dieu nous garde si elle tentait de diriger la boutique. Mais c'est une des personnes les plus douces et les plus gentilles que je connaisse, et ça me va très bien.

— C'est aussi une cuisinière hors pair, ajouta Jill.

— Ça aussi, acquiesça Melanie. Et tellement plus.

En feuilletant différents catalogues, Jill s'aperçut qu'une partie du matériel promotionnel était obsolète.

— Faut-il prendre de nouvelles photos et écrire des textes plus à la page pour ceux-ci ?

Melanie prit une des brochures et fronça les sourcils.

— Oui. C'est une des choses que vous pouvez peut-être faire pour nous. Nous devrions aussi trouver un nouveau slogan. *Des vacances actives au soleil pour vos enfants,* ce n'est pas vraiment accrocheur.

— Très bien, je vais le faire. J'adore développer de nouvelles idées.

— Je suis très heureuse que vous ayez décidé de vous joindre à nous, déclara Melanie. Je vais vous laisser vous familiariser avec les pratiques administratives. Demain, nous travaillerons sur les aspects financiers. À présent, j'ai promis d'aller voir où en est le spectacle de fin d'été.

— Un spectacle ?

— Oui. À la fin de l'été, nous faisons une journée portes ouvertes où nos jeunes font des démonstrations de ce qu'ils ont appris, et nous avons aussi un concours de jeunes talents pour les enfants et les membres du personnel qui veulent participer. Ça contribue énormément à rassembler tout le monde.

Melanie lui fit un grand sourire.

— Vous pouvez aussi tenter votre chance.

Jill éclata de rire.

— Merci.

— Vous devriez en parler à Susannah, dit Melanie à mi-voix en quittant la pièce.

Jill sentit ses épaules se couvrir de chair de poule et elle frissonna. Elle n'aimait pas l'idée que Susannah sache des choses en avance. Par ailleurs, elle savait très bien qu'elle avait une voix de crécelle quand elle tentait de chanter.

À son retour au cottage, elle remarqua l'absence du pick-up de Brody et poussa un soupir de soulagement. Elle savait qu'elle se conduisait de façon stupide, mais elle n'était toujours pas capable de démêler les sentiments qu'il avait éveillés. Elle se sentait parfois mal à l'aise en sa présence. Jill réalisait qu'il attendait qu'elle lui envoie un signal sur la manière de s'y prendre, mais elle était trop désorientée pour être claire avec lui. De plus, elle avait rendez-vous avec Charlie ce soir. Greg était dans la cuisine quand elle y pénétra.

— Vous avez faim ? lui demanda-t-elle en souriant.

— Pas encore. J'ai envie de m'asseoir un moment sur le porche. Vous voulez vous joindre à moi ?

— Pourquoi pas ? C'est une bonne idée. Charlie Beachum va passer me prendre à dix-neuf heures. Je vais en profiter pour me détendre un peu avant de me préparer pour notre rendez-vous.

— Un rencard ? C'est un grand pas pour vous, n'est-ce pas ? Son sourire était amical.

— Oui. J'ai évité de sortir pendant longtemps, mais je dois

y aller si je veux faire des changements dans ma vie.

— Il me semble qu'une certaine personne ici pourrait être intéressée, commenta-t-il.

Jill se rembrunit et regarda par la fenêtre, cherchant les mots justes.

Quand elle se tourna vers Greg, il souriait.

— C'est un peu gênant, non ?

Heureuse qu'il comprenne, elle acquiesça.

— Brody a de nombreux problèmes familiaux et il repartira pour Philadelphie dans quelques semaines.

— Je comprends, dit Greg, mais Jill eut malgré tout l'impression qu'il se retenait de dire tout ce qu'il pensait.

— Je vais me servir un verre de thé glacé. Vous en voulez ? demanda Jill, contente de mettre fin à la conversation sur Brody.

— Merci. C'est une excellente idée.

Jill servit deux verres du thé glacé qu'elle conservait au frigo, en tendit un à Greg et le suivit sur le porche avant, où elle se posa dans un des fauteuils en soupirant.

— Dure journée ? demanda-t-il.

— Oui, les filles du cours de natation avaient une course ce matin. Kacy a fini quatrième et n'en a pas été heureuse.

Jill tira le ruban de la poche de son pantalon.

— En fait, elle a laissé ça par terre.

— Je suppose que ce n'était pas assez tape-à-l'œil.

— Mais Kacy a fait de gros efforts et elle nage mieux. Je suis vraiment fière d'elle.

Jill sursauta en entendant une voix derrière elle.

— Tu es fière de Kacy ? Pourquoi ?

Kacy monta sur le porche à la suite de son père.

— Tu m'as fait peur, s'exclama Jill. Je n'ai pas entendu la porte s'ouvrir.

— Ouais, je suppose que vous étiez pris par la conversation, dit Brody en s'asseyant sur la balancelle. Que disais-tu au sujet de Kacy ?

Kacy se glissa sur le siège à côté de lui et regarda Jill avec perplexité.

Jill décida d'en faire un moment éducatif pour Kacy.

— Je disais à Greg que je suis très fière de Kacy.

Elle se leva et tendit le ruban jaune à la petite fille.

— Je crois que tu as oublié ça. Kacy a nagé dans une course ce matin et s'en est bien sortie.

— Non, ce n'est pas vrai ! J'ai fini dernière, s'écria Kacy en croisant les bras sur sa poitrine, refusant de prendre le ruban.

— Deux groupes de quatre ont fait la course sur une longueur de piscine, expliqua Jill à Brody. Le but était de voir les progrès de chacune. Et Kacy s'est bien débrouillée. Elle a beaucoup appris et nage beaucoup mieux. En fait, comme toutes les filles s'en sortent bien, Kelly envisage de les entraîner pour un petit ballet aquatique.

Les yeux de Kacy s'illuminèrent.

— Un ballet ?

Jill sourit.

— Exactement. Tu peux être fière de toi, Kacy. Toi et toutes les filles.

Kacy saisit le ruban.

— J'ai envie de faire du ballet. Maman ne voulait pas que je prenne des cours.

— C'est différent d'un ballet de danse classique, dit Jill. Mais je pense que tu vas aimer ça.

— Je vais mettre ça dans ma chambre. Je peux utiliser mon ordinateur ? demanda Kacy à son père en sautant du siège.

Brody hocha la tête.

— Oui. Et je vais t'emmener dîner à l'extérieur avec oncle Greg. Jill a un rendez-vous.

Kacy jeta à Jill un regard déconfit.

— Vous sortez ?

Touchée par cette démonstration d'intérêt, Jill acquiesça.

— Avec l'oncle d'Emily.

— Oh, dit Kacy avant de se précipiter à l'intérieur.

Dans le silence tendu qui suivit, Brody dit :

— Merci d'avoir aidé Kacy à comprendre qu'il n'est pas nécessaire d'être le premier pour gagner.

— De rien, répondit Jill en songeant que la leçon valait aussi pour elle.

CHAPITRE TREIZE

Alors que l'heure fatidique approchait, les nerfs de Jill commencèrent à se tendre. Elle se rappela qu'il ne s'agissait que d'un rendez-vous, pour faire plaisir à une amie.

Quand elle entendit enfin sonner à la porte, lesdits nerfs se mirent à vibrer partout dans son corps. Elle était heureuse que Brody, Greg et Kacy ne soient pas présents pour voir à quel point elle avait peur. Elle se regarda une nouvelle fois dans la glace. Sa robe sans manches turquoise lui allait bien et ressortait sur sa peau bronzée. Des mèches de cheveux décolorés par le soleil caressaient son visage et accentuaient ses yeux noisette. Ses nouveaux zircons cubiques étincelaient à ses oreilles.

Elle se dirigea vers la porte après avoir pris une grande inspiration.

À travers la vitre, elle vit un grand homme aux cheveux auburn qui l'attendait patiemment. Elle avait le sourire aux lèvres en ouvrant la porte.

Quand il la vit, ses yeux s'illuminèrent.

— Bonsoir, je suis Charlie Beachum. C'est ma sœur qui m'envoie, plaisanta-t-il.

Jill sentit ses nerfs s'apaiser et elle rit.

— Elle m'a appelée il y a une heure pour s'assurer que je serais prête.

— C'est bien son genre, s'esclaffa-t-il.

Il la parcourut du regard.

— Vous êtes parfaite. J'espère que vous avez faim parce que le Gavin est supposé être fantastique.

— J'en ai entendu beaucoup de bien. Je suis affamée.

Il sourit.

— Je suis heureux que vous ne soyez pas une de ces femmes qui n'aiment pas dîner dehors.

Elle lui rendit son sourire.

— Je prends mon sac à main et on peut y aller.

Il attendit à la porte qu'elle retourne à sa chambre. Sa nervosité avait été remplacée par l'anticipation d'une soirée agréable ensemble. Charlie semblait être un homme charmant, décontracté et d'abord facile. Il n'était pas déplaisant à regarder non plus. Niki et lui se ressemblaient, mais elle avait les cheveux d'un roux flamboyant alors que ceux de Charlie étaient brun-roux et coiffés en épi. Son corps était mince et bien dessiné, avec de larges épaules.

Elle ferma la porte derrière elle et il la conduisit vers une décapotable grise.

— J'ai relevé le toit pour que le vent ne vous décoiffe pas.

— Merci. C'est une autre suggestion de Niki ?

Il sourit.

— Elle veut que cette soirée se passe bien. Niki vous aime vraiment beaucoup.

— Elle a été géniale avec moi. Un jour, quand j'aurais rassemblé mon courage, je projette de lui offrir une soirée tranquille avec Jed.

— La triple menace plus Emily ? Ça fait peur, commenta Charlie, déclenchant le rire de Jill.

Un peu plus tard, ils passèrent l'entrée de l'auberge Salty Key et se garèrent sur le parking arrière près du Gavin.

— J'ai cherché quelques informations sur le restaurant, avoua Jill. Les trois sœurs qui en sont propriétaires ont une belle histoire. Et nous verrons peut-être Petey le paon, l'oiseau qui se promène sur le terrain de l'auberge Salty Key.

Charlie sortit de la voiture, en fit le tour et lui tint la portière ouverte alors qu'elle tentait d'en descendre élégamment.

Il la prit par le coude et ils se dirigèrent vers l'entrée. Des lumières scintillantes disposées dans les buissons éclairaient le chemin. Les troncs des palmiers environnants étaient entourés des mêmes lumières, qui créaient un halo autour d'eux.

Quand ils pénétrèrent dans le restaurant, Jill prit un instant pour examiner les boiseries, les lustres en cristal, les appliques murales et le mobilier raffiné.

Une hôtesse les accueillit, puis les guida jusqu'à une table dans une alcôve avec vue sur un petit jardin d'hibiscus, de bougainvillées, de lauriers-roses et autres plantes tropicales.

— C'est magnifique, murmura Jill en s'asseyant.

— Votre serveur va venir vous voir, annonça l'hôtesse avant de s'éloigner.

— Ouais, si la nourriture est aussi bonne que cet endroit est beau, on va se régaler, dit Charlie. Je commande du vin ?

— Ce serait gentil, dit Jill. Greg, un de mes colocataires, m'a fait goûter quelques bonnes bouteilles et j'aime ça.

Le serveur vint se présenter à leur table.

— Bonsoir. Je m'appelle Mike. Voulez-vous boire quelque chose en plus de l'eau ? Nous avons de l'eau en bouteille, plate ou gazeuse, ou en carafe.

Charlie l'interrogea du regard.

— Je prendrai de l'eau gazeuse.

— Moi aussi, mais je voudrais également une bouteille de vin, dit Charlie.

Le serveur lui tendit une carte habillée de cuir.

— Je vous envoie le sommelier. Entretemps, n'hésitez pas à regarder les plats que nous proposons pour vous aider à choisir votre vin. Comme indiqué, nous offrons des entrées fraîches tous les soirs, il n'y a donc pas de suggestion du jour.

Jill accepta le menu que le serveur lui donna et se plongea rapidement dans le choix des plats.

— Qu'en pensez-vous ? Viande ou poisson ? demanda Charlie. Tout a l'air délicieux.

Jill sourit.

— Je vais me laisser tenter par le bar avec un glaçage oriental et une sauce au gingembre, au beurre et à la crème. Ça paraît succulent.

— Je vais prendre les coquilles Saint-Jacques. Je pense choisir un vin blanc.

Le sommelier s'approcha de la table.

— Comment puis-je vous aider ?

Pendant que Charlie discutait des différents vins avec lui, Jill laissa son regard s'attarder sur le jardin. De minuscules leds disséminées dans les branches et les plantes donnaient au décor une allure féérique. Elle poussa un soupir de contentement. Elle avait oublié ce que ça faisait de sortir comme ça. Jay avait considéré que ce genre de repas dans un cadre élégant était un gaspillage d'argent.

Elle souriait toujours quand elle se tourna vers Charlie.

— Je suis désolée. Vous disiez ?

— Je voulais juste vous dire que j'apprécie déjà cette soirée. Un repas gastronomique et une excellente compagnie. On ne peut pas faire mieux.

Le sommelier apporta la bouteille de vin que Charlie avait commandée, la lui fit goûter, attendit son approbation, puis servit un verre à Jill avant de placer la bouteille dans un seau à glace sur pied à côté de la chaise de Charlie.

— Bonne dégustation, dit-il en s'inclinant légèrement. C'est un sauvignon blanc, Château Ste Michelle de Washington.

Charlie leva son verre en guise de salut.

— À une soirée agréable.

Jill prit une gorgée de son vin et sourit de bon cœur.

— Il est délicieux. C'est un régal pour moi de sortir comme ça.

— Niki m'a dit que vous alliez déménager ici depuis l'État de New York. Ça fait une sacrée différence.

— Je l'espère, répondit honnêtement Jill. Je suis prête à tout changer. Et vous ? Où habitez-vous ?

— Je suis dans la région de Boston où je travaille pour une société de conseil en informatique. J'adore vivre sur la côte nord. C'est mon foyer, même si toute ma famille vit désormais ici en Floride. Cette ville a quelque chose de spécial.

Il sourit.

— Et comme je suis supporter des Red Fox, comment pourrais-je en partir ?

Elle rit avec lui.

— L'autre soir, Brody et moi avons encouragé les Tampa Bay Rays.

— Brody ? C'est le gars qui vit avec vous dans la maison ?

— L'un d'entre eux, oui. Son oncle, Greg Campbell, a été embauché par la propriétaire pour faire des rénovations au cottage. Brody a dû prendre la suite quand Greg s'est cassé le bras. Mais rester plus longtemps en Floride est bénéfique pour sa fille, Kacy.

— Ah oui, Kacy, l'amie d'Emily. J'ai entendu dire qu'elles étaient mignonnes toutes les deux. C'est bien qu'Emily ait une bonne copine puisque les « T », comme j'appelle les triplés, monopolisent le temps de ses parents.

— Niki et Jed sont des parents formidables. Ils ont bien plus de patience que je n'en aurais dans les mêmes circonstances.

— Niki a toujours voulu beaucoup d'enfants. Je suis malgré

tout persuadé qu'elle n'imaginait pas les avoir de cette manière.

— Et vous ? Vous voulez avoir des enfants un jour ?

Charlie plissa le front.

— Mon ex-femme et moi avons essayé, mais ça n'a pas marché. Nous n'avons pas insisté. Pour le moment, je ne veux même pas y penser.

— C'est compréhensible, affirma Jill avant de changer de sujet. Niki m'a dit que vous étiez un marin hors pair.

Un sourire remplaça immédiatement le malaise sur le visage de Charlie.

— Oui, je fais partie de l'équipage d'un voilier, un ketch de quarante-trois pieds, à Marblehead. C'est le meilleur moyen que je connaisse pour me détendre complètement.

— Je ne suis allée à Boston qu'une seule fois. C'était magnifique.

Charlie lui fit un clin d'œil.

— Il faudra que vous veniez me voir.

Jill sourit, ne sachant pas trop comment prendre l'invitation.

— Quand repartez-vous dans le nord ?

— Demain. Nous avons une course dimanche que je ne peux pas rater. Je suis juste descendu ici pour voir mes parents et Niki. Je voulais être certain que tout allait bien.

On leur apporta les hors-d'œuvre.

Jill avait commandé la tarte aux tomates aux herbes, Charlie avait opté pour le carpaccio de bœuf.

La conversation prit fin alors qu'ils attaquaient la nourriture.

Après quelques bouchées de tomates relevées, arrosées d'une crème au fromage bleu et posées sur un triangle de pâte croustillante, Jill ne put retenir un gémissement de plaisir.

— Le mien est délicieux aussi, dit Charlie en riant.

Les assiettes des hors-d'œuvre furent débarrassées et, peu de temps après, on leur apporta leur plat principal.

Jill en prit une bouchée et sourit.

— Ce bar est fantastique. Quel merveilleux mélange de saveurs ! Merci.

— Les Saint-Jacques sont excellentes aussi, dit Charlie. Et le vin les accompagne parfaitement.

À mesure que le repas avançait et qu'elle continuait à bavarder avec Charlier, Jill se sentit envahie par une sensation de bien-être presque tangible. Elle sut qu'elle ne retournerait pas vivre à New York, quoi qu'il advienne. Elle se dit qu'elle devrait appeler Sandra pour voir où en était la vente de sa maison.

La conversation se déroulait facilement entre eux. *C'est vraiment sans danger*, songea Jill. Elle aimait bien Charlie et appréciait sa gentillesse.

Ils partagèrent une crème brûlée et commandèrent du café.

— Le repas était parfait, déclara Jill. Il m'a donné l'envie d'être un peu plus aventureuse à la maison. Après la mort de mon mari, j'ai quasiment cessé de cuisiner. À présent, je dois nourrir deux hommes affamés qui mangeraient n'importe quoi et une petite fille qui n'aime rien.

— Ma mère est une bonne cuisinière. Nous avons toujours bien mangé, dit Charlie.

Il lui sourit.

— C'est agréable de dîner avec quelqu'un qui apprécie la bonne chère.

Il fit signe au serveur de lui apporter l'addition.

Jill s'excusa et se rendit aux toilettes. En chemin, elle entendit les conversations enjouées des autres clients en passant entre les tables.

Dans les toilettes, elle admira la faïence et les robinets en laiton en forme de poisson. Le Gavin était peut-être sobre à l'extérieur, mais l'intérieur était splendide.

Quand elle en sortit, elle vit que Charlie discutait près de la porte avec l'hôtesse, une jolie jeune femme blonde. Il se tourna et lui sourit quand elle arriva à côté de lui.

— Prête ? lui demanda-t-il.

Elle hocha la tête.

— Quand vous l'êtes.

— C'est bon.

Il prit son bras.

— Je demandais juste à l'hôtesse si les sœurs Sullivan travaillaient au restaurant.

— Et alors ?

— Apparemment. Surtout lors des grandes soirées.

— J'adorerais les rencontrer. Elles ont fait un travail fantastique sur cet endroit.

Ils firent le trajet de retour au cottage en silence. Jill devenait nerveuse en pensant à la fin de la soirée. Allait-il l'embrasser ? Devait-elle l'inviter à entrer ? Que faisait Brody ? Ces pensées et bien d'autres bourdonnaient dans son esprit comme des moucherons importuns qu'elle n'arrivait pas à chasser.

En un rien de temps, Charlie pénétra dans l'allée et se gara à côté du pick-up de Brody. Il se tourna vers elle.

— J'ai passé un excellent moment. Puis-je vous appeler de nouveau quand je reviendrai ici ?

— J'aimerais bien ça, répondit Jill avec franchise.

Elle hésita.

— Voulez-vous entrer ? C'est une belle soirée.

— Merci, mais je ferais mieux d'y aller. Mon vol décolle de bonne heure.

Il se pencha et déposa un délicat petit baiser sur sa joue.

Surprise, elle leva les yeux vers lui.

Il lui adressa un sourire penaud.

— Je suppose que je suis un peu nerveux. Approche.

Il l'attira vers lui et, cette fois, ses lèvres souples et fermes se posèrent sur les siennes pour un baiser qui prouvait son intérêt. Quand il recula, il la dévisagea un moment et sourit.

— Je te raccompagne à ta porte. Et la prochaine fois, je m'arrangerai pour rester un peu plus longtemps.

Elle patienta pendant qu'il se hâtait de faire le tour de la voiture pour lui ouvrir la portière.

Sur le porche, il se tourna vers elle.

— Bonne nuit. Je t'appelle quand je reviens.

Il attendit qu'elle entre, puis lui fit un signe de la main et repartit. Jill ferma la porte derrière elle et s'y appuya, indécise sur ses sentiments pour Charlie. Elle était sûre de vouloir le revoir. Elle en saurait peut-être plus à ce moment-là.

Elle pénétra dans la salle de séjour et s'arrêta net. Brody dormait profondément sur le canapé devant la télé.

Elle se dirigea vers une des tables basses sur la pointe des pieds et y ramassa la télécommande.

Alors qu'elle éteignait le téléviseur, Brody s'étira et ouvrit un œil.

— Il est quelle heure ?

— L'heure d'aller se coucher, dit-elle doucement.

La soirée ne faisait que commencer pour certains, mais Brody travaillait dur et se levait habituellement très tôt.

Il s'assit et se frotta les yeux.

— Comment s'est passé ton rencard ?

— Bien, répondit-elle.

Il leva le regard vers elle et sourit.

— Content qu'il n'ait pas été formidable.

En se souriant à elle-même, elle l'abandonna et gagna l'intimité de sa chambre pour démêler ses sentiments.

CHAPITRE QUATORZE

Le lendemain matin, Jill se servait une tasse de café quand Brody entra dans la cuisine.

— Salut. Merci de m'avoir réveillé hier soir. J'aurais probablement dormi là toute la nuit. On dirait que tout ce travail physique finit par me fatiguer.

— Pas de problème. Qu'est-ce que vous faites, à présent ?

— Du jardinage. On doit tailler quelques arbustes autour de la maison pour pouvoir la repeindre. Greg pense que nous devrions aussi remplacer certaines plantations.

Il lui adressa un sourire en coin.

— Le nombre de projets qu'il invente est étonnant. On dirait qu'il veut vraiment que je reste.

Jill avala la gorgée de café qu'elle avait prise.

— Tu envisagerais de venir habiter ici ?

— Peut-être, en temps voulu. Mais je devrais m'assurer avant tout que ça ne perturbe pas la garde de Kacy. Elle a déjà fait de gros progrès depuis son arrivée ici et je ne veux pas qu'elle retombe dans ses travers.

— Oui, ce serait dommage.

Il prit une bouteille d'eau dans le frigo et une feuille d'essuie-tout pour éponger son front.

— Il vaudrait mieux que je retourne travailler avant qu'il ne fasse encore plus chaud.

Jill termina son café et sortit se promener sur la plage. Elle aimait cette heure de la journée. La plage était encore déserte et elle pouvait déambuler le long du rivage sans avoir constamment à contourner d'autres personnes.

Son portable sonna.

Elle le tira de la poche arrière de son short et vérifia l'identité de l'appelant. *Niki.*

— Salut ! dit Jill. Un peu de temps libre loin des « T », comme les appelle Charlie ?

— Ouais, la baby-sitter vient d'arriver. En parlant de mon cher frère, je crois que Charlie a un faible pour toi. Il n'en a rien dit, mais quand je lui ai demandé comment s'était passée votre soirée, son sourire a été plus qu'éloquent.

— Il est très sympa. Nous ressortirons ensemble la prochaine fois qu'il viendra dans la région.

— Et ? insista Niki.

— Et je l'aime bien. Mais il a l'air d'être très attaché à sa vie du côté de Boston.

— Ouais, je sais. Mais mes parents et moi espérons qu'il vienne habiter ici. C'est pour ça que je voulais qu'il te rencontre.

— Oh, cocotte, c'est un sacré défi, dit Jill. Nous n'avons eu qu'un rencard.

— Je sais, je sais. Jed me dit de ne pas m'en mêler, mais ce serait parfait si vous vous mettiez ensemble.

Jill éclata de rire.

— Tu es tellement romantique. À ce propos, souviens-toi que je t'ai proposé de garder les enfants si Jed et toi souhaitez aller voir un film ou autre chose.

— Merci. On t'appellera peut-être un jour à la dernière minute.

— Sans souci, affirma Jill. En attendant, on pourrait se voir une après-midi pour prendre un café ou un verre de vin.

— Voyons d'abord comment ça se passe, dit Niki. Si la baby-sitter survit, un de ces jours, je le lui demanderai.

Jill riait quand elle raccrocha. La vie chez les Carter ressemblait à un zoo.

Deux jours plus tard, quand Jill entra dans la maison de centre de loisirs Sunnyside, Susannah se hâta de venir l'accueillir.

— Jill ! Justement celle à qui je dois parler. Melanie est au téléphone. Venez à la cuisine avec moi.

Jill suivit Susanna jusqu'à la cuisine où elle inhala le délicieux arôme des cookies fraîchement sortis du four.

— Je peux ? demanda-t-elle.

Susannah sourit.

— Un, pas plus. Les grands enfants et les plus jeunes adorent ces cookies aux céréales et chocolat, et je n'ai pas le temps d'en faire davantage.

Sous l'œil attentif de Susannah, Jill porta un cookie à sa bouche et mordit dedans.

— Mmm, murmura-t-elle.

Le biscuit au chocolat était délicieux, tendre et croustillant en même temps.

— Asseyez-vous, dit Susannah en lui indiquant une chaise à la table de la cuisine.

Face à son expression sérieuse, Jill prit peur. Susannah allait-elle lui délivrer de mauvaises nouvelles ? À propos de l'avenir ?

Susannah s'assit en face de Jill et la dévisagea pendant un moment.

— Je sais que ça peut paraître étrange, mais à l'instant où je vous ai vue, j'ai su pourquoi vous étiez ici. Melanie va vouloir passer moins de temps au centre et j'ai besoin de savoir si vous seriez d'accord pour prendre sa relève.

Jill déglutit avec difficulté.

— Il y a quelque chose de grave ?

Susannah sourit et secoua la tête.

— Bien au contraire. De plus, Melanie n'a pas besoin

d'argent et elle commence à être pressée d'avoir plus de temps pour elle. Mais je ne peux pas gérer le côté financier de l'affaire, comme elle vous en a certainement fait part. Je vais avoir besoin de quelqu'un comme vous pour l'aider.

Jill s'adossa à sa chaise et expira lentement.

— Waouh ! Pour tout vous dire, j'avais envisagé d'ouvrir mon propre centre. Quelque chose pour les enfants qui ont besoin de soutien, les enfants qui ont été harcelés, ce genre de choses.

— Exactement, dit Susannah. Et pas uniquement pendant l'été.

— Je désirerais toujours enseigner jusqu'à ce que le centre tourne à plein. Seriez-vous prête à accepter ça ?

— Bien sûr, parce que je sais que ce sera un succès, dit Susannah.

— Parce que vous voyez l'avenir ?

Susannah se mit à rire.

— Non, parce que je connais votre talent. Melanie a dit que vous vous en sortirez bien.

— Mais je commence juste à apprendre...

Melanie leva une main pour l'interrompre.

— Il n'y a pas lieu de s'inquiéter. J'ai foi dans le jugement de Melanie.

— Bien, je suppose que ça compte. Néanmoins, je veux examiner les comptes et le reste des détails avant de vous donner une réponse. J'ai combien de temps ?

Un sourire s'afficha sur le visage de Susannah.

— Je n'en ai aucune idée.

Jill toussa, ce n'était pas la réponse qu'elle espérait.

Kelly fit irruption dans la cuisine.

— Te voilà, Jill. Prête à venir m'aider ?

Jill bondit sur ses pieds.

— J'arrive tout de suite.

###

Au moment où sa session au centre s'acheva et où elle reprit le chemin du cottage avec Kacy, Jill sut qu'elle avait besoin d'un tour sur la plage.

— Est-ce qu'on va chercher des coquillages aujourd'hui ? demanda-t-elle à Kacy.

— Oui, je veux trouver une coquille d'olive pour faire un chien.

— Ah, tu as lu le livre que je t'ai donné.

Kacy sourit.

— Je connais le nom de beaucoup de coquillages maintenant.

— Très bien. Alors tu peux me les apprendre.

Le visage de Kacy s'éclaira.

— D'accord. Vous demandez et je vous le dis.

— Ça me semble parfait, dit Jill, ravie de l'intérêt de Kacy pour les coquillages.

###

En arrivant à la maison, Jill trouva Brody et Greg allongés sur les transats près de la piscine.

— Rude journée, hein ? demanda-t-elle avec un sourire taquin.

— Pour sûr, affirma Greg. Brody a terminé les plantations. J'ai fait de mon mieux pour l'aider, mais ce bon sang de bras me rend dingue. Je ne suis bon à rien.

Jill jeta un regard à Brody. Il paraissait aussi épuisé que Greg.

— Pourquoi ne viendriez-vous pas tous les deux faire une longue balade sur la plage avec Kacy et moi ? C'est un merveilleux moyen de se détendre.

— Sans moi, dit Greg, mais Brody pourrait en profiter.

— Qu'en penses-tu ? demanda Jill, persuadée que l'air frais

et la relaxation sur la plage lui feraient le plus grand bien.

Brody grogna en se levant.

— D'accord, je vous retrouve devant.

Jill se hâta de rentrer pour aller mettre son maillot de bain.

Debout à la porte d'entrée, Kacy portait déjà le sien. Elle s'était aussi munie du livre sur les coquillages et du filet destiné à les transporter.

— Waouh ! Je ferais mieux de me dépêcher. Ton papa vient avec nous.

Les yeux de Kacy s'ouvrirent en grand.

— Vraiment ?

— Ouais, tu devrais prendre une serviette pour lui quand tu prendras la tienne.

Jill se rendit dans sa chambre, heureuse que Brody participe à quelque chose de spécial avec Kacy.

Elle changea de vêtements, étala plus de crème solaire sur son corps et enfila une tunique légère par-dessus son maillot de bain. Elle glissa une serviette dans son sac de plage et prit trois bouteilles d'eau dans le frigidaire avant de sortir.

Brody et Kacy l'attendaient.

Ils partirent à pied tous les trois.

— Posons nos affaires ici et dirigeons-nous vers le nord, à l'opposé de la foule. Nous aurons de plus grandes chances de trouver des coquillages intacts, suggéra Jill.

— Je cherche une coquille d'olive, annonça Kacy.

Elle ouvrit le livre que Jill lui avait donné et montra le coquillage à son père.

— Très bien, c'est ce que je vais chercher, dit-il. Mais si je trouve autre chose ? Tu me diras ce que c'est ?

— Oui. J'apprends à tous les reconnaître, déclara fièrement Kacy.

— Excellent, dit Brody en lui souriant, puis il se tourna vers Jill. C'est chouette qu'on devienne tous amis. J'aime bien ça.

Kacy lui adressa un regard sévère.

— Mais papa, elle va se marier avec oncle Charlie. C'est Emily qui me l'a dit.

Jill sentit l'air quitter ses poumons.

— Quoi ?

Kacy lui lança un regard suffisant.

— Emily m'a dit qu'oncle Charlie vous aime beaucoup et sa mère veut que vous vous mariiez avec lui.

— Hein ? C'est la première fois que j'entends parler de ça, dit Brody, apparemment aussi surpris que Jill. C'est vrai ?

Jill soupira.

— Ce qui est vrai, c'est que Niki veut que ça se produise. Ça ne signifie pas que ça arrivera.

— Quand Charlie reviendra-t-il par ici ? demanda Brody.

— Je n'en sais rien. L'été, il passe le plus clair de son temps libre à aider un ami qui a un voilier. C'est pour ça qu'il a dû partir de bonne heure le lendemain de notre dîner.

Elle sourit.

— Ça semble être un passe-temps passionnant. Je n'ai jamais navigué sur un voilier.

— On va chercher des coquillages ou quoi ? s'impatienta Kacy.

— Oh, désolée poussin. Allons-y, dit Jill.

Ils arpentèrent la plage, chacun d'entre eux gardant les yeux fixés sur les nombreuses coquilles éparpillées le long du rivage par les vagues qui allaient et venaient sur le sable.

À un moment, Kacy clama :

— J'en ai trouvé une !

Et elle revint en courant vers l'endroit où Jill et Brody étaient penchés à la recherche de coquilles.

Jill se redressa.

— Voyons voir.

Kacy montra sa trouvaille.

— Elle est presque parfaite !

Jill et Brody l'examinèrent soigneusement.

— J'aime bien le fait qu'elle ait quelques rayures. Ça la rend réelle, dit Brody.

— Moi aussi, renchérit Kacy.

Elle la tendit à Jill.

— Vous pouvez la garder pour moi ?

— Bien sûr. Tu veux continuer à chercher ou faire un château de sable ? La marée est basse, c'est le moment idéal pour en construire un.

— Un château de sable ! s'écria Kacy. Je vais chercher les seaux et les pelles.

Alors que la petite fille partait en courant, Brody se tourna vers Jill.

— C'est merveilleux de la voir comme ça.

— Oui, ça ne fait que quelques semaines, mais la différence est saisissante. Je suis contente que Kacy ait pu rester avec toi ici.

Brody fit une grimace.

— Allison a appelé. Son mari et elle se sont disputés. Je ne connais pas la nature de leur différend, mais Allison craint pour son avenir. Je lui ai dit de prendre les choses comme elles venaient.

— Qu'est-ce que ça change pour Kacy et toi ?

Il secoua la tête.

— Je ne sais pas. Allison est tellement imprévisible qu'il est difficile de suivre toutes ses exigences.

— Eh bien, suis ton propre conseil, un jour à la fois. Je suppose que c'est tout ce que tu peux faire.

— Ouais, j'ai un grand nombre de choses à repenser.

Jill fut touchée par la tristesse contenue dans sa voix.

Elle se pencha et saisit sa main.

— Tu es un type formidable. Il y aura des jours meilleurs.

— Si seulement la vie était aussi simple.

Jill était sur le point d'ajouter autre chose quand Kacy revint avec les deux seaux en plastique et les quatre pelles que Jill avait achetés plus tôt.

— Je veux un grand, grand, grand château, papa, déclara la fillette.

— D'accord. Je suis un expert en construction. Nous allons faire le plus beau château jamais vu. Jill nous aidera aussi.

Kacy regarda alternativement son père et Jill, puis fronça les sourcils.

— Je vais commencer par dessiner le plan. Vous deux allez remplir les seaux, dit gaiement Brody en ébouriffant les cheveux de Kacy.

Elle ramassa un seau et s'éloigna d'un pas décidé.

Jill et Brody échangèrent un sourire. Jill comprenait que Kacy s'inquiétait d'avoir à partager le temps de son père. C'était ce qu'elle avait ressenti avec sa mère quand sa sœur était présente. Elle aurait voulu rassurer Kacy, lui dire que son père et elle n'allaient pas se mettre ensemble, mais elle repensa à leur baiser et décida de se taire.

Un peu plus tard, agenouillée dans le sable à côté de Brody pour modeler les pâtés à la forme qu'il désirait, Jill se demanda à quoi ressemblerait la vie avec lui. La cohabitation ici en Floride s'était avérée plus facile qu'elle ne l'aurait cru au départ.

Il la poussa doucement du coude.

— Tes pensées doivent être agréables parce que tu souris. Mais il faut que tu te remettes au boulot.

Une sensation de brûlure qui n'avait rien à voir avec le soleil envahit ses joues.

— Désolée, j'avais la tête dans les nuages.

— Je veux qu'on fasse une pièce rien que pour moi. Une

chambre de princesse, dit Kacy. Et une pour toi, papa.

— Et pour Jill ? Elle participe aussi à la construction du château.

Kacy se mordit la lèvre en la dévisageant.

— Vous pourriez peut-être avoir une chambre hors du château. Comme ça je n'aurais pas à le dire à maman.

Jill remarqua l'éclair de colère qui traversa le regard de Brody et assura rapidement :

— Bien sûr, je pourrais loger dans une maison d'amis sur la propriété.

Le visage de Kacy s'éclaira.

— Oui, c'est ça. On la fera jolie aussi.

Alors que Kacy se remettait au travail, Jill envoya à Brody un message silencieux pour qu'il n'argumente pas avec Kacy sur la maison d'amis. Ils pourraient en discuter ensemble ultérieurement.

Kacy transforma un monticule de sable en colline ronde.

— Voilà ! C'est là que vous êtes, Jill. Emily et ses triplés vont être avec moi à l'intérieur du château. Et un des chiots aussi.

— Et moi, je suis où ? demanda Brody. Quelque part à l'intérieur ?

— Oui. Toi, maman et moi vivrons dans la grande partie du château.

Kacy fit un grand sourire à son père.

Brody plissa le front.

— Je ne pense pas que ce soit possible, Kacy. Maman et moi ne vivons plus ensemble, tu t'en souviens ?

Kacy baissa les yeux.

— Je me souviens, marmonna-t-elle. J'aimerais…

— Ça va. Je comprends. Mais maman habite désormais avec le Dr Henderson.

Brody parlait d'une voix calme et rassurante.

— Je n'aime pas Marcus chéri.

Jill et Brody échangèrent un regard surpris.

— C'est comme ça que tu l'appelles ? demanda Brody.

Elle secoua la tête.

— Non, c'est comme ça que maman l'appelle.

— Bon, si tu veux mettre maman et Marcus dans le château, je suis sûr qu'il y a de la place, poursuivit Brody.

La lèvre inférieure de Kacy avança dans une attitude de défi.

— Non, je vais les laisser dehors.

— Et si j'arrosais le sable du château pour donner un effet décoratif ? dit Jill. Tu veux me donner un coup de main, Kacy ?

— Arroser ? Comment ça ?

— Allons chercher de l'eau avec les seaux et je te montrerai, répondit Jill, contente de détourner l'attention de Kacy.

Le regard soulagé de Brody lui prouva qu'il en était heureux aussi.

Une fois qu'elle vit Jill prendre du sable très liquide dans ses mains et le laisser couler entre ses doigts pour créer des motifs décoratifs, Kacy fut enchantée par l'idée. À mesure qu'elles ajoutaient de plus en plus de sculptures, les simples buttes de sable se transformèrent en un édifice sophistiqué.

En regardant le visage de Kacy pendant qu'elle travaillait dur pour décorer le château, Jill sentit son cœur s'emplir d'affection. Kacy se débattait avec le divorce de ses parents et la manière dont sa mère la traitait, mais elle avait toujours une innocence enfantine qui la touchait.

Quand Kacy fut enfin prête à quitter la plage, Brody et Jill rassemblèrent leurs affaires alors que la petite fille courait devant. Seul avec elle, Brody se tourna vers Jill et posa une main sur son épaule. Plongeant son regard dans le sien, il dit :

— Tu es une femme adorable. Tu le sais, ça ?

Prise d'un accès de timidité, elle ne sut où poser ses yeux.

Quand il appuya ses lèvres contre les siennes, elle se raidit puis répondit, incapable de résister aux sensations qui explosaient en elle.

— Hé ! Vous faites quoi ?

La voix de Kacy brisa l'instant.

Jill s'éloigna brusquement de Brody.

— Je remercie Jill pour nous avoir aidés à construire le château, dit doucement Brody. Tu as d'autres questions ?

— Non, dit Kacy. On peut aller nager maintenant ?

— Bien sûr, répondit Brody. Prête, Jill ?

En essayant de ne pas faire attention à la manière dont le corps de Brody avait répondu au sien, Jill acquiesça. Elle avait besoin de se calmer aussi.

CHAPITRE QUINZE

Le lendemain matin, Jill reçut un appel de la commission scolaire du comté réclamant un entretien pour un poste de CE2. Folle de joie, elle prit rendez-vous pour plus tard dans la matinée et appela immédiatement Melanie pour lui expliquer qu'elle serait un peu en retard au centre.

Elle imprima une copie de son C.V. et le passa en revue. En relisant les informations, elle se sentit fière du travail accompli avec les enfants, mais trouva un peu pathétique que toute sa vie, de l'enfance à l'âge adulte, puis au mariage et au veuvage, se soit déroulée au même endroit. Ces dernières années avaient été tellement tristes. Elle se souvint à quel point elle s'était sentie déprimée, emprisonnée dans une existence sans joie. Depuis qu'elle était en Floride, toute sa vie avait changé en quelques semaines. Elle s'en sentit reconnaissante. Pour une fois, sa sœur lui avait vraiment rendu service.

Alors qu'elle s'habillait pour son entretien, son portable sonna. *Sandra.*

— Salut, dit-elle à son agent immobilier. J'espère que les nouvelles sont bonnes.

— Il y en a de bonnes et de mauvaises. Lesquelles veux-tu en premier ?

— Les mauvaises d'abord, dit Jill. Les autres sembleront merveilleuses après ça.

— D'accord, la mauvaise nouvelle est que les diagnostics qui ont été faits sur ta maison ont montré des traces d'infestation par les termites.

— Des termites ? Oh mon Dieu ! Est-ce que la maison tombe en ruines ?

— Non, non, rien de tel. Mais le porche arrière devra être refait. Les termites ont attaqué le soubassement à un moment ou à un autre. Le reste peut être facilement traité. Il n'y a pas de signe d'activité actuelle.

Jill déglutit péniblement.

— Combien ça va coûter de refaire le porche ?

— C'est la bonne nouvelle. Le couple qui est intéressé par la maison accepte d'intégrer ça dans le contrat de vente. Il est charpentier et peut faire le travail lui-même, mais il veut une compensation financière équitable. J'ai proposé de leur vendre la maison un peu moins cher, ce qui diminuerait leur crédit. Ça les aiderait et résoudrait facilement le problème. Qu'en dis-tu ?

— De combien baisserait le prix ? demanda Jill.

— De quinze mille dollars. La maison resterait malgré tout au prix du marché. Les prix se sont effondrés. Je te suggère d'accepter l'offre rapidement. La réduction de prix prendrait en compte tout autre problème en rapport avec cette découverte.

— Allons-y !

L'excitation de Jill était sincère. La maison représentait le dernier vestige de son mariage.

— Très bien. Je vais rédiger le contrat et te le faxer. Tu as un numéro de fax ?

— Attends. Je vais te donner le numéro du centre de loisirs où je travaille.

Jill prit la carte du centre Sunnyside et lui dicta le numéro de fax.

— Quand veulent-ils emménager ?

— C'est un autre coup de chance. Ils sont arrangeants, mais je crois que tu devrais vider la maison le plus vite possible. Au besoin, on peut leur demander s'ils accepteraient de te la louer jusqu'à, disons, mi-septembre, au moment où tu devrais la libérer de tes effets personnels et la faire nettoyer.

— D'accord. J'aurai bientôt une meilleure idée de mes disponibilités. J'ai un entretien ce matin et j'en saurai plus après.

— Félicitations Jill. On dirait que les choses vont dans ton sens. On se rappelle.

Sans attendre qu'elle lui réponde, Sandra raccrocha, laissant Jill stupéfaite de la vitesse à laquelle les choses semblaient avancer.

Elle se hâta vers la douche. Si elle avait de la chance, la journée continuerait de la même manière.

Plus tard dans la matinée, la tête bourdonnante d'idées, Jill quitta le bâtiment administratif, satisfaite de la tournure prise par l'entretien. Tout aussi important, elle appréciait le directeur, le proviseur adjoint de l'école où elle allait enseigner et un des maîtres de primaire qui y travaillait. Même si elle n'aurait pas beaucoup de temps pour préparer sa classe, la maîtresse qu'elle remplacerait avait laissé les choses plus en ordre qu'elle ne l'aurait espéré.

Elle se hâta de retourner au centre pour prévenir Melanie et Susannah.

Quand elle entra dans le bureau, Melanie lui dit :

— J'ai reçu des documents pour vous. On dirait que vous avez vendu votre maison.

Elle lui tendit les quelques pages imprimées par le fax.

— C'est ce dont je voulais vous parler, dit Jill en leur faisant face. J'ai besoin de congés pour aller la vider. J'ai pensé partir vendredi et revenir dimanche.

— Dieux du ciel ! Ça suffira ? bégaya Melanie. Ça me

prendrait des mois pour empaqueter toutes mes affaires.

Jill prit une décision à cet instant.

— Je ne vais prendre que mes effets personnels, aucun meuble ni objet encombrant. Je repars à zéro.

Susannah sourit en hochant la tête.

— Je crois que ça s'avèrera un choix très avisé.

Jill leva une main.

— Je ne veux pas savoir pourquoi vous dites ça.

— Pas de problème, dit Susannah. Des fois, je peux voir l'avenir, d'autres fois, je ne peux pas.

Melanie s'esclaffa.

— On ne peut que l'aimer. Elle m'empêche certainement de m'endormir sur mes lauriers.

Jill rigola avec elles avant de reprendre son sérieux.

— Je devrais aussi vous dire que j'ai obtenu un poste ce matin. J'enseignerai en CE2 à l'école primaire de Palm Creek. Si vous souhaitez que je continue à travailler au centre, je peux encore le faire.

— Oui, bien sûr, affirma Susannah. Comme nous en avons discuté.

Melanie jeta un regard perplexe à Susannah, puis ajouta :

— Je suis d'accord.

— Où allez-vous loger ? demanda Melanie. Il vous faudra un endroit où vivre, n'est-ce pas ?

— Je ne suis pas encore décidée, dit Jill. Je louerai sans doute quelque chose avant de choisir dans quel quartier m'installer.

— Ça devrait vous donner le temps de trouver quelque chose de convenable pour le long terme, dit Susannah.

— Pourquoi ne prendriez-vous pas le reste de la journée pour vous organiser ? suggéra Melanie. Vous pourrez reprendre vos horaires habituels demain. Et ensuite vous pourrez partir à New York.

Elle étreignit chaleureusement Jill.

— Je suis heureuse que les choses s'arrangent pour vous. Nous adorons vous avoir dans l'équipe. N'est-ce pas, Susannah ?

— Oui, absolument.

Susannah fit un grand sourire à Jill et la prit brièvement dans ses bras.

Une femme grande et séduisante, aux cheveux gris coupés au bol accueillit Jill avec un sourire chaleureux au moment où elle pénétra dans l'agence Palm Rentals et Realty.

— Bonjour Jill. Je suis Kay Branson. Melanie a appelé pour me demander de prendre bien soin de vous. J'ai cru comprendre que vous aviez besoin d'une location le temps de décider où acheter. C'est parfait pour nous puisque nous faisons à la fois de la location et de la vente.

— Super. Pour le moment, je garde le Seashell Cottage, mais mon séjour y prendra fin avec l'été.

Elle avait pensé à demander à Hope si elle pourrait rester plus longtemps au cottage, mais avait rejeté l'idée.

— Suivez-moi dans mon bureau. Nous y serons tranquilles pour discuter. Du café ? Du thé ? De l'eau ? Un soda ?

— Rien, merci, répondit Jill en se hâtant de suivre Kay qui empruntait un long couloir à grands pas.

Elles entrèrent dans un bureau offrant une belle vue sur le jardin paysagé de l'immeuble. Jill admira l'abondance de fleurs et de buissons colorés par la grande fenêtre tandis qu'elle s'asseyait sur la chaise que Kay lui offrait et attendait que Kay passe derrière son bureau.

— Bien, dit Kay en s'adossant à sa chaise avant de dévisager Jill, par où commençons-nous ?

— Avez-vous des maisons à garder ? demanda Jill. Je n'ai

pas de meubles et j'espère ne pas avoir à en acheter avant d'avoir ma propre maison.

— Je comprends. Quand vous avez mentionné que vous gardiez le Seashell Cottage, une idée m'a traversé l'esprit. Plusieurs des propriétés que nous avons en location appartiennent à des « oiseaux migrateurs » qui ne passent ici que quelques mois d'hiver. Il y en a une en particulier qui est très jolie. Elle est assez petite : deux chambres, un bureau, une pièce à vivre, une belle grande cuisine et un patio avec un petit spa. Elle est aussi bien située, dans un lotissement qui avoisine un golf et propose deux piscines collectives et de nombreuses activités de plein air. Le propriétaire est extrêmement pointilleux sur les locataires. Remplissez notre formulaire et nous partirons de là.

— Dans quelques semaines, je commence une nouvelle classe de CE2 à l'école primaire de Palm Creek. J'ai besoin d'habiter à proximité.

— Si votre dossier est accepté, cet endroit sera parfaitement situé pour vous. Il est à moins de deux kilomètres de l'école. Laissez-moi vous montrer les photos en ligne. Si ça vous intéresse, je peux vous faire visiter.

Kay fit pivoter un de ses deux écrans plats pour que Jill puisse regarder.

— Chaque immeuble abrite quatre appartements, deux en haut et deux en bas. Celui dont je parle est en bas à droite. Comme vous pouvez le constater, les terrains et les installations sont parfaitement entretenus. En plus, chaque appartement dispose de son garage privé ainsi que d'une place de parking couverte à l'extérieur.

La photo, qui montrait un beau bâtiment situé à côté d'un terrain de golf, exsudait le charme et le confort.

— Les clichés intérieurs sont récents et donnent une idée précise, affirma Key en cliquant sur les photos.

Satisfaite de tout ce qu'elle voyait, Jill dit :

— Oui, ça semble parfait. J'aurais choisi le même mobilier.

Son regard tomba sur le prix de la location et elle resta bouche bée.

— Trois mille dollars par mois ? Je ne pourrai jamais payer une telle somme.

Kay leva une main pour l'interrompre.

— C'est juste un nombre que nous affichons pour décourager les curieux. J'ai toute latitude pour fixer le prix pour la bonne personne. La propriétaire d'origine est décédée et cette location fait partie de sa succession. C'est à sa fille à présent, mais elle n'a aucune intention de venir vivre ici.

Jill posa les yeux sur le questionnaire qu'on lui avait donné.

— Je peux le remplir ici ?

Kay sourit.

— Bien entendu. Pourquoi n'irions-nous pas dans la salle de conférences ? Vous pourrez vous servir un rafraîchissement et prendre votre temps. Ça en vaudra la peine, je vous l'assure.

Après s'être installée à une grande table de conférence en acajou, Jill commença à remplir le dossier. Comme elle l'avait fait en relisant son C.V., elle repensa à sa vie. Elle lui avait paru si vide, si grise avant son arrivée en Floride. Sa vie actuelle lui semblait aussi colorée que les bougainvillées, les lauriers-roses et les palmiers qui faisaient paraître son monde lumineux et prometteur.

Dans la case réservée aux autres commentaires, Jill écrivit : « J'aimerais beaucoup être en mesure d'habiter là. Je respecte tout ce que la propriétaire d'origine a fait pour décorer et entretenir la maison. D'après les photos que j'ai vues, elle et moi avons des goûts très similaires. Comme dirait une de mes amies, c'est un signe du destin ».

Certaine d'avoir fait de son mieux pour se présenter sous

son meilleur jour, Jill signa les documents et s'en fut retrouver Kay dans son bureau.

Kay leva les yeux de son écran.

— C'est fait ?

Jill acquiesça et lui tendit la liasse de papiers.

— Quand pensez-vous avoir une réponse ?

— Ça ne devrait pas prendre longtemps, deux ou trois jours au maximum si j'arrive à joindre la propriétaire. Il y a beaucoup d'autres disponibilités si, pour une raison ou pour une autre, celle-ci n'aboutissait pas. Mais j'ai la sensation que c'est parfait pour vous et pour Catherine.

— Je vais partir à New York chercher mes affaires dans un ou deux jours, mais je garde le contact.

— Moi de même, dit Kay en serrant la main de Jill. Bon voyage.

Sur le chemin du retour au Seashell Cottage, Jill appela Sandra. Après les salutations d'usage, Jill déclara :

— Je ne vais emporter aucun meuble. Est-ce que les acheteurs seraient intéressés par certains ou la totalité ? Dans ce cas, je leur ferai une proposition qu'ils ne pourront pas refuser.

Lorsqu'il avait emménagé avec elle, Jay avait affirmé qu'elle n'avait aucun goût et avait insisté sur le nouveau mobilier qu'il avait sélectionné, effaçant toute trace de ce qu'elle avait choisi. Jill l'avait toujours détesté.

— Je vais leur demander, dit Sandra.

Après une pause, elle poursuivit :

— Oh, Jill, j'ai du mal à croire que tout arrive si vite. Tu vas me manquer !

— Merci, dit Jill. C'est surréaliste. Les choses évoluent tellement rapidement qu'on dirait que c'était presque écrit. J'en suis très heureuse. J'aurais dû le faire beaucoup plus tôt, mais ma mère insistait pour que je sois là pour elle et je ne voulais pas la décevoir.

— Rien que pour cette raison, je suis contente que tu sautes le pas. Qui sait ? Tu me trouveras peut-être sur le pas de ta porte de temps en temps, plaisanta Sandra.

— J'adorerais ça, répliqua Jill, heureuse à l'idée qu'elles puissent toujours être amies.

Au moment où elle raccrochait, Jill se sentit envahie par l'excitation. Elle avait sauté le pas ! Si elle n'avait pas aimé son prénom, elle l'aurait changé aussi en choisissant quelque chose d'un peu plus exotique que Jillian. Mais son père avait toujours aimé l'appeler Jilly Bean et elle s'accrochait encore à ce souvenir.

Elle consulta sa montre. Il était l'heure d'aller chercher Kacy. Elle appela le portable de Brody et, comme il ne répondait pas, contacta Greg.

— Salut Greg. Où est Brody ? Je voulais vérifier avec lui qu'il savait que j'allais chercher Kacy au centre de loisirs.

— Il n'est pas là, mais je suis certain qu'il vous en sera reconnaissant. Il est occupé à... quelque chose.

L'attitude fuyante de Greg l'inquiéta.

— Tout va bien ?

Il soupira.

— Je ne sais pas pourquoi je suis supposé ne rien dire, mais il s'est inscrit à des cours de voile.

Même si les larmes lui montaient aux yeux, Jill sentit un grand sourire étirer ses lèvres. Elle savait exactement pourquoi il le faisait.

— Ne vous inquiétez pas, je n'en dirai rien.

Elle raccrocha et serra ses bras autour de son corps, souhaitant pouvoir étreindre Brody. Personne n'avait jamais rien fait d'aussi gentil pour elle. Elle en conserverait précieusement le souvenir toute sa vie.

CHAPITRE SEIZE

À bord de l'avion de liaison qui desservait les petits aéroports du nord de New York, Jill observait la scène miniature qui se déroulait en dessous d'elle par le hublot. C'est drôle, songea-t-elle, comme l'environnement nous semble si large, si imposant quand on est au niveau du sol, mais paraît insignifiant dans l'ordre des choses quand on le considère comme une toute petite partie du monde.

Au sol, sa vie retomberait dans un schéma familier auquel elle était reconnaissante de pouvoir échapper. Jill se jura de rester forte face aux reproches de sa mère. Elle l'avait déjà écoutée se plaindre que Jill bradait sa maison, qu'elle devait plus de considération que ça à sa mère et que son père désapprouverait ses actions. Cette dernière remarque lui avait fait plus mal que les autres, mais Jill était demeurée stoïque.

Quand le pilote annonça qu'ils étaient prêts à atterrir, l'estomac de Jill fit un salto qui n'avait rien à voir avec l'avion. Derrière la résolution de rester forte, les anciens schémas de perte, d'inadéquation et de besoin de plaire aux autres menaçaient de resurgir. *Est-il possible que je fasse assez de changements en deux mois pour être la nouvelle personne plus libre que je souhaite être ?*

Sans le vouloir, elle se retrouva à penser à la fille de Brody. Elle se promit de faire ces changements aussi vite et facilement que possible pour prouver à Kacy qu'elle pouvait, elle aussi, avoir une vie différente.

Jill chercha sa mère parmi la foule qui attendait les nouveaux arrivants derrière la porte de sécurité. Elle fut surprise en voyant une femme qui semblait être beaucoup trop vieille pour être Valerie Davis. La femme agita la main et, subitement, tout se remit en place et sa mère reprit son apparence habituelle.

Jill se précipita pour l'enlacer.

— Bonjour ! Merci d'être venue me chercher.

— Bien sûr, répondit Valerie. As-tu des bagages ?

— Rien que ça.

Jill souleva le sac à dos qui contenait tout ce dont elle avait besoin pour ce court séjour.

Sa mère secoua la tête.

— Je ne comprends pas comment tu peux espérer tout empaqueter en juste deux jours. Ta maison est pleine.

— Oui, mais je la vends meublée. De cette manière, je n'ai rien à déplacer de volumineux.

Valerie s'arrêta et la fixa.

— Tu es sérieuse ? Jay et toi avez acheté de magnifiques meubles tout neufs quand il est venu vivre chez toi.

— Une autre bonne raison pour les laisser à quelqu'un d'autre, dit Jill d'un ton satisfait.

— Argh, je ne comprends pas pourquoi tu crois pouvoir gâcher de l'argent de cette façon.

Jill se mordit la langue. Elle avait tellement à dire, mais elle savait que ça tomberait dans l'oreille d'une sourde. Sa mère ne croirait jamais que Jay avait été violent avec elle. Il l'avait trop bien caché devant les autres.

— Où t'es-tu garée ? demanda Jill en attendant à l'entrée du parking.

— Au 2B, pas loin d'ici.

Jill la suivit jusqu'à sa voiture, toujours silencieuse alors que ses pensées tournaient en rond. Elle savait qu'il était temps qu'elle parle sous peine d'être renvoyée à son ancienne vie.

Après avoir posé son sac à dos sur la banquette arrière et s'être attachée dans le siège passager, elle se tourna vers sa mère et dit tranquillement :

— Tu n'as jamais cru ou cherché à comprendre pourquoi j'étais malheureuse avec Jay. L'éloignement m'a permis de me rendre compte à quel point il était émotionnellement violent avec moi. C'est en grande partie pour ça que j'ai hâte de faire ces changements dans ma vie. Et la manière dont je choisis de les faire ne regarde personne d'autre que moi.

Le visage de Valerie s'empourpra.

— Eh bien, je...

Jill posa une main sur son bras.

— Je n'ai pas dit ça pour qu'on se dispute. Je m'exprime clairement pour la toute première fois. Je te suis reconnaissante d'avoir gardé un œil sur la maison.

Sa mère s'adossa à son siège et la dévisagea.

— Tu t'avères être une telle surprise, Jillian. Je vais mettre du temps à m'habituer à ta nouvelle personnalité, mais je vais essayer.

Ses yeux s'embuèrent.

— Tu m'as vraiment manqué.

— Je ne t'abandonne pas, maman. J'ai simplement découvert mon indépendance, et j'entends bien la conserver.

— Oui, bon, je suppose que je ferais mieux de t'amener chez toi. Sais-tu où tu vas habiter en Floride ?

— Non, répondit Jill avec insouciance. Ce ne sera pas un problème. Je suis certaine que quelque chose se présentera. Et si Susannah en est convaincue aussi, crois-moi, ça se produira.

— Qui est Susannah ? demanda sa mère.

Jill réalisa qu'elle n'avait pas révélé grand-chose à sa mère de peur qu'elle n'y trouve à redire. Mais maintenant qu'elle lui avait enfin fait face et s'était exprimée, elle était libre de le faire. Pendant les vingt minutes que dura le trajet jusqu'à sa maison, Jill lui parla de Susannah, de Melanie et de son job d'été. Elle ne mentionna pas la possibilité d'acheter des parts du centre Sunnyside un jour. Elle en avait assez dit.

Quand sa mère s'arrêta dans l'allée de sa maison, Jill sentit un nuage se poser sur elle comme un châle de laine humide qui la fit frissonner. Luttant pour se débarrasser du vieux défaitisme qui l'avait assaillie ici, Jill sortit de la voiture, attrapa son sac et se dirigea vers la maison en se promettant d'y entrer, d'y faire ce qu'elle avait à faire et de la quitter pour toujours.

Les doigts tremblants, elle déverrouilla la porte et l'ouvrit, permettant à l'air frais de purifier le bâtiment. Mais, alors qu'elle franchissait le seuil, rien ne put effacer les souvenirs d'être traitée comme une personne trop stupide pour faire correctement quoi que ce soit, trop laide pour qu'on supporte sa présence, trop incompétente pour qu'on lui confie la plus simple des tâches. À moins que d'autres n'aient effectivement entendu Jay lui parler comme ça, ils ne pouvaient pas comprendre les dommages qu'il lui avait causés. Le côté insidieux de son comportement était qu'il ne laissait pas de marques physiques. Ses meurtrissures étaient toutes internes.

Jill s'arrêta et serra un poing contre son ventre. Elle se força à se concentrer sur la Floride, ses nouveaux amis, la petite fille qui avait besoin d'elle et l'homme qui avait assez d'estime pour elle pour prendre des cours de voile afin de l'impressionner.

— Tu vas bien ? demanda sa mère, l'air inquiet.

— Ça va aller. Merci. Est-ce que je peux t'emprunter ta voiture pour aller acheter des cartons et ce qu'il faut pour tout empaqueter ?

— Oui, bien sûr ma chérie. Pourquoi ne pas me déposer chez moi et revenir pour le dîner ? Je te préparerai un repas chaud.

Jill l'étreignit brièvement.

— Ce serait vraiment gentil, maman. Mais avant de partir, est-ce que tu veux prendre quelque chose d'ici ? Je ne vais emporter que mes vêtements, quelques livres, quelques bibelots et des objets personnels. Ce que je ne veux pas garder ira à une œuvre de charité, les meubles resteront sur place pour les nouveaux propriétaires.

La mère de Jill secoua la tête.

— Non merci. Je suis à une époque de ma vie où j'essaie de débarrasser un peu ma propre maison.

— Très bien. Alors allons-y, dit Jill, pressée d'en finir.

Jill était épuisée quand elle fut prête à s'arrêter pour la journée et à se rendre chez sa mère pour un dîner tardif. Elle avait facilement divisé ses vêtements en deux tas : un à emballer et à envoyer en Floride, l'autre à donner à une association caritative. Même si elle avait mis de nombreuses choses en ordre avant de partir pour l'été, elle découvrit que trier les tiroirs de la maison et parcourir les dossiers du bureau constituaient un pénible voyage émotionnel.

Ça ira mieux demain, se rappela-t-elle en traversant la petite ville qu'elle avait eu trop peur de quitter.

Sa mère l'accueillit avec un sourire.

— Je viens juste de raccrocher avec Cristal. Hope et elle s'amusent bien en Europe. Elle a promis de me rendre visite dès son retour.

Jill rendit son sourire à sa mère.

— Je sais que tu es toujours contente de la voir. Ça fait combien de temps ? Un an ?

— Oui. Cristal a du mal à s'échapper. Elle m'a aussi invitée à aller la voir en automne. Je viendrai te voir aussi, ajouta-t-elle. Peut-être que tes cheveux auront repoussé d'ici là. Tu es tellement plus séduisante comme ça.

Jill se morigéna pour espérer que sa mère ne lui rende pas visite de sitôt.

Le lendemain, Jill et son amie Sandra, qui s'était portée volontaire pour l'aider à déménager, vidèrent les placards de la cuisine. Après avoir cuisiné pour Greg, Brody et Kacy, Jill avait une meilleure idée des ustensiles qu'elle souhaitait emporter en Floride.

Jill s'étendit allègrement sur le Seashell Cottage, ses habitants et le personnel du centre. Sandra était la seule personne qui comprenait vraiment ce que ça signifiait pour elle. C'était formidable de le partager avec elle.

De la même manière que précédemment, les objets furent divisés en plusieurs parties : une pour la Floride, une autre pour une œuvre de bienfaisance et une laissée aux acheteurs, qui avaient accepté de se charger de tout ce qui resterait sur place.

Au milieu de la matinée, Jill proposa :

— Que dirais-tu d'une pause et d'une tasse de café ?

— Avec plaisir. Tout ça me fait penser que je devrais commencer à faire le tri chez moi. Emménager chez Doug ne sera sans doute pas aussi simple que je le croyais.

Jill lui sourit.

— Je suis contente que ça colle entre Doug et toi. Avez-vous choisi une date pour le mariage ?

— Je crois que nous nous marierons à Noël, dit Sandra. Et que nous partirons peut-être en vacances au soleil.

— Tu adorerais le Seashell Cottage, dit Jill. Il serait parfait pour votre lune de miel. Tu devrais venir le voir quand tu me rendras visite en Floride.

— Merci, j'y songerai. Je n'arrive pas à croire que tu ne sais pas encore où tu vas habiter, dit Sandra. Ça ne te ressemble tellement pas.

Jill sourit joyeusement.

— Je sais.

Sandra rit et l'étreignit.

— Je t'aime, cocotte !

#

Le matin suivant, Jill dit au revoir à sa mère et pénétra dans le terminal de l'aéroport avec l'impression que le poids émotionnel qu'elle portait était beaucoup plus léger. Étourdie par tout ce qui s'était passé si rapidement, elle se réjouit à l'idée de prendre un nouveau départ.

Pendant le vol, Jill observa par le hublot les nuages blancs cotonneux qui flottaient comme du pop-corn dans le ciel. Elle avait hâte d'être de retour là où elle était acceptée pour son apparence, son comportement et son identité.

Le pouls de Jill s'accéléra quand l'avion amorça sa descente. Elle y était ! Greg la retrouverait à l'arrivée des bagages et la conduirait jusqu'au Seashell Cottage et le début de ce qu'elle espérait être une toute nouvelle vie.

Jill traversa l'aéroport international de Tampa en marchant, mais avait envie de sautiller. Elle avait adoré revoir les palmiers quand l'avion s'était posé.

Elle entra dans l'aire d'arrivée des bagages, chercha le tapis roulant qui correspondait à son vol et se dirigea vers lui. Elle s'arrêta net quand elle vit Brody lui faire signe. Il ressemblait à une star de cinéma avec ses cheveux sombres hérissés, son corps musclé et son sourire radieux.

Excitée, elle lui fit signe à son tour et se hâta vers lui.

Son sourire s'élargit encore.

— Désolé d'avoir bouleversé tes plans, mais Greg n'a pas

pu venir.

— Non, non, bégaya Jill. Je suis contente que tu sois là !

Brody l'entoura de ses bras et la serra fort.

— Tu nous as manqué à tous les trois.

Des larmes inattendues montèrent aux yeux de Jill. Bien qu'elle cille rapidement pour les empêcher de couler, une larme rebelle réussit à déborder et à descendre le long de sa joue.

Brody lui souleva le menton.

— Qu'est-ce qui se passe ?

Jill déglutit pour se donner une contenance.

— Je suis juste heureuse d'être de retour. C'est tout.

Son regard perspicace vit en elle.

— Toujours la même histoire chez toi ?

— Ouais. Ça ne changera jamais. J'étais pressée de partir.

Brody recula, posa un bras sur ses épaules et les pressa gentiment.

— Allons chercher tes bagages et retournons à la plage.

Jill songea qu'elle n'avait jamais entendu de paroles plus douces.

CHAPITRE DIX-SEPT

Lorsque Brody gara son pick-up dans l'allée du Seashell Cottage, un soupir heureux et soulagé échappa à Jill.

Brody se tourna vers elle en souriant.

— C'est bon d'être de retour ?

— Oh oui ! Même avec cette chaleur, c'est merveilleux.

Elle inspira l'odeur iodée de l'air marin en descendant du camion pour aider Brody à décharger ses bagages.

Alors qu'ils se dirigeaient vers la porte d'entrée, Kacy accourut pour les accueillir.

— Vous êtes rentrés ! s'écria-t-elle. Vite. Venez voir.

Jill adressa un regard interrogateur à Brody, mais il se contenta de lui tenir la porte ouverte et de l'inciter à entrer.

Perplexe, elle franchit le seuil, posa la valise qu'elle portait et se débarrassa de son sac à dos.

Kacy attrapa sa main et la tira vers la cuisine.

— Par ici, Jill. Viens vite.

Jill se laissa entraîner et s'arrêta brusquement à l'entrée de la cuisine.

Une banderole en papier blanc portant l'inscription *Bienvenue à la maison, Jill !* était suspendue au plafond. Trois ballons gonflables roses flottaient à côté de la bannière comme des papillons colorés.

— Surprise ! s'écria Kacy qui sautillait d'excitation. On a fait ça spécialement pour toi !

Jill plaqua ses mains contre sa poitrine.

— Pour moi ?

Greg lui adressa un sourire rayonnant.

— Nous sommes contents que tu sois de retour. J'ai préparé le dîner de ce soir, mais nous avons tous hâte que tu te remettes aux fourneaux.

Jill éclata de rire et les larmes qu'elle avait retenues coulèrent sur son visage.

Brody entoura ses épaules d'un bras.

— Bienvenue à la maison.

Elle poussa un soupir tremblotant.

— C'est la plus belle des surprises. Merci beaucoup à tous.

— C'était l'idée de Kacy, dit Greg en désignant la petite fille du menton.

— Merci.

Jill se pencha et attira la fillette contre elle. Quand Kacy se raidit, Jill retint son souffle. Puis Kacy jeta ses bras autour du cou de Jill et serra.

Jill leva les yeux pour voir que Brody leur souriait et devina, à son expression attendrie, qu'il était aussi touché qu'elle de constater que le cœur de sa petite fille commençait à s'ouvrir.

— Eh bien, c'est une sacrée fête, dit Greg, les yeux étrangement humides. Pourquoi ne pas ouvrir une bonne bouteille de vin et nous asseoir un moment avant que je ne mette le plat au four.

— J'adore la casserole au thon d'oncle Greg, annonça Kacy. On en a mangé hier soir.

Jill rit doucement.

— Alors ce n'est pas étonnant que j'aie eu droit à un accueil aussi chaleureux. Je ferai autre chose demain soir.

Elle regarda les trois personnes qui avaient partagé cette maison avec elle pendant les dernières semaines. Durant cette courte période, elle avait découvert, comme Kacy, une nouvelle manière de s'ouvrir aux autres, sans être retenue par les critiques et les doutes.

— Je vous aime, dit-elle simplement, bien que les mots ne suffisent pas à décrire ses sentiments.

Brody rompit le silence qui s'ensuivit en proposant :

— Tu veux que je t'aide à porter tes bagages dans ta chambre ?

— Oui, merci, dit Jill, encore émue par sa déclaration.

Elle prit une valise et son sac à dos restés devant l'entrée de la maison. Brody ramassa les deux autres valises chargées des vêtements qu'elle avait décidé de garder et la suivit jusqu'à sa chambre.

— Voilà, tout est là, dit Brody.

Il posa les bagages, se redressa et la dévisagea.

— Comme je disais, tu nous as manqué à tous les trois, mais c'est à moi que tu dois avoir manqué le plus.

Le regard intense qu'il posait sur elle enflamma Jill.

Il s'approcha d'elle.

Son pouls s'emballa, battant tellement fort qu'elle pouvait à peine respirer. Elle savait ce qui allait arriver.

Il prit son visage entre ses mains.

Quand il posa ses lèvres sur les siennes, elle ne put retenir le petit son de plaisir qui lui échappa. Ça paraissait si naturel. Elle enroula ses bras autour de son cou.

Lorsqu'ils s'écartèrent enfin, Brody sourit.

— J'avais envie de faire ça depuis longtemps.

Troublée par le désir qu'elle ressentait, Jill répondit :

— Merci. C'était… agréable.

— Agréable ? C'est tout ? la taquina Brody.

La chaleur lui monta aux joues.

— D'accord, c'était fantastique.

Il éclata de rire et l'attira de nouveau contre lui.

— Essayons d'atteindre l'*absolument* fantastique.

Cette fois-ci, elle se laissa emporter par le baiser qu'il lui donna, profitant d'une sensation après l'autre. Ils avaient tous les deux le souffle court lorsqu'ils se séparèrent.

— Celui-ci était meilleur, hein ?

Brody lui fit un clin d'œil.

— Je dirais *absolument* meilleur. Et même *fantastique*, plaisanta-t-elle.

En réalité, on ne l'avait jamais embrassée comme ça de toute sa vie. Brody éveillait toutes sortes de sensations fortes en elle. Elle ne souhaitait rien d'autre que passer au niveau supérieur. Mais ce n'était ni l'endroit ni le moment.

Comme s'il avait lu dans ses pensées, Brody dit :

— Je pense que nous avons besoin de plus d'intimité.

— Moi aussi, répondit-elle, et elle rit doucement quand il lui fit un nouveau clin d'œil.

Le lendemain après-midi, Jill et Kacy rentraient à la maison après leur journée au centre.

— Si on allait passer un moment à la plage ? proposa Jill en regardant Kacy, qui était assise à l'arrière, dans le rétroviseur. C'est une très belle journée et j'ai envie de passer du temps avec une petite fille très spéciale.

Kacy la regarda et sourit.

— Moi ?

— Oui, toi. Tu ne crois pas que nous aurons bientôt assez de coquillages pour commencer à faire de petits animaux ?

— Si ! Je veux faire un bébé chien en coquillages. Papa me laissera peut-être en avoir un vrai quand il le verra.

— C'est une grande décision de prendre un chiot.

Jill ne se sentit pas le droit d'en dire davantage. Leur arrivée au cottage la sauva d'une discussion sérieuse sur le sujet.

— Va mettre ton maillot de bain et on se retrouve dans la cuisine.

Le visage de Kacy se fendit d'un sourire.

— D'accord.

Dès que la voiture s'arrêta et que Jill coupa le moteur, Kacy sauta du véhicule et courut vers l'avant de la maison.

Jill la regarda s'éloigner, contente que leur relation ait fait un grand pas en avant. Plus encore, que Kacy se conduise davantage comme une enfant normale.

Son sentiment de satisfaction persista alors que Kacy et elle cherchaient des coquillages ensemble. En écoutant le bavardage incessant de la fillette, elle se remémora leurs débuts, quand Kacy refusait de lui parler.

— Regarde, Jill ! J'ai trouvé une coquille Saint-Jacques parfaite, dit Kacy en la lui tendant. Elle est magnifique ! C'est pour toi !

Touchée, Jill accepta le coquillage et embrassa Kacy sur la joue.

— Merci. C'est très gentil de ta part.

Kacy porta une main à sa joue et sourit.

— Emily dit qu'elle t'aime beaucoup. Moi aussi.

— Et je t'aime aussi, dit Jill. Tu es une gentille petite fille. Et jolie.

Un grand sourire éclaira le visage de Kacy alors qu'elle touchait ses cheveux.

En l'observant, Jill se rendit compte de l'importance du moment et attira Kacy contre elle pour un câlin.

Un cri les surprit toutes les deux.

— Kacy ! Kacy ! Maman est là !

Jill se retourna brusquement pour voir une femme grande et mince aux cheveux sombres se diriger vers elles d'un pas décidé, suivie par Brody.

Kacy jeta un regard à Jill et s'élança vers sa mère.

Le glapissement de cette dernière la fit stopper net.

— Qu'as-tu fait à tes cheveux ? Comment as-tu osé ?

Kacy courut vers son père et se cacha derrière ses jambes.

Jill ramassa le sac de coquillages que Kacy avait laissé tomber et prit la direction du cottage, sans trop savoir si elle devait se présenter à la mère de Kacy ou s'en aller pour leur laisser de l'intimité.

Brody l'appela.

— Hé, Jill ! Viens faire la connaissance d'Allison.

Jill reconnut la tension contenue dans sa voix.

Peu désireuse de participer à une dispute familiale, elle s'arrêta.

Allison avança vers elle, la robe bleue qu'elle portait lui donnant l'allure d'un mannequin.

— Alors, c'est vous Jill ? La cuisinière dont j'ai entendu parler.

— Bonjour. Je suis Jill Conroy. Et oui, je m'occupe des repas.

Jill tendit sa main et Allison la serra.

— Soyez la bienvenue. Vous restez longtemps ?

— Je suis venue chercher ma fille. Elle m'a manqué.

Allison dévisagea longuement Jill.

— Je suppose que c'est vous qui avez donné à Kacy l'envie d'avoir les cheveux courts.

Jill secoua la tête.

— En fait, c'est la meilleure amie de Kacy, Emily, qui lui a fait décider de les couper. J'aime beaucoup. C'est parfait pour la plage et la piscine.

— Mais pas très utile le reste de l'année, rétorqua Allison. Je ne vais pas pouvoir lui mettre de nœud avant un certain temps.

Elle attira Kacy contre elle et passa les doigts dans ses boucles.

— Ne t'inquiète pas. On les laissera repousser.

— No-o-on ! s'écria Kacy avec un gémissement autrefois

familier. Je veux ressembler à Emily.

— Qui est cette Emily ? demanda Allison à Brody. Une copine du centre de loisirs ?

Il acquiesça.

— Sa meilleure amie. Une fille de son âge qui vient d'une bonne famille.

— Emily a les « T » et les chiots, dit Kacy. Je veux un bébé chien. Emily a dit qu'elle m'en donnerait un.

— Oh, mon cœur, on ne peut pas avoir de chiot. Marcus est allergique, tu te souviens ?

— Je m'en fiche. Je veux un chiot, râla Kacy en fusillant sa mère du regard.

Allison agita les mains.

— Allez, ne fais pas la difficile. Nous en discuterons plus tard.

— Jill va prendre un chiot, déclara Kacy.

Allison regarda Jill avec surprise.

— Ah bon ?

— J'y réfléchis, répondit Jill. Mais d'abord, je dois trouver un endroit où habiter.

— Elle déménage en Floride et cherche un logement, expliqua Brody.

Allison les observa l'un après l'autre.

— C'est pour elle que tu envisagerais de venir habiter en Floride, Brody ?

— Quoi ?

Brody fronça les sourcils.

— Papa aime bien Jill, affirma Kacy. Emily et moi aussi.

— Bon. Je ferais mieux de retourner au cottage, dit Jill.

Allison la regardait d'un œil noir.

— Ne vous donnez pas la peine de cuisiner pour nous, dit Allison. Nous sortons pour le dîner. N'est-ce pas, Brody ?

Brody lui adressa un regard surpris avant d'acquiescer.

— OK. On va faire ça.

En repartant vers le cottage, Jill sentit les yeux d'Allison fixés sur son dos.

Greg leva les yeux vers elle depuis le fauteuil où il était assis.

— Je vois que tu as rencontré Allison.

— Oui. Je comprends bien mieux ce que Brody et Kacy ont traversé. Excuse-moi. Je vais dans ma chambre. Je crois qu'il vaut mieux les laisser en famille.

— Je comprends.

— Où Allison a-t-elle prévu de dormir ?

— Dans un hôtel pas loin. Brody a insisté pour lui réserver une chambre. Je crois qu'elle espérait dormir ici, mais Brody a refusé.

Jill quitta le porche et se rendit dans sa chambre. Elle avait besoin d'être seule, à l'écart de Brody et de sa famille. Elle s'était dit de ne pas s'impliquer avec Kacy ou lui, mais elle se rendit compte qu'il était trop tard. Elle n'oublierait jamais les précieux instants passés avec Kacy sur la plage. Ni la manière dont sa mère l'avait rabaissée dès qu'elle l'avait vue. Et l'idée que Brody l'aimait bien lui donnait l'impression d'être... spéciale.

Quelques instants plus tard, elle entendit frapper à sa porte. Elle savait qui c'était et laissa échapper un soupir.

Elle ouvrit la porte.

— Oui ?

— On peut parler ? demanda Brody.

— Bien sûr.

Jill s'écarta et il entra avant de fermer la porte derrière lui.

— Je suis désolé pour Allison.

Brody passa ses doigts dans ses cheveux, geste qu'elle n'avait jamais remarqué auparavant.

— C'est sa manière d'être méchante. Tu vois ce qu'elle fait

à Kacy.

— Oui, j'ai vu. Kacy et moi partagions un moment privilégié sur la plage et en un instant, rien qu'en voyant sa mère, elle est redevenue la gamine capricieuse qu'elle était. C'est ce qui me pose problème. Et pourtant, je sais que ça ne me regarde pas.

— Tu as joué un grand rôle dans les progrès que nous avons notés chez Kacy. Je ne veux pas que tu te détournes d'elle. Allison et Marcus sont en conflit et elle pense à le quitter. J'essaie de lui parler et de lui faire comprendre que ce n'est qu'une dispute stupide qui ne vaut pas la peine de mettre leur mariage en danger. Personnellement, je crois qu'elle cherche juste à attirer l'attention.

— Il est certain qu'elle n'aime pas l'idée de quoi que ce soit entre nous deux, dit Jill. C'est une autre raison pour laquelle je ne veux pas m'impliquer.

Brody grimaça en entendant frapper à la porte.

— Devine qui c'est.

Jill ne répondit pas. Elle gagna la porte et l'ouvrit.

— Oui ?

— Que se passe-t-il ici ? demanda Allison. Pourquoi êtes-vous tous les deux enfermés ensemble ?

— Ce n'est pas ce que tu pourrais croire, intervint Brody avant que Jill ne puisse répondre. Nous discutons de Kacy.

Allison lança un regard venimeux à Jill.

— Vous n'avez aucun droit de discuter de ma fille.

— Étant donné que je vis dans cette maison avec elle, je ne crois pas qu'il y ait un moyen de l'éviter, dit Jill en conservant son calme. Je suis maîtresse en école primaire, donc je me sens qualifiée pour prodiguer quelques conseils quand ça devient nécessaire. Mais ne vous inquiétez pas, je n'ai aucune intention de m'immiscer dans vos histoires de famille. Je ne suis au cottage que pour l'été.

Allison détailla Jill du sommet de son crâne jusqu'à ses pieds nus.

— On dirait que je n'ai effectivement pas à m'inquiéter.

Elle se tourna vers Brody.

— Chéri, nous devrions chercher où aller manger. Je suis certaine que, si on lui demande, Greg acceptera de garder Kacy pour qu'on puisse dîner seuls tous les deux.

Brody fronça les sourcils et secoua la tête.

— Ce ne serait pas juste pour Kacy. Elle pense que tu es venue pour la voir.

— Bien sûr, mais je voulais aussi te parler, passer un bon moment avec toi. J'ai peut-être été trop rapide pour...

Brody leva une main.

— Ne fais pas ça, Allison. Tu ne peux pas toujours être au centre de toutes les attentions. Ça ne marche pas comme ça. Mais nous devons discuter de Kacy. Nous pourrons le faire quand je te déposerai à ton hôtel ce soir. En attendant, je suis sûr que ta fille aimerait bien passer un peu de temps avec toi.

— D'accord, si tu insistes.

Allison se détourna pour partir, mais s'arrêta.

— Brody ? Tu viens ? Ce n'est pas bon de laisser croire à Kacy qu'il se passe quelque chose entre vous deux.

Jill se força à sourire.

— À plus tard. Passez un bon dîner en famille.

Brody s'en fut avec Allison, laissant une fois de plus Jill seule avec ses pensées. Elle s'assit sur son lit et se débattit avec ses sentiments. Elle était attirée par Brody, commençait à aimer sa fille et appréciait de partager un foyer avec eux. Mais sa priorité était de déménager en Floride et de s'installer dans sa nouvelle vie.

CHAPITRE DIX-HUIT

Quand Jill entra dans la cuisine le matin suivant, elle fut surprise d'y trouver Brody.

— Tu ne travailles pas aujourd'hui ? demanda-t-elle.

— J'emmène Allison visiter le centre de loisirs. Elle veut donner son accord pour laisser Kacy continuer à y aller.

— Je croyais que tu gardais Kacy tout l'été et que tu pouvais décider par toi-même, dit Jill en voyant l'expression attristée de son visage.

— Je tente de convaincre Allison qu'il est non seulement avisé de laisser Kacy rester tout l'été avec moi, mais qu'il serait aussi bon pour nous deux de rester en Floride pour l'année scolaire à venir. Greg veut vraiment que je reste ici pour faire tourner l'affaire. Il ne rajeunit pas et je lui dois beaucoup. Si Annie et lui ne m'avaient pas recueilli, je ne sais pas où je serais actuellement. Probablement dans la rue.

— Tu crois qu'Allison acceptera ? Elle prétend que sa fille lui manque.

— Prétendre est le mot juste. En réalité, elle n'a jamais voulu être mère.

— Peut-être qu'elle se décidera en voyant que Kacy est heureuse.

— Je pense que l'idée de voyager avec son mari pourrait être la clé. Il participe à des séminaires dans des endroits très sympas. Et elle m'a dit que nombre de ses amies étaient parties à l'étranger. Elle espère pousser Marcus à accepter de louer un appartement à Paris pour lui servir de base pendant qu'elle visitera l'Europe.

— Et que deviendrait Kacy ?

— Justement. Je pense que ça la perturberait. Elle a commencé à se faire des amis ici et elle s'en sort bien. Je détesterais la voir retomber dans ses anciens travers sous la pression de la désapprobation constante de sa mère.

— Moi aussi. Je comprends ton inquiétude.

— Merci. Je ferais mieux d'y aller. J'ai promis à Allison de l'emmener prendre le petit déjeuner au Gracie à l'auberge Salty Key. On lui a dit que c'était le *seul* endroit où il fallait aller.

— Je vais vous faire une salade de thon pour le déjeuner avant de partir travailler.

— Merci. À plus tard.

Jill se servit une tasse de café et l'emporta sur le porche.

— Bonjour ! dit joyeusement Greg depuis sa place dans un des fauteuils à bascule.

— Bonjour ! Quelle magnifique journée ! répondit-elle en lui souriant.

Le soleil se reflétait sur l'eau, couronnant chaque vague de la douce chaleur de l'or. Les fleurs s'agitaient doucement dans la brise, attirant l'attention sur leurs couleurs vibrantes.

— On dirait qu'il va encore faire chaud. J'espère que la soirée sera plus fraîche parce que j'ai un rencard.

— Oh ? C'est la rencontre que ton amie t'a arrangée ?

Il sourit.

— Elle ne veut toujours pas me donner son nom, mais elle dit que ce sera un pari sur l'avenir pour nous deux. À mon âge, j'ai décidé de le faire. Il ne me reste pas beaucoup de paris en réserve.

Jill l'étreignit brièvement.

— Je n'y crois pas une seconde.

Il s'esclaffa.

— On verra.

Jill s'assit à côté de lui.

— Je n'avais pas conscience que tu avais tellement envie d'associer Brody à ton affaire. Il est sincèrement inquiet pour toi.

— J'essaie de le convaincre de venir s'installer en Floride, pour le sortir de l'ornière où il est enlisé. J'ai appris qu'un poste était disponible dans son domaine et, franchement, ça m'aiderait à garder mon entreprise s'il pouvait me donner un coup de main de temps en temps. C'est important pour moi de continuer à être actif. Sa présence ici pourrait être merveilleuse pour nous deux, et surtout pour Kacy.

— Waouh ! Ça lui fait beaucoup à réfléchir.

— Ça ne t'a pas pris longtemps pour décider de venir ici, rétorqua Greg. J'espère que ce sera aussi facile pour Brody.

— Je ne prends habituellement pas de décisions aussi radicales, mais c'est parfait. Et le fait que tout se mette en place aussi rapidement et facilement me fait penser que c'était écrit.

— Comme révéler de vieux secrets et d'aller de l'avant ?

Il lui sourit.

— J'aime bien te voir avec ce sourire heureux.

— Merci.

Elle ne se souvenait pas de s'être jamais sentie aussi en paix.

À son arrivée sur le parking du centre Sunnyside, Jill vit le pick-up de Brody et son moral en prit un coup. Elle n'avait aucune envie de tomber sur Allison.

Elle descendit de sa voiture et se dirigea vers le bureau, déterminée à garder ses distances. Susannah l'intercepta à la porte.

— Vite ! Venez avec moi, dit-elle en poussant Jill vers la

cuisine.

— Que se passe-t-il ? demanda Jill.

— Restez là.

Susannah ferma la porte de la cuisine et se tourna vers Jill.

— Je ne veux pas que les choses soient perturbées.

— Quelles choses ? s'enquit Jill.

— Les choses qui façonnent l'avenir.

Dans le silence qui suivit, Jill entendit les voix de Brody et Allison dans le couloir de l'autre côté de la porte.

— Ravie de faire votre connaissance, Melanie, dit Allison. Je suis désolée d'avoir raté Susannah. J'ai entendu dire que c'était une excellente cuisinière, pas comme celle que Brody a au cottage.

— Elle parle de Jill, précisa Brody d'un ton manifestement agacé.

— Jill Conroy ? C'est un amour, dit Melanie. Nous n'aimons pas entendre de méchancetés chez nous.

— Nous ferions mieux d'y aller, dit Brody. Merci d'avoir fait visiter le centre à Allison, Melanie. Je voulais qu'elle voie de ses propres yeux que Kacy est heureuse ici.

— Oui, elle va beaucoup mieux. Nous sommes heureux lorsque ça arrive.

— Merci de l'avoir aidée à perdre un peu de poids, dit Allison. C'est très important pour moi.

Dès qu'elles entendirent la porte d'entrée se refermer, Susannah poussa un long soupir.

— Ouf. Ils sont partis.

Melanie frappa à la porte et l'ouvrit.

— Que se passe-t-il ? Pourquoi la porte est-elle fermée ? Et pourquoi as-tu refusé de rencontrer la mère de Kacy ?

— J'ai reçu un signe d'avertissement, expliqua Susannah. Je savais simplement que je ne pouvais pas le faire.

— Susannah, il y a des fois où je ne te comprends vraiment

pas, dit Melanie en secouant la tête. Bonjour Jill. Comment allez-vous aujourd'hui ?

— Bien. Et vous ?

— Ça va. J'essaie juste de survivre à la journée.

Susannah fit un clin d'œil à Jill.

— Melanie a un rendez-vous ce soir. Un ami d'une amie.

— Quelqu'un qu'on connaît ? demanda Jill.

Melanie leva les mains au ciel.

— Je ne sais pas qui c'est. Mon amie m'a dit de lui faire confiance. J'ai décidé de me lancer. Et alors ? Qu'est-ce que j'ai à perdre ?

Jill sentit un sourire étirer ses lèvres.

— Ça pourrait être amusant. Même si les choses tournent mal, il ne s'agit que d'une soirée. *Oh là là ! Est-ce qu'elle a rencard avec Greg ?*

— Je pense que c'est fantastique, dit Susannah en faisant un autre clin d'œil à Jill.

Un frisson parcourut la colonne vertébrale de Jill lorsqu'une pensée lui traversa l'esprit. Susannah lui avait déjà dit que Melanie passerait moins de temps au centre. Était-ce à cause de quelque chose de ce genre ?

— Il est temps pour moi de mettre la dernière touche au déjeuner, annonça Susannah en mettant fin à leur contact visuel.

— Jill, pourquoi n'iriez-vous pas voir si Kelly a besoin d'aide avec les nageurs ? Et ensuite, après le repas, vous pourrez m'aider au bureau, suggéra Melanie.

— Très bien.

L'air satisfait de Susannah était sans équivoque.

Amusée, Jill sortit.

Kelly lui fit signe et Jill la rejoignit immédiatement.

— Contente que tu sois là, dit Kelly. J'ai besoin de te parler de quelque chose. La mère de Kacy est venue ici et, maintenant, je n'arrive pas à convaincre Kacy de se joindre au groupe. Tu as une idée ?

— Que s'est-il passé ? demanda Jill en essayant de ne pas s'attarder sur le visage maculé de larmes de Kacy.

— J'ai entendu sa mère lui dire qu'elle lui achèterait un nouveau maillot de bain si elle perdait davantage de poids. Un joli maillot bleu.

Kelly se mordit le coin de la lèvre.

— Je n'ai rien dit parce que j'avais l'impression que ce n'était pas mon rôle, mais j'ai de la peine pour Kacy. Elle était très fière de son maillot de bain. Il est du même rose que celui d'Emily.

— J'en toucherai un mot à Brody dès que j'en aurai l'occasion. En attendant, je vais parler à Kacy.

— Merci. Elle est réceptive avec toi.

Jill prit le temps de saluer le groupe de filles rassemblées dans le petit bain de la piscine avant d'aller s'asseoir à côté de Kacy sur la pelouse.

— Pourquoi est-ce que tu restes là ? lui demanda gentiment Jill.

— J'ai mal au ventre, dit Kacy, le regard perdu au loin.

Jill l'entoura d'un bras.

— Je peux t'apporter quelque chose pour le faire passer ?

— Non. Ma maman dit que je dois perdre du poids.

— Parfois, tu dois oublier ce que les autres disent, surtout ce qui te fait du mal. Tu es très belle, Kacy. Plus encore, tu t'es fait de bonnes amies qui t'aiment telle que tu es. C'est ça qui est important. Maintenant, allons retrouver ces amies.

Jill se leva et tendit la main en espérant que ses paroles aient un sens pour une enfant de huit ans.

Kacy poussa un soupir exagéré et prit la main de Jill, puis elles se dirigèrent ensemble vers le groupe.

Le regard de Kelly s'illumina quand elles approchèrent.

— Très bien. Notre groupe est prêt à s'amuser. Nous allons jouer à un jeu. Emily, c'est toi la première à choisir une partenaire.

Emily sourit.

— Je choisis Kacy.

Jill et Kelly échangèrent un regard satisfait. Kacy souriait.

Plus tard, au cours du déjeuner, Kelly dit à Jill :

— J'espère que tu pourras expliquer ce qui s'est passé au père de Kacy. Je connais la sensation d'être persécuté quand on est enfant, et j'ai détesté voir Kacy perdre la joie de faire partie du groupe.

— La situation est difficile. Je ne veux pas trop m'impliquer, mais je ne peux pas rester sans rien dire. Je le dois à Kacy. Elle et moi tissons des liens étroits.

— Je vois ça. C'est bien pour elle.

— Pour moi aussi.

Jill réalisa qu'elle le pensait vraiment. Pendant son mariage avec Jay, elle avait abandonné l'idée d'avoir sa propre famille, mais son amitié avec Kacy lui donnait de nouvelles idées.

Jill retourna seule au cottage. Brody et Allison avaient pris Kacy au centre et étaient en route pour Orlando où ils passeraient deux nuits afin de permettre à Kacy d'aller à Disney World. Comme Greg avait prévu de sortir de son côté, elle avait hâte de profiter d'une soirée tranquille.

— J'ai l'impression que tu vas rester seule pendant un moment, dit Greg en la voyant entrer dans la maison. Je vais bientôt partir pour mon super rencard.

Il avait l'air adorable avec son pantalon fraîchement repassé et une chemise en madras qui faisait ressortir ses yeux bleus et ses cheveux gris.

— Tu ne sais toujours pas avec qui ? demanda Jill en se remémorant sa conversation avec Melanie.

Il secoua la tête.

— Nan. Je sais juste que c'est l'amie d'une amie.

Jill ne put s'empêcher de sourire. Ce devait être Melanie.

— Eh bien, je suis persuadée que tout se passera bien.

— On verra. Annie ne cessera jamais de me manquer, mais je suis finalement prêt à envisager de rencontrer d'autres femmes.

Il leva son bras, toujours dans le plâtre.

— Ceci n'est qu'un petit accident de parcours. J'ai encore beaucoup de choses à vivre.

Elle gloussa en voyant le sourire espiègle qu'il lui adressait.

— Oh oui, tu es prêt !

Elle se rendit dans sa chambre pour se rafraîchir, toujours souriante. Son regard tomba sur un livre qu'elle avait récemment acheté et elle le ramassa. Ce soir, elle se ferait un saladier de pop-corn, se préparerait de la limonade glacée et lirait.

Elle était au milieu d'une histoire touchante quand son portable sonna. Elle hésita à laisser la messagerie vocale s'en charger. C'était l'un de ces « moments pour moi » dont elle avait vraiment besoin. Ce ne fut que lorsqu'elle tamponna ses yeux avec un mouchoir en papier parce que le livre avait une fin heureuse qu'elle se souvint de l'appel.

Elle consulta ses messages et fut surprise d'en trouver un de sa sœur. Elle cessa de respirer. *Quoi encore ?* Ses yeux survolèrent les mots : ... urgence ... retour à la maison ... besoin de parler ... j'appelle plus tard.

Jill se mordit la lèvre inférieure. Elle n'avait aucune envie de parler à sa sœur. Faire face à Cristal était au mieux difficile.

Néanmoins, l'idée d'une urgence suffisamment importante pour qu'elle interrompe son voyage en Europe était inquiétante. Elle regarda l'heure. Trop tard pour appeler. Elle attendrait que Cristal reprenne contact.

Elle se leva du canapé et se rendit à la cuisine. Il était tard et elle était prête à aller se coucher. Elle avait bien eu besoin de pleurer sur son livre pour s'affranchir des émotions conflictuelles causées par sa rencontre avec Allison.

En entendant la porte d'entrée s'ouvrir, elle se retourna pour accueillir Greg.

— Salut ! Tu as passé une bonne soirée ?

— Excellente, dit-il en lui adressant un grand sourire. Tu connais mon rencard, c'était Melanie Heckinger.

— Vraiment ? C'était Melanie depuis le début ? C'est merveilleux !

— Ouais, c'est une femme charmante. Elle pense beaucoup de bien de toi, dit Greg.

— Et je pense que vous iriez très bien ensemble, répondit Jill.

— Elle est un peu plus jeune que moi, mais on a tout de suite accroché.

— L'âge ne devrait pas avoir d'importance. Comme tu m'as dit tout à l'heure, tu es encore plein de vie.

Il s'esclaffa.

— On verra comment ça évolue, mais pour la première fois depuis longtemps, j'ai vraiment apprécié de passer la soirée avec une autre femme qu'Annie.

— Super. J'espère que ça marchera. Je vais me coucher. À demain matin.

Plus tard, allongée dans son lit les yeux fixés sur le plafond, Jill repensa à Cristal. Pour elle, une urgence pouvait être aussi triviale que de ne pas avoir la bonne couleur de rouge à lèvres. Mais pour qu'elle revienne d'Europe ? Il devait s'être produit quelque chose de grave.

Jill repoussa les pensées troublantes de sa sœur, tapota son oreiller pour le faire gonfler et se retourna, espérant avoir une bonne nuit de sommeil.

La sonnerie de son téléphone fit voler les rêves de Jill en éclats. L'esprit embrumé, elle l'attrapa pour vérifier l'heure. Deux heures du matin. Elle jeta un regard trouble sur l'identité de l'appelant et grogna. *Cristal.*

— Qu'y a-t-il de si important pour que tu m'appelles au milieu de la nuit ? grommela-t-elle dans le téléphone.

— Désolée, j'oublie toujours que le décalage est dans ce sens-là, dit Cristal. Il est arrivé quelque chose et je rentre aux États-Unis.

— C'est quoi *quelque chose* ? demanda Jill avec méfiance.

— Je suis tombée et je me suis tordu la cheville, mais il y a autre chose. Je veux venir avec toi au Seashell Cottage. Il y a bien trois chambres ?

— Oui, trois chambres qui sont déjà toutes occupées. Je fais la cuisine pour deux hommes et une gamine, grâce à toi.

— Qui sont les personnes supplémentaires ?

— Le neveu de Greg et sa petite fille.

— J'aurais dû te parler de Greg, admit Cristal. J'avais peur que tu fasses marche arrière si je t'avais mise au courant, et je pensais qu'il était important que tu t'éloignes un moment d'Ellenton.

— Et il s'avère que tu avais raison. C'est merveilleux pour moi.

— Tu vois ? De temps en temps, il est bon de faire confiance à ta grande sœur. Au fait, ne dis *pas* à maman que je suis de retour. J'ai vraiment besoin de te parler seule à seule, sans qu'elle n'intervienne.

— Elle sera furieuse quand elle le découvrira, la prévint Jill.

— Oui, eh bien c'est très important. Écoute, ne t'inquiète pas pour mon arrivée. On se voit dès que possible.

— Mais...

Avant d'avoir le temps de poursuivre, Jill réalisa que Cristal avait déjà raccroché. Complètement réveillée, elle se leva et se rendit silencieusement à la cuisine. Une tasse de thé bien chaude l'aiderait à retrouver le sommeil. Toutes sortes de scénarios se déroulaient dans son esprit enfiévré. La plupart n'étaient pas très gais.

CHAPITRE DIX-NEUF

Dès que Melanie aperçut Jill, elle courut vers elle, le visage empreint d'excitation.

— Jill, je ne savais pas que Greg Campbell vivait au cottage avec vous ! Quel type formidable. Nous avons passé une excellente soirée ensemble.

— Je sais. Il me l'a dit. Il l'a beaucoup appréciée.

Elle gloussa.

— Je sais que j'ai l'air d'une collégienne énamourée, mais je ne peux pas m'en empêcher.

Jill l'enlaça brièvement.

— J'espère que c'est le début de quelque chose de merveilleux pour vous deux.

— Susannah a insisté pour que je vous en apprenne plus sur le côté financier de l'affaire. Qu'en pensez-vous, Jill ?

Melanie l'observa.

— J'aimerais beaucoup ça, répondit Jill avec honnêteté.

Melanie sourit.

— Elle me dit que ça fait partie d'un plan plus vaste. Ça me va. Commençons votre formation et nous pourrons ensuite parler davantage de l'avenir.

Du coin de l'œil, Jill vit Susannah lever le pouce depuis sa place près de la porte de la cuisine. Riant intérieurement, elle se tourna vers Melanie.

— D'accord. Ça me semble une bonne idée.

Au lieu d'aider Kelly à la piscine, Jill travailla avec Melanie au bureau.

— Avez-vous trouvé un nouveau slogan ? lui demanda

Melanie. *Des vacances actives au soleil...* date un peu.

Jill tira une feuille de papier de son sac à main.

— J'ai griffonné quelques mots l'autre jour et j'aurais deux propositions : *Le centre de loisirs Sunnyside : une expérience ensoleillée pour tous* ou *Le centre de loisirs Sunnyside : l'expérience d'un accueil chaleureux pour tout le monde.*

— J'aime bien la deuxième, dit Melanie. Utilisons-la à partir de maintenant. Je voudrais aussi modifier un peu le logo, peut-être en jouant sur sa taille.

— Pour tout vous dire, j'y ai un peu réfléchi aussi, dit Jill. Voilà. Laissez-moi vous montrer.

Elle lui tendit une feuille de papier où elle avait dessiné plusieurs motifs.

— C'est très joli. Contactons notre imprimeur et demandons-lui de nous proposer quelque chose pour le papier à en-tête, les cartes de visite et le nouveau prospectus sur lequel nous travaillons.

Elle fit un grand sourire à Jill.

— Si les choses se déroulent comme je le souhaite, vous serez bientôt un membre permanent de l'équipe.

— Je l'espère aussi, dit Jill, séduite par l'idée de répartir son temps entre l'enseignement et le travail au centre.

Susannah lui avait déjà dit que ça se produirait, mais Jill le garda pour elle. Elle ne voulait pas que Melanie se sente évincée. De plus, elle avait encore de quoi faire pour s'installer dans son nouveau style de vie en Floride. Il lui faudrait du temps pour s'accoutumer à enseigner en CE2. Mais au moins elle n'aurait plus à se débattre avec les bottes de neige et les fermetures Éclair des élèves de maternelle avant la récréation.

À mesure que Melanie lui dévoilait tout ce qui se passait en coulisses, Jill réalisait que l'entreprise était plus vaste qu'elle ne l'avait pensé. La sécurité des enfants était primordiale. L'État et le comté étaient très attentifs à la délivrance des licences et aux qualifications requises pour superviser une opération comme celle-ci. Le montant de l'assurance responsabilité civile du centre était exorbitant.

L'esprit de Jill continuait à ressasser les détails sur le chemin du retour au cottage.

Quand elle s'arrêta dans l'allée, elle fut surprise d'y voir le pick-up de Brody. Inquiète, elle se hâta d'entrer dans la maison.

Brody était assis à la table de la cuisine avec Greg.

— Salut ! Tu es rentré plus tôt que prévu. Que se passe-t-il ? demanda Jill. Où est Kacy ?

— Je l'ai déposée chez Emily après avoir laissé Allison à l'aéroport.

— Est-ce que tout va bien ?

Brody avait l'air épuisé.

— Allison et moi nous sommes disputés hier soir. Pendant toute la visite de Disney World, elle s'est plainte de la chaleur, de la queue aux attractions, du coût de la nourriture... de tout. Elle a gâché le plaisir de Kacy.

Brody poussa un long soupir.

— Allison a accepté que Kacy reste avec moi jusqu'à la fin de l'été, et Marcus et elle vont discuter de me la laisser pour la prochaine année scolaire. S'ils sont d'accord, nous rédigerons un document à présenter au juge pour qu'il l'approuve.

— La présence de Kacy pourrait interférer avec le projet d'Allison de faire un voyage à Paris cet automne, dit Greg, l'air aussi dégoûté que Brody.

— Et que pense Kacy de tout ça ? demanda Jill.

— Elle nous a entendus la nuit dernière et a déclaré à Allison qu'elle ne voulait plus jamais vivre avec elle. J'ai dû lui expliquer que, même si elle passait l'année scolaire avec moi, les vacances et les fêtes seraient partagées.

— Qu'a dit Allison ?

— Elle réfléchit. J'espère que Kacy et elle parviendront à une sorte de cessez-le-feu, mais je ne vois pas ça se produire dans un avenir proche. Kacy comprend qu'elle a le droit d'exprimer ses sentiments. J'ai été vraiment surpris de la façon dont elle s'est comportée.

Jill s'effondra sur une des chaises.

— Eh bien, on dirait que c'est l'été de toutes les surprises. Ma sœur m'a appelée pour me dire qu'elle quittait l'Europe en avance et qu'elle venait habiter avec moi. J'ai tenté de lui expliquer la situation au cottage, mais elle a raccroché avant que j'aie terminé. Il y a deux lits dans ma chambre, je suppose que je la partagerai avec elle. J'espère que ça ne vous dérange pas.

— Pas du tout. Dans plus ou moins un mois, nous retrouverons tous nos habitudes, dit Greg.

Il jeta un coup d'œil à Brody.

— Ou pas.

— Je vais postuler pour une place ici à St. Petersburg, annonça Brody. J'ai envie de rejoindre un petit groupe de psychologues qui vient d'ouvrir un cabinet. Ça m'aidera à décider si je déménage ou non. J'ai déjà prévenu que je ne rentrerais peut-être pas en Pennsylvanie.

— J'espère que ça ira et que tu resteras, dit Jill, subitement embarrassée par son empressement.

Greg s'esclaffa.

— Il semblerait que d'autres surprises se préparent. J'ai appelé Melanie et nous sortons demain soir.

— Elle ne pouvait pas s'arrêter de sourire, ce matin, dit Jill. On dirait que vous avez vraiment accroché. Je suis heureuse pour vous deux.

Brody tapota le dos de son oncle.

— Moi aussi, Greg. Je sais que tu te sentais seul sans Annie.

— Oui. Bien que Melanie ait souffert de son divorce, elle

comprend mon attachement à la mémoire d'Annie et elle le respecte.

— C'est adorable.

Jill se leva.

— Je vais me changer et faire un tour sur la plage avant de préparer le dîner. J'ai pensé à du poulet grillé avec des brocolis frais, et une salade de fruits.

— Je ferai griller le poulet avec plaisir, affirma Brody. Après un repas tendu et onéreux hier soir, ça me semble parfait.

Jill émergea de sa chambre en short en jean et tee-shirt coupé pour découvrir que Brody l'attendait.

— Ça ne te dérange pas que j'aille avec toi ?

— Pas du tout. Ce serait sympa.

Ils se dirigèrent vers la plage, main dans la main.

Il se tourna vers elle et lui sourit.

Un flashback lui coupa le souffle. Son petit ami à l'université avait l'habitude de la regarder de cette manière… jusqu'à ce qu'il voie Cristal et la plaque.

Jill retira sa main de celle de Brody et s'arrêta.

— Qu'est-ce qui ne va pas ? lui demanda-t-il.

— Je pense juste à ma sœur.

— À quel sujet ? Tu n'as pas l'air heureuse.

— Ah, tu ne sais pas comment c'est quand je suis avec elle. Elle est très belle et à l'aise avec les autres…

Brody reprit la main de Jill.

— Arrête. Je ne sais pas ce qui se passe, mais si tu te compares à elle ou à n'importe qui d'autre, c'est que tu ne comprends pas à quel point tu es belle à l'intérieur comme à l'extérieur.

— Mais…

— C'est ton enfoiré de mari qui t'a mis ça dans la tête, n'est-ce pas ?

Ses yeux se rapprochèrent et il plongea son regard en elle.

— Ce sont les types comme lui qui mériteraient d'être abattus. Greg m'a un peu parlé de ta situation et j'ai rencontré des cas similaires au tien.

Jill resta figée sur place alors que des souvenirs douloureux la transperçaient comme un poignard, faisant de nouveau saigner son âme. Non seulement les souvenirs de son mariage, mais également ceux de son enfance. Cristal, celle qui était jolie. Cristal, celle qui était douée. Cristal, celle que les garçons et les filles préféraient. Jill n'avait récolté que des bribes de compliments ici et là, rien de bien excitant. Et ensuite Jay s'était saisi de ces miettes de reconnaissance et les avait déchiquetées comme des mouchoirs en papier, s'assurant qu'elle se sente laide, maladroite et rebutante tout en prétendant être un mari dévoué devant les autres.

Jill se laissa tomber sur le sable, prise d'une telle nausée qu'elle n'osait plus bouger.

Brody s'agenouilla à côté d'elle et l'entoura d'un bras.

— Écoute-moi, lui murmura-t-il à l'oreille. Dis-moi ce qui te trouble. Tu es en sécurité. Tu ne pourras rien me dire que je n'aie déjà entendu.

— Tu vas penser que je suis folle, ou idiote, ou pire, dit Jill.

S'il savait à quel point elle craignait de lui révéler ses peurs les plus profondes, il ne se contenterait pas de mettre fin à la relation qu'ils construisaient, mais s'enfuirait en courant.

— Tu peux me le dire...

La voix de Brody était douce, chargée de compréhension.

Elle se tourna vers lui.

— Pendant le plus clair de mon enfance, ma mère s'est assurée que Cristal, moi et tout le monde sachions que Cristal était la chouchoute. Et Cristal ? Elle a grandi en le sachant et en en profitant.

— Il y avait une grande rivalité entre vous ? demanda Brody.

Jill haussa les épaules.

— Pas vraiment. Ce n'était pas nécessaire. Chacune connaissait sa place.

— Et quelle était ta place ? insista-t-il gentiment.

— J'étais celle qui étudiait et méritait de réussir à l'école parce que je ne pouvais pas danser ou chanter comme Cristal. Et côté apparence ? J'étais celle qui avait le nez des Davis tandis que ma mère disait à tout le monde que Cristal était la princesse de conte de fées qui lui ressemblait.

— Est-ce qu'elles se ressemblent vraiment ?

Jill secoua la tête.

— Un peu, mais pas tant que ça. Cristal est une beauté blonde aux yeux bleus. Les cheveux de ma mère ne sont pas naturellement blonds.

Brody lui saisit le coude.

— Lève-toi.

Jill se remit sur ses pieds, un peu chancelante comme si elle récupérait d'une longue maladie.

— Regarde-moi, dit Brody.

Elle plongea dans ses yeux verts préoccupés.

— Quoi ?

— Je ne vais pas te faire un long discours, mais je vais te dire qu'il est peut-être temps que tu penses à tout ce que tu accomplis depuis que tu es en Floride, parce que tu es intelligente et compétente. Ta beauté ne doit pas être remise en question, mais mise de côté. L'apparence peut être modifiée, mais pas le caractère inné d'une personne. Tu as l'un des plus grands cœurs que je connaisse. Tu es courageuse et capable de te bâtir un nouvel avenir. Tu l'as prouvé, alors pourquoi revenir en arrière ?

— Tu sais mieux que personne que l'enfance façonne l'adulte, dit-elle, pas encore prête à tirer un trait sur tout ce qui lui avait fait mal.

— En effet, et les bagages émotionnels peuvent être extrêmement lourds. Si ta sœur vient ici, ce serait peut-être le bon moment pour démêler tous ces sentiments.

Il l'entoura d'un bras et, ensemble, ils fixèrent les vagues qui déferlaient incessamment sur le rivage.

Le mouvement de l'eau, aussi intemporel que les levers et couchers du soleil qui l'illuminaient, la calma. Elle prit plusieurs longues inspirations. Il a peut-être raison, songea-t-elle. Il était peut-être temps que Cristal et elle discutent ouvertement et honnêtement.

Après la promenade sur la plage avec Brody, Jill fit un effort pour mettre de côté ses inquiétudes quant à la visite de Cristal. Elles n'avaient pas été proches pendant leur enfance, mais elles pourraient peut-être bâtir une relation plus saine maintenant que Jill avait quitté leur ville natale et s'était éloignée de l'influence de sa mère. Elle tenterait sa chance. Satisfaite de sa nouvelle résolution, elle se rendit dans sa chambre pour se changer.

Dans la cuisine, Jill se mit à la préparation des brocolis et coupa des oranges et du raisin pour une salade de fruits fraîche. Bien qu'elle ait d'abord été en colère d'avoir à faire la cuisine, elle s'était aperçue qu'elle aimait bien cuisiner, surtout quand ses repas étaient dévorés avec enthousiasme.

Greg lui tendit un verre de vin.

— Pour la cuisinière.

— Merci.

Elle lui sourit.

— Comme je l'ai dit plus tôt, je suis contente que Melanie

et toi vous entendiez aussi bien.

Son regard s'attarda sur elle.

— Merci. Je vois aussi comment Brody et toi vous entendez, et j'en suis heureux, crois-moi. C'est un bon gars. Tu peux compter sur lui.

Jill hocha la tête mais ne dit rien. Il en avait vraiment l'air, mais ils ne faisaient encore qu'apprendre à se connaître.

— Tu as une idée de l'heure d'arrivée de ta sœur ? demanda Greg.

— Nan. C'est son truc. Je lui ai laissé un message, mais elle n'a pas répondu.

— Bon, je suppose que ça n'a pas d'importance. Elle arrivera quand elle arrivera.

— Et quand tu t'y attends le moins, ne put s'empêcher d'ajouter Jill.

CHAPITRE VINGT

Le lendemain matin, Jill consulta son calendrier. L'école reprenait à la mi-août et elle n'avait pas encore vu sa classe. Et elle n'avait toujours pas eu de nouvelles de Kay Branson de l'agence Palm Rentals et Realty au sujet de l'appartement qu'elle souhaitait louer en septembre. Elle ne pouvait pas déménager avant à cause de son engagement au Seashell Cottage pour l'été. De plus, Brody, Greg et Kacy avaient besoin d'elle.

En réalisant à quelle vitesse les jours défilaient, elle prit le téléphone pour appeler Kay.

— Bonjour Jill ! Je suis désolée de ne pas vous avoir rappelée. Juste après notre conversation, la propriété a été cédée à un ami de la famille. Jusqu'à maintenant, je n'étais pas sûre que le projet aboutirait. Un problème a été découvert lors des diagnostics. Mais finalement, ce n'était rien.

Jill sentit la déception l'envahir.

— Il n'est plus disponible, alors ?

— Non, le problème a été résolu et l'appartement a été retiré du marché de la location. Mais ne vous inquiétez pas, il y a beaucoup d'autres propriétés à louer pour cet automne. Cependant, si vous êtes prête à acheter, c'est le bon moment. Prenons rendez-vous pour en discuter.

— En attendant, vous savez ce que je cherche. Je vous rappelle.

Jill raccrocha le téléphone en souhaitant que les choses soient un peu plus faciles. Il fallait qu'elle se pose pour établir un budget réaliste. Elle avait un bon apport pour acheter une maison, mais elle ne pourrait pas prendre un gros emprunt. Pas avec un salaire de professeur.

Avant de partir travailler au centre, elle prit des dispositions pour visiter sa classe à l'école. On lui avait dit que l'enseignante dont elle reprenait la classe avait laissé beaucoup de matériel didactique et de supports pédagogiques, et qu'elle n'en avait plus besoin. Une autre maîtresse de CE2, Leigh McKinnon, avait accepté de la rencontrer cette après-midi. Jill savait par expérience qu'il était important que sa classe soit arrangée à son goût. Une salle pleine d'enfants actifs ne permettait pas au professeur de chercher ce dont il avait besoin ou de décider si l'aménagement de l'espace lui convenait.

Jill s'arrangea avec Brody pour qu'il aille chercher Kacy en fin d'après-midi, puis se rendit au centre en se demandant comment elle allait faire pour que tout fonctionne. Elle devait encore trouver un endroit où vivre et s'y installer. En plus, elle tentait d'apprendre à diriger le centre de loisirs pour y travailler davantage afin de générer des revenus pendant les prochains mois d'été où elle n'enseignerait pas.

Du moment où elle mit les pieds au centre jusqu'à son départ à seize heures pour son rendez-vous avec Leigh, Jill travailla au bureau, où elle fut submergée d'informations sur l'établissement des campagnes de publipostage et de publicité pour les prochaines vacances.

— C'est comme n'importe quel autre commerce de détail, pour ainsi dire, il faut avoir une saison d'avance pour que le centre soit rempli. Ça fait une grande différence pour les bénéfices, qui ne sont pas très importants quand on a payé toutes les charges, dit Melanie.

Jill prit des notes, amusée par l'empressement soudain de Melanie à lui inculquer tout ce qu'elle pouvait. Ce qui, sans aucun doute, était la conséquence de sa rencontre avec Greg et de la prédiction de Susannah que tout se passerait rapidement.

Jill était en chemin pour son école quand son téléphone sonna.

— Salut Jilly ! C'est Cristal. Je suis à Miami et je devrais arriver demain au cottage. Je sais que ça ne te dérangera pas de faire en sorte que certains de mes aliments préférés soient sur place, alors je te texte une liste de tout ce dont j'aurai besoin. Merci. À demain.

— Attends !

Mais le silence qui lui répondit lui apprit que Cristal avait déjà raccroché.

Jill grinça des dents. Sa bonne résolution d'arranger les choses avec Cristal disparut sous une vague de frustration. Bon sang ! Les choses ne changeraient-elles donc jamais entre elles ?

Elle s'arrêta devant l'école et s'efforça d'apaiser ses émotions. Son avenir se tenait devant elle – un nouveau départ qui n'avait rien à voir avec sa sœur, son défunt mari ou sa mère. Il s'agissait d'elle.

Elle sortit du véhicule et marcha rapidement vers l'entrée de l'école élémentaire de Palm Creek, un bâtiment en brique sombre. Les allées couvertes qui entouraient l'école, signe que la météo était plus clémente et que les enfants passaient plus de temps à l'extérieur, lui plurent beaucoup.

Elle gagna la porte d'entrée et l'ouvrit. Une petite femme se hâtait vers elle. Jill pénétra dans le bâtiment et fut immédiatement assaillie par une odeur qu'elle associerait toujours avec l'école : un mélange de produits d'entretien, de fournitures artistiques, de vêtements d'enfants et de ce qu'elle nommait optimisme.

— Salut ! Tu dois être Jill. Moi, c'est Leigh.

La toute petite femme, pas plus d'un mètre cinquante estima Jill, lui tendit la main. Son sourire illuminait son joli visage et faisait ressortir la couleur de ses yeux bleu-vert. Ses cheveux sombres étaient tirés en queue de cheval. On aurait dit qu'elle avait dix ans.

Jill lui serra la main.

— Enchantée.

— Moi aussi. Toi et moi allons travailler en étroite collaboration pendant la prochaine année scolaire. Nos salles sont côte à côte, alors nous pourrons nous entraider. Tu sais, pour les pauses toilettes et tout ça.

Jill éclata de rire.

— Contente de te l'entendre dire. C'est toujours un problème.

— On s'arrangera toutes les deux. Carole – celle qui avait la classe l'an dernier – et moi nous entendions bien. Je pense que ça ira aussi entre nous. J'adore enseigner aux CE2 et j'ai pas mal de supports didactiques que je peux partager avec toi.

— J'ai l'habitude de la maternelle, alors je vais avoir besoin d'en savoir davantage sur les normes et sur les aides pédagogiques supplémentaires qui sont disponibles, dit Jill en suivant Leigh dans un couloir.

— Ce n'est pas un problème. Je t'ai déjà établi une liste. Mon travail n'en sera que plus facile si tu es bien préparée. C'est une année importante pour la lecture, le vocabulaire, les conjugaisons au passé, au présent et au futur, et pour la découverte du système solaire. Beaucoup d'informations utiles.

Leigh la conduisit à une salle de classe et alluma la lumière. Des chaises étaient soigneusement posées à l'envers sur des tables rondes. De la moquette en tweed vert recouvrait le sol. Un tableau blanc prenait tout un pan de mur.

— Voilà ta classe, dit Leigh. La mienne est à côté. Viens voir ce que j'y ai fait, ça te donnera peut-être des idées pour aménager ta salle.

Quand Jill pénétra dans la classe de Leigh, elle sourit. Des couvertures de livres, des images de différentes planètes et d'autres affiches colorées disséminées sur les murs donnaient vie à la pièce. Elle remarqua aussi une bibliothèque chargée de livres et décida d'acheter davantage de livres pour sa salle de classe. Elle avait toujours aimé lire et s'en servait encore comme échappatoire.

Alors que Jill continuait à étudier la pièce, Leigh lui tendit un petit calepin.

— Tu peux prendre des notes là-dessus. J'y ai mis tous les endroits où tu pourras trouver des fournitures avec une remise pour les enseignants. Un des magasins du coin propose habituellement des petits carnets comme celui-ci pour dix-neuf centimes avant la rentrée. D'autres endroits offrent des ristournes pour les professeurs. Je sais que tu débarques en Floride.

Touchée au plus profond du cœur, Jill se tourna vers elle.

— Comment te remercier de me donner toutes ces informations et d'être aussi gentille avec moi ? Je commençais à me demander si je serais capable de m'en sortir avec des CE2. Je n'ai plus peur désormais, même si je suis sûre que j'aurai besoin de tes conseils et de ton aide.

— Je continue à en avoir besoin et je suis là depuis six ans. On ne peut pas rêver mieux que le directeur, Dennis Magee. Il est vraiment gentil, d'un grand soutien et discret. Il est prêt à aider de toutes les manières possibles et ouvert aux suggestions.

Elle leva les yeux.

— Oh, le voilà.

Jill se retourna brusquement pour se trouver face à face

avec un homme imposant qui ressemblait à un ancien joueur de football américain. Son sourire fendait son visage à la peau sombre comme un croissant de lune. Mais ce fut la bienveillance exprimée par ses yeux bruns qui captiva Jill. Elle lui rendit son sourire, immédiatement conquise. Pas étonnant que Leigh en ait parlé en termes si élogieux. S'il était aussi génial que Leign l'avait dit, Jill savait qu'elle n'aurait aucun mal à s'adapter.

— Bonjour Jill. Après notre entretien téléphonique, j'ai relu votre historique et je suis ravi que vous vous joigniez à l'équipe de Palm Creek. J'aime que les choses soient assez simples, alors si vous ressentez le besoin de discuter de quoi que ce soit avec moi, n'hésitez pas. Vous pensez que vous allez aimer le CE2 ?

— Je pense que je vais l'adorer. Après avoir enseigné en maternelle pendant des années, je suis prête pour un changement.

— Vos recommandations sont excellentes. Je suis désolé d'avoir été absent pour votre entretien préliminaire, mais je suis content que nous vous ayons trouvée. Leigh ici présente est au courant de tout, vous pouvez compter sur elle pour vous aider.

Les joues de Leigh prirent une jolie teinte rosée.

— Merci Dennis.

Dennis tendit une main et Jill la serra.

— Merci d'être passée. Comme le mois d'août approche, je serai ici tous les jours.

Il fouilla une de ses poches et lui tendit une clé.

— Voici la clé de votre salle de classe au cas où vous souhaiteriez venir pour y faire quelques aménagements.

— Merci. Je vais travailler sur quelques projets, dit Jill. Et je veux m'assurer que ma classe est décorée.

— Je lui ai déjà donné une liste des endroits où elle pourra trouver du matériel pas cher, dit Leigh.

Dennis les salua et quitta la pièce.

— Waouh ! Il est très différent de ma directrice à New York. Elle peut parfois être difficile et ne souhaite pas s'occuper de ce qu'elle considère comme des détails sans importance de la part des enseignants.

— Dennis est fidèle à sa parole. Les professeurs, les parents et les élèves l'adorent. Les enfants l'appellent « Big D » comme dans « Fais attention, Big D te surveille ».

Elle rit.

— C'est trop mignon.

En quittant l'école, Jill souriait toujours, comme si elle pouvait danser dans le parking. Elle avait été tellement engoncée dans sa routine qu'elle avait accepté de travailler dans un environnement difficile sans penser à le quitter. Mon Dieu ! Quel gâchis !

Elle vérifia l'heure qu'il était et appela Brody pour lui dire que le dîner serait un peu en retard.

— Pas de problème. Pourquoi ne pas commander des pizzas quand tu arriveras ? Greg et moi avons commencé à préparer les peintures extérieures et j'ai du mal à bouger. Et puis, ça fera plaisir à Kacy.

— C'est parfait. J'ai rencontré une autre enseignante et le directeur de l'école où je vais travailler, et je souhaite m'arrêter dans un des magasins qu'ils m'ont suggérés pour voir ce qu'ils ont pour ma classe.

Après la fin de l'appel, Jill resta assise dans sa voiture, hébétée.

Dennis sortit du bâtiment et lui fit signe de la main avant de se glisser dans une voiture de sport surbaissée. Elle faillit rire en l'imaginant serré derrière le volant. Mais enfin, quel mec n'aimait pas ce genre de voiture, y compris « Big D » ?

Elle quitta le parking de l'école et fit un tour dans le

voisinage pour se faire une idée de la communauté environnante avant de se rendre dans un des magasins de la liste.

Le temps de retourner au Seashell Cottage, elle était plus excitée que jamais à l'idée de débuter la nouvelle année scolaire. Elle voulait l'avis de Kacy sur tout ce qu'elle avait acheté pour sa salle de classe. À huit ans, Kacy entrerait elle-même en CE2.

Quand elle s'arrêta dans l'allée, elle fut surprise d'y trouver une voiture inconnue. Elle étudia l'Audi argentée et se demanda à qui elle appartenait.

Elle se gara, rassembla ses sacs et entra dans la maison.

— Surprise ! s'écria Cristal, en lui souriant depuis le canapé où elle était assise avec Brody. J'ai décidé que je ne pouvais pas attendre jusqu'à demain, après tout.

CHAPITRE VINGT-ET-UN

S'efforçant de ne pas laisser tomber ses paquets, Jill regarda sa sœur d'un air ahuri.

— Cristal ! Tu es là ? Pourquoi avoir changé tes plans ?

Cristal lui adressa un sourire suffisant.

— Je te l'ai dit, j'ai décidé de ne pas attendre. L'idée de m'étendre au soleil sur la plage était trop tentante. Et puis on ne s'est pas vues depuis presque deux ans. J'ai pensé qu'il était temps que ça change.

Elle se tourna vers Brody avec un sourire étincelant.

— Si j'avais su qui faisait les travaux au cottage, je serais peut-être venue plus tôt.

Brody se leva.

— Je peux t'aider à porter tes paquets ?

— Oui, répondit Jill en lui en tendant plusieurs. J'en ai quelques autres dans la voiture. Où est Kacy ? Je veux les lui montrer.

— Elle est chez Emily. Elles travaillent sur quelque chose pour un concours de talent.

Il la suivit dans sa chambre.

Deux valises étaient posées sur le lit que Jill avait utilisé. La porte du placard était ouverte et des vêtements entassés les uns sur les autres en débordaient, repoussant les affaires de Jill tout au fond.

Elle posa ses sacs dans un coin et tenta de soulever une des valises.

— Attends. Laisse-moi faire, dit Brody. Je ne savais pas lequel était ton lit.

Ils déplacèrent les valises sur l'autre lit et s'arrêtèrent face à face.

— Comment s'est passé ton rendez-vous à l'école ?

— Très bien. J'adore la maîtresse avec qui je vais travailler et le directeur est un vrai bijou.

Elle savait qu'elle avait un air coincé, mais elle ne pouvait pas surmonter l'insécurité qui l'avait envahie quand elle avait vu Cristal assise aussi près de Brody sur le canapé.

— Hé ! Viens ici, dit Brody.

Il lui ouvrit les bras.

Jill hésita, puis s'y réfugia en quête de réconfort.

— Je sais que je me conduis comme une idiote..., commença-t-elle.

Les lèvres de Brody l'interrompirent en se posant sur les siennes.

— Eh bien ! Désolée de ne pas avoir frappé. Je ne savais pas que c'était *comme ça* entre vous.

Jill s'écarta brusquement de Brody et se retourna pour faire face à sa sœur.

— Après le dîner, on mettra les choses au point ici. Tu dors dans ce lit.

— J'ai apporté beaucoup d'affaires avec moi, mais je ne sais pas combien de temps je vais rester. J'ai quitté l'appartement que je partageais avec Hope. Nous avons eu une grosse dispute. Finalement, elle n'est pas l'amie que je croyais.

— Elle est toujours en Europe ?

— Oui. Elle et Jacques, qui était mon petit ami, voyagent ensemble à présent.

— Tu as dit que tu t'étais tordu la cheville.

Jill baissa les yeux sur les pieds de Cristal, dont les ongles portaient un joli vernis rose. Elle ne vit aucune trace de blessure.

— Oui, mais c'était plus ou moins une excuse pour venir ici.

Ce n'était rien de grave. Ce n'est pas vraiment pour ça que je suis venue. Est-ce que tu m'as acheté les provisions et les autres articles que je t'avais demandés ?

— Non. Tu m'avais dit que tu arriverais demain.

— Oh, alors toi et moi pourrons aller faire des courses demain.

— Non, répéta calmement Jill. Je travaille de onze heures à seize heures. Avant et après, je me préparerai pour mon nouveau boulot. Je viens habiter ici et je vais enseigner à une classe de CE2.

— Eh bien, ça alors ! s'exclama Cristal. Ça va te faire du changement.

— Je vais vous laisser discuter toutes les deux en privé, dit Brody, qui se dandinait sans cesse d'un pied sur l'autre. Greg et moi étions sur le point de nous asseoir dehors quand Cristal est arrivée. On peut commander les pizzas n'importe quand.

— Des pizzas ? C'est ça que vous appelez cuisiner ? s'indigna Cristal. Zut ! J'aurais pu faire le boulot moi-même.

Jill et Brody échangèrent un regard entendu avant qu'il ne se retourne pour partir.

Cristal le regarda s'éloigner, puis se tourna vers Jill.

— Waouh ! Il est sexy ! Tu ferais mieux de faire attention. Il ne restera pas libre longtemps.

Jill planta ses poings sur ses hanches.

— Quoi ? Tu vas essayer de me le piquer comme tu l'as fait avec Rob Swope à la fac ?

— Tu en es encore là ? Pourquoi ? Il n'a jamais été assez bien pour toi.

— Nous étions bien ensemble avant que tu ne gâches tout, dit Jill avec l'impression d'être revenue des années en arrière, révélant la ratée qu'elle avait toujours pensé être.

Cristal leva une main.

— OK. Arrêtons-nous là. Je suis désolée, mais c'était il y a longtemps.

— D'accord, on fait la paix, accepta volontiers Jill. C'est du passé.

Greg frappa à la porte.

— Que diriez-vous d'un verre de vin avant qu'on se fasse livrer ?

— Ce serait super, dit Jill.

Il lui faudrait plus que du vin pour calmer ses nerfs, mais c'était un début. Ce dont elle avait vraiment besoin, c'était de voir sa sœur et elle-même sous un nouveau jour pour pouvoir continuer à avancer. Par ailleurs, quelque chose n'allait pas chez sa sœur : ses yeux étaient tristes et elle était trop tranquille.

Sur le porche, Jill s'assit à côté de Brody sur la balancelle. Cristal s'installa dans un rocking-chair à côté de Greg.

— À un avenir brillant pour nous tous, dit Greg. Melanie m'a dit que tu travaillais la majeure partie du temps au bureau du centre de loisirs. Comment s'est passée ton entrevue à l'école, Jill ?

— Bien. Je pense que l'année scolaire va être bonne pour moi.

— Hola ! Le centre et l'école ? Que fais-tu, Jill ? Tu as deux boulots ? dit Cristal. Je croyais que tu allais te reposer pendant cet été.

— J'ai besoin de travailler, lui rappela Jill. Et avec mon déménagement impromptu en Floride, je dois m'organiser dans l'urgence.

— Je suppose que tu n'as même pas envisagé de venir habiter à South Beach avec moi, dit Cristal.

Surprise, Jill répondit :

— Je n'ai même pas imaginé que tu le souhaiterais.

— Peut-être pas par le passé, mais ce serait plutôt sympa à présent.

Sa voix semblait mélancolique.

Jill croisa le regard de Cristal. Ce n'était pas la sœur qu'elle connaissait.

— Avez-vous réussi à peindre à l'extérieur aujourd'hui ? Il devait faire chaud au soleil, demanda Jill à Brody.

— Ouais. On va plutôt travailler dehors le matin et faire autre chose à l'intérieur ensuite. La propriétaire a décidé de repeindre les portes de tous les placards de la cuisine.

Jill but une gorgée de vin et se tourna vers Greg.

— Donc, tu as parlé à Melanie aujourd'hui. Je suis surprise que vous ne sortiez pas dîner ensemble.

— Demain, dit Greg avec un grand sourire. Je ne veux pas la bousculer.

Jill éclata de rire. Ils se comportaient tous les deux comme des adolescents amoureux, exactement comme Melanie l'avait déclaré.

— Comment était l'Europe ? demanda Brody à Cristal.

— C'était vraiment génial. Nous avons démarré en Espagne où nous avons visité les endroits classiques, comme Madrid, Barcelone et Tolède. Nous avons rencontré Jacques à Paris. C'est là que les choses ont commencé à se gâter entre Hope et moi. Elle a décidé qu'elle voulait continuer avec Jacques, pas avec moi. Ils sont partis en Provence sans moi, en me laissant payer la note de l'hôtel.

— Et maintenant, tu es là, dit Brody.

— Oui, pour aussi longtemps que je le pourrai, admit Cristal. Moi aussi, je dois prendre des dispositions.

Jill attendit qu'elle en dise davantage, mais elle garda le silence. Oui, il y avait vraiment un problème. Sa sœur n'était jamais aussi réservée.

Brody se leva.

— Avant de boire quoi que ce soit, je dois aller chercher Kacy. Ça te dit de venir avec moi jusque chez Emily, Jill ?

— D'accord.

Elle bondit sur ses pieds, heureuse d'avoir une chance d'être seule avec lui. Elle était curieuse de connaître le résultat de ses négociations avec Allison. Et il attendait des nouvelles du groupe médical de St. Petersburg, celui qu'il avait envie de rejoindre.

Il lui tint la portière ouverte pendant qu'elle montait dans son pick-up, puis fit le tour du capot et s'installa derrière le volant.

— Je suis content que nous ayons une chance de parler en tête-à-tête. Le groupe médical de St. Petersburg m'a proposé de devenir associé.

Jill jeta ses bras autour du cou de Brody.

— C'est fantastique ! Ils t'avaient vraiment impressionné. Je suis heureuse que ce soit réciproque !

— Ça va prendre un moment pour établir mon cabinet ici, mais le processus est déjà engagé. Et ce n'est pas la seule bonne nouvelle. Allison a appelé. Marcus et elle ont accepté de laisser Kacy rester en Floride avec moi pour la prochaine année scolaire. Nous organiserons les visites et les vacances quand ils reviendront d'Europe.

Un grand sourire se répandit sur son beau visage.

— J'ai appelé mon agent immobilier en Pennsylvanie et j'ai déjà mis mon appartement en vente. Je vais chercher une maison par ici. Si j'en trouve une assez grande, Greg pourrait venir habiter avec moi. C'est en pourparlers.

— Ce serait fantastique. Mon projet de location est tombé à l'eau. Mon propre agent me pousse à acheter, mais je préfère louer tant que je ne connais pas mieux la région.

Ses yeux pétillèrent.

— Pourquoi tu ne viendrais pas habiter avec moi ?

Elle éclata de rire.

— Emménager avec toi ? Pour pouvoir te faire la cuisine ?

— Ça aussi, dit-il en rigolant. Mais ce n'est pas ce que j'avais à l'esprit.

Son sourire s'effaça.

— Au fait, je ne comprends pas pourquoi tu fais un complexe par rapport à ta sœur. Elle est belle, mais toi aussi.

— Il n'y a pas de comparaison possible, commença Jill.

— C'est vrai, dit-il. C'est toi qui gagnes.

Il se pencha et repoussa une mèche de cheveux de son visage. Puis il posa ses lèvres sur les siennes.

La chaleur de son baiser était délicieuse. Elle resserra les bras autour de son cou.

Quand ils se séparèrent enfin, Jill posa sur lui un regard rêveur et soupira.

Il sourit.

— Allons chercher ma petite fille pour que tu puisses lui montrer le butin que tu as rapporté à la maison.

— Bonne idée, dit-elle alors que Brody démarrait.

CHAPITRE VINGT-DEUX

En arrivant chez Emily, ils furent accueillis par des cris de joie et la vision de quatre boules de poils blanches courant derrière deux fillettes sur la pelouse devant la maison. La grand-mère d'Emily surveillait tout le monde avec un sourire affectueux.

Jill descendit du camion de Brody et resta un moment immobile pour observer l'action. Les enfants et les chiens semblaient aller de pair.

— Bonjour Caroline. Où est Niki ? demanda Jill en se dirigeant vers la vieille dame.

— À l'intérieur avec les T, répondit Caroline. Elle m'accorde une pause.

— Vous êtes une grand-mère fantastique.

Jill n'imaginait pas une seconde sa mère faisant tout ce que Caroline semblait apprécier. Pendant que Brody parlait à Kacy, Jill entra dans la maison pour saluer sa meilleure amie.

Niki nourrissait les triplés, se déplaçant avec aisance d'une chaise haute à l'autre pour regarnir leurs plateaux.

— Salut copine ! dit Niki. Ça fait un bail.

Jill l'étreignit rapidement.

— Je sais. Je suis désolée. La vie s'en est mêlée. Et à présent, ma sœur est là. Dieu seul sait ce qu'elle veut. Elle dit qu'elle doit me parler de quelque chose. La dernière fois que je lui ai parlé, j'ai atterri ici pour m'occuper de Greg, Brody et Kacy.

Niki haussa un sourcil.

— Et regarde comment ça s'est bien arrangé pour toi. Même si je n'ai pas complètement abandonné l'idée de quelque chose entre Charlie et toi, je suis ravie que tu aies trouvé Brody. C'est un type bien qui t'aidera à te débarrasser de tes mauvais souvenirs.

— Souvenirs dont même ma sœur n'a pas connaissance, dit Jill.

— Il est peut-être temps de tout déballer, dit Niki en essuyant la bouche de Luke ou Mark, Jill n'aurait su dire lequel. Essayons de nous voir bientôt. Nos conversations m'ont manqué.

— Certainement, dit Jill. Il faut que j'y aille. Je compte demander à Kacy d'examiner ce que j'ai acheté pour ma classe de CE2.

— Comment ça se présente ?

— J'aime vraiment bien ma conseillère pédagogique et le directeur de l'école est génial ! J'espère passer une bonne année scolaire.

— Et pour le logement ?

— Brody a suggéré que je loge dans la maison qu'il va acheter jusqu'à ce que je sache exactement où je veux m'installer. J'étais partie pour louer, mais mon agent immobilier pense que c'est le bon moment pour investir.

— Ha ha ! s'exclama Niki, une lueur au fond des yeux. L'intrigue se corse. Jill rit franchement.

— On verra. D'abord, je dois gérer le problème de ma sœur.

Au milieu du bruit des bambins essayant de s'échapper de leurs chaises hautes, Jill embrassa Niki et quitta la cuisine. Même si elle savait désormais qu'elle espérait avoir des enfants un jour, elle les voulait un par un. Niki faisait des miracles.

À l'extérieur, Kacy accourut vers elle.

— Salut Jill ! Papa a dit que je pourrai peut-être avoir un chiot ! On doit voir si on trouve une maison.

— Oh, ne serait-ce pas merveilleux ? demanda Jill en

souriant à Kacy avant de lever les yeux vers Brody.

Il lui jeta un regard penaud et haussa les épaules.

— Ils sont affreusement mignons.

Elle éclata de rire. Brody avait un cœur en or.

Sur le chemin du retour au cottage, Jill expliqua à Kacy que sa sœur resterait avec eux pendant quelque temps.

— Elle est gentille ? demanda Kacy.

— Je pense que oui, répondit Jill. Elle est jolie aussi. Je dois te demander un truc spécial. J'ai acheté des choses pour ma classe de CE2 et, comme c'est ton niveau, je veux te les montrer pour voir si mes élèves vont les aimer. Tu veux bien m'aider ?

— Vraiment ? Moi ?

Le visage de Kacy s'illumina de plaisir.

Jill hocha solennellement la tête.

— Oui, je veux un avis honnête.

— D'accord, dit Kacy en souriant. Je te dirai si c'est cool ou pas.

Jill et Brody échangèrent un regard amusé.

Lorsqu'ils arrivèrent au cottage, Cristal sirotait un verre de vin, assise sur le porche avec Greg.

— Nous avons décidé de ne pas vous attendre, déclara-t-elle en levant son verre et en souriant à Brody avant de se tourner vers Jill. J'ai l'impression que c'est une bonne idée de commander le dîner, il n'y a plus grand-chose dans le frigo.

Kacy resta à côté de Jill, les yeux fixés sur Cristal.

— Vous êtes la vraie sœur de Jill ?

Cristal ébaucha un sourire.

— Oui. Je sais bien que nous ne nous ressemblons pas, mais nous sommes bien sœurs.

— Est-ce que vous allez être gentille ? demanda Kacy, qui

continuait à observer Cristal, les sourcils froncés.

Cristal pinça les lèvres.

— Je vais essayer.

— D'accord, dit Kacy. Vous pouvez rester.

Elle ouvrit la baie coulissante et entra.

— Sans rire? dit Cristal. Vous laissez une gamine me parler comme ça ?

Jill secoua la tête.

— Elle ne fait que tester les limites. Excusez-moi, j'ai des choses dans la salle de séjour que je souhaite lui montrer.

À l'intérieur, Kacy était assise à côté du tas de sacs en papier que Jill avait rapportés à la maison. Elle regarda dans l'un d'entre eux.

— C'est ça que tu voulais que je regarde ?

— Oui, dit Jill en s'agenouillant près d'elle. Je dois choisir ce que je vais accrocher aux murs de la classe, des images et des posters éducatifs.

Elle ouvrit un dossier contenant diverses photos de planètes, d'étoiles et du système solaire.

— Que penses-tu de celles-ci ?

— Ouais ! Elles sont cool. Papa m'a acheté un livre sur ce sujet.

— Tu penses que les enfants de ma classe les aimeront ? demanda Jill.

D'après la joie qu'elle voyait s'afficher sur le visage de Kacy, elle savait qu'elle n'avait pas besoin de demander, mais elle voulait que la petite fille ressente le plaisir d'aider.

— Oui. Ils vont les a-do-rer !

— Très bien, merci. Et celles-ci ?

Jill brandit une série de lettres et de mots soulignés par des dessins d'objets colorés.

Kacy haussa les épaules.

— Tous les professeurs les ont !

— OK. Alors ça, dit Jill.

Elle tendit à Kacy un paquet de photos montrant des enfants du monde entier présentant différentes phrases qui mettaient l'accent sur la gentillesse.

Kacy hocha la tête.

— J'aime mieux celles-ci.

Jill et Kacy se sourirent. C'était un autre de leurs moments privilégiés, songea Jill en se remémorant la petite fille geignarde et difficile que Kacy avait été lors de leur première rencontre.

Cristal pénétra dans la maison, brisant le silence.

— Hé ! Qu'est-ce qui se passe ? On va bientôt commander les pizzas ? Je suis encore à l'heure française et je meurs de faim.

Le sourire de Kacy se mua en froncement de sourcils. Elle leva les yeux vers Cristal.

— Mademoiselle Melanie dit que c'est mal élevé de déranger les gens.

Surprise, Jill réprima un sourire.

— Kacy et moi avons terminé. Je vais voir où en sont Brody et Greg et on verra pour le dîner.

Kacy se leva.

— Je t'ai aidée, Jill ?

Toujours à genoux, Jill enlaça tendrement Kacy.

— Tu m'as beaucoup aidée. Merci.

Après le départ de Kacy, Jill finit de remettre ses objets dans les sacs.

— Tu aurais dû la gronder pour m'avoir parlé comme ça, dit Cristal. Et qui est cette Mademoiselle Melanie ?

Jill se leva et fit face à sa sœur.

— En premier lieu, Kacy a eu raison. C'est impoli d'interrompre les gens. Mademoiselle Melanie est une des propriétaires du centre de loisirs Sunnyside, où je travaille et où Kacy va au centre aéré.

Cristal poussa un soupir.

— Je n'ai jamais eu le feeling avec les enfants. Tu te souviens quand on faisait du baby-sitting ensemble ? Les enfants voulaient être avec toi.

— C'était moi qui m'en occupais, rétorqua Jill. Tu te contentais de coiffer les cheveux des filles.

Le regard de Cristal se chargea de mélancolie.

— J'aurais voulu être coiffeuse, mais maman pensait que je devrais devenir actrice ou mannequin.

Un élan de sympathie emporta Jill. Elle n'était pas la seule à avoir été programmée par leur mère. Elle prit Cristal par le coude.

— Viens ! Allons à la cuisine. Je vais faire une salade pour accompagner les pizzas. Tu pourras en prendre quelques bouchées en attendant que le dîner arrive.

Le lendemain matin, dès qu'elle entendit du bruit dans le lit contigu au sien, Jill se retourna et observa sa sœur qui dormait sur le dos. Dans la lumière matinale, Cristal ressemblait plus à la trentenaire qu'elle était qu'à l'adolescente fraîche et ingénue dont Jill se souvenait toujours. Elle avait des cernes épouvantables.

Les yeux de Cristal s'ouvrirent. Elle se tourna vers Jill.

— Quoi ? Je sens que tu me regardes. Arrête.

— Désolée, je vérifiais juste si tu étais réveillée. Je me suis inquiétée pour toi toute la nuit. Qu'est-ce qui se passe ?

Cristal s'assit dans son lit et ramena ses genoux contre sa poitrine.

— J'ai un cancer du sein.

— Hein ? Quoi ? Quand l'as-tu découvert ?

Jill tenta de parler tout bas pour ne pas réveiller le reste de la maisonnée, mais le choc rendait sa voix plus aiguë.

— J'ai eu la nouvelle pendant que j'étais à Paris. J'ai subi une biopsie à Miami avant notre départ pour l'Europe, mais on m'avait dit que ce n'était probablement rien parce que j'ai des kystes tout le temps. Mais quand je suis arrivée à Paris, j'ai reçu un message de la clinique me disant qu'ils m'envoyaient le compte-rendu et qu'ils attendaient mon appel.

— C'est pour ça que vous vous êtes disputées avec Hope ? demanda Jill, bouleversée par cette idée.

— En partie. Quand j'ai commencé à parler de rentrer à la maison, Hope s'est mise en colère. Nous nous sommes engueulées et Hope a fini par quitter Paris avec Jacques. C'est à ce moment-là que j'ai décidé de revenir et, plutôt que de me faire prendre en charge à Miami, j'ai pris des dispositions pour me faire opérer au centre de cancérologie Moffitt à Tampa. Comme ça, je serai plus près de toi.

Jill se prit le visage entre les mains en essayant d'absorber toutes les informations.

— Un cancer du sein ? C'est grave ?

— Je n'en suis pas encore sûre. De toute façon, il a été découvert de bonne heure. Il se pourrait que ce ne soit rien.

Ses beaux yeux bleus s'emplirent de larmes.

— Ou pire. Ça pourrait être le début de la fin.

— Oh, ma chérie ! Je suis désolée.

Jill se leva et alla s'asseoir sur le lit de sa sœur.

— De nos jours, un cancer du sein n'est plus forcément synonyme de mort. Avec la chirurgie, la chimio et la radiothérapie, ce n'est plus la même chose qu'autrefois.

Elle enlaça Cristal.

— Quoi qu'il en soit, je suis là pour toi.

Les larmes coulaient sur les joues de Cristal.

— Tu es toujours tellement gentille. Je comptais sur ça

pour arranger les choses entre nous. J'ai beaucoup réfléchi. Un peu comme quand on te dit que tu vas affronter la mort, tu vois ?

L'esprit de Jill tourbillonnait, essayant de donner un sens à tout ça.

— Tu m'as dit de ne pas mentionner ta visite à maman. Est-ce qu'elle est au courant pour le cancer ?

— Non, et je veux que ça reste comme ça tant que je n'en sais pas plus. Elle s'arrange toujours pour que tout tourne autour d'elle. Je ne crois pas que je pourrais le supporter en ce moment.

— Très bien. Je ne lui dirai rien. De toute façon, nous ne nous parlons plus beaucoup. Elle sait que j'ai fort à faire pour m'installer dans ma nouvelle vie ici. Et elle a bien sûr tenté de me faire changer d'avis quand elle a appris que je vendais ma maison à Ellenton pour déménager en Floride sans son « approbation ».

Cristal prit le bas du tee-shirt qu'elle portait pour s'essuyer les yeux.

— Donc on a un plan, qui durera le temps qu'il durera.

— Quand as-tu rendez-vous à Tampa ? demanda Jill.

— Après-demain.

— Je dirai à Melanie que je ne pourrai pas travailler au centre ce jour-là, et j'irai accrocher mes posters et les autres objets dans ma classe ce matin avant d'aller travailler.

— Et pour les courses à l'épicerie ? demanda Cristal.

— On y va maintenant. Habille-toi. Ils sont ouverts jour et nuit.

Cristal secoua la tête.

— Je t'ai toujours enviée, Jill. Tu fais paraître tout tellement facile. Même ta vie avec Jay semblait idyllique.

Jill retint son souffle avant d'expirer lentement.

— Il faudra qu'on en parle.

CHAPITRE VINGT-TROIS

Jill tapa du pied en essayant de rester calme, mais Cristal mettait une éternité à se préparer pour sortir. Elle s'était habillée rapidement, mais elle voulait prendre le temps de se maquiller avant de quitter la maison. Quand elle émergea enfin de la salle de bains, elle était... disons... splendide.

Alors que Jill servait une tasse de café à Cristal dans la cuisine, Brody y pénétra, vêtu d'un jean coupé et de rien d'autre. Jill ne put s'empêcher de le fixer. Il était... appétissant.

Brody lui sourit, puis posa son regard sur Cristal.

— Tu es sur ton trente-et-un. Que se passe-t-il ?

— Jill m'emmène faire des courses, dit Cristal en lui souriant.

Elle se tenait très droite, une jambe en avant et les épaules en arrière, pour mettre son corps en valeur. C'était une pose que Cristal avait perfectionnée depuis sa plus tendre enfance.

Brody se tourna vers Jill.

— Tu as besoin que j'emmène Kacy au centre de loisirs ? Tu as dit que tu passerais à l'école ce matin.

— Ça m'arrangerait que tu la déposes. Je la ramènerai avec moi ce soir.

Cristal resta silencieuse pendant leur échange. Mais, dès qu'elle monta dans la voiture de Jill, elle déclara :

— Brody et toi ressemblez à un vieux couple. C'est quoi cette histoire ?

— Rien. Allons chercher tes provisions, ensuite je dois me mettre en route.

— Mais je croyais que nous aurions un peu de temps pour discuter, se plaignit Cristal.

— Oui. D'abord, je veux savoir tout ce qu'ils ont dit sur ton cancer. Est-ce que tu as le compte-rendu qu'ils ont essayé de t'envoyer ? Si ça ne te dérange pas, je voudrais faire quelques recherches par moi-même, pour mieux comprendre ce que tu vas devoir supporter.

— Je ne me souviens pas de ce qu'ils ont dit et je n'ai pas le compte-rendu avec moi. Ce n'est pas clair pour moi. Je ne peux pas affronter les problèmes médicaux, surtout quand ce sont les miens.

Les lèvres de Cristal tremblaient.

— Je ne suis pas prête à mourir.

— Nous allons faire tout ce qui est en notre pouvoir pour que ça n'arrive pas, dit Jill en tapotant le dos de Cristal. À présent, allons faire tes courses.

Cristal ébaucha un sourire et hocha la tête.

— Ça ne te dérange vraiment pas que j'habite avec toi ?

Jill réfléchit un moment pour éviter d'être trop franche.

— Je suis contente que nous ayons la possibilité de mettre les choses à plat entre nous.

Dès qu'elle les prononça, elle s'aperçut que ses paroles étaient sincères. L'idée que sa sœur puisse mourir lui avait fait prendre conscience que leur antagonisme habituel était ridicule. Cette fois, elles voulaient toutes les deux que ce soit différent.

— Tu as changé, Jill. Je t'aime bien comme ça. Responsable.

— Merci. J'y ai travaillé. Ça m'a aidée d'être loin de la maison.

— Je ne peux pas croire que tu l'aies vendue. Tu l'adorais.

— Oui, c'était vrai... avant mon mariage. Après ? Plus tellement.

Les lèvres de Jill se pincèrent quand elle repensa à la manière dont Jay l'avait traitée.

Cristal lui jeta un regard étonné.

— Pourquoi ? Elle était parfaite pour Jay et toi.

Jill se tourna vers elle un instant alors qu'elles approchaient de l'épicerie.

— C'est simple, Cristal. Mon merveilleux mari, que tout le monde adorait, était un vrai monstre quand nous étions seuls. Et j'avais trop peur pour lui faire face.

— Attends une seconde ! Tu dis qu'il te maltraitait ? Jay t'a toujours traitée comme une reine. Il te vénérait. Tu n'as jamais montré aucun signe de maltraitance quand je te voyais.

Jill rangea brutalement la voiture sur une place du parking de l'épicerie, enfonça la pédale de frein et fit face à sa sœur une fois de plus.

— Écoute-toi parler ! Ni toi ni personne n'a jamais imaginé qu'il n'était pas ce qu'il prétendait être. Il n'avait rien d'un gentleman quand il était seul avec moi.

Elle écrasa son poing sur le volant.

— Les rares fois où j'ai essayé d'en parler, personne ne m'a crue. Et pourquoi ? Parce que son comportement en société était digne d'un Oscar !

— Oh mon Dieu ! Et personne n'a jamais vu de marques ?

Jill émit un rire amer qui ressemblait plus à un reniflement.

— Certaines blessures ne se voient pas. Je te parle de sévices émotionnels. Quand je pense aux efforts que j'ai dû faire pour le satisfaire afin qu'il ne me critique pas, qu'il ne me dise pas que j'étais inutile et pitoyable ou que personne ne me supporterait, ou qu'il ne me traite pas de tous les noms, j'en suis malade.

— Pourquoi tu ne m'en as jamais rien dit ? demanda Cristal.

— C'est une blague ? Nous ne nous sommes jamais entendues. J'étais la malheureuse qui avait hérité du nez des Davis et de leurs traits banals, alors que tu étais celle qui ressemblait à maman et à sa famille.

Elle s'adossa à son siège et regarda par le pare-brise avant de la voiture. Encore maintenant, les mots lui faisaient mal.

— Waouh ! s'exclama Cristal. J'imagine que tu n'as jamais su à quel point je détestais être comparée à maman et à sa famille.

— Quoi ? Non ! Tu adorais ça. Tu avais l'habitude de te pavaner comme si tu étais la princesse que maman vantait toujours.

— Non Jill. J'enviais tes excellentes notes et tes projets d'avenir. Tu as toujours été la préférée de papa. Il m'a un jour traité de tête de linotte. J'ai dû chercher ce que ça voulait dire, bien sûr, mais j'ai toujours su qu'il te préférait. Maman le savait aussi.

Elles se fusillèrent du regard pendant un moment avant que Cristal ne se mette à rire.

— Qu'est-ce qu'il y a de drôle ? demanda Jill.

— Je viens juste de me rendre compte de ce que maman nous a fait. Pas étonnant qu'on ait jamais été proches. De cette façon, elle nous avait toutes les deux pour elle. Quel sale tour stupide !

Jill dévisagea sa sœur d'un air surpris.

— Tu penses qu'elle l'a fait exprès ?

— Pas forcément. C'était peut-être inconscient. Mais en tout cas, ça a marché.

Les yeux de Cristal s'emplirent de larmes.

— Oh, Jilly ! J'espère que nous aurons assez de temps pour devenir les sœurs que nous aurions dû être.

— Moi aussi, soupira Jill. Surtout maintenant.

###

Plus tard dans la matinée, au bureau du centre de loisirs, Jill prit le temps de faire quelques recherches sur les différents types de cancer du sein. Les informations qu'elle découvrit l'affolèrent. Et si c'était un stade quatre ? Quelle pensée effrayante. Beaucoup de gens changeaient de mentalité quand ils étaient confrontés au mot en C. En l'occurrence, Jill espérait que ce serait l'occasion d'apprendre à vraiment connaître sa sœur et de régler leurs vieux différends.

Melanie entra dans le bureau avec Susannah.

— Comment ça avance? Avez-vous commencé le tableur avec les possibles sources de publicité ?

— Non, mais je vais m'y mettre. Ma sœur est venue vivre avec moi au Seashell Cottage pendant qu'elle suit son traitement pour un cancer du sein au centre Moffitt de Tampa. Je cherchais juste quelques infos sur la question.

— Oh non ! Ça va aller ? demanda Melanie.

— Je ne sais pas. C'est effrayant pour nous deux.

— C'est un moment de guérison, dit Susannah en adressant à Jill un sourire rassurant..

Melanie et Susannah prirent chacune une chaise et s'assirent à côté d'elle.

— Il est temps que vous preniez un rôle plus important au centre, dit Melanie. À la demande de Susannah, je suis prête à vous déléguer davantage de responsabilités pour que nous ayons toutes les trois plus de temps libre.

— Oui. Ce sera plus facile pour nous toutes.

Jill ne put s'empêcher de sourire.

— J'ai entendu dire que Greg vous emmenait dîner ce soir. Il avait l'air plutôt enthousiaste.

Les joues de Melanie prirent une jolie teinte vieux rose.

— Greg est un homme charmant. Mes amies l'adorent. Je suis prête à recommencer à sortir et à voyager, ce que j'avais évité jusqu'à maintenant.

Susannah dévisagea Melanie et esquissa un sourire.

— Ton avenir s'annonce merveilleux.

Melanie agita les mains.

— Je ne veux pas le savoir. Ça me rend nerveuse.

Les grands gestes de Melanie firent rire Jill. Elle ne les comprenait que trop. Certaines personnes voulaient connaître leur avenir. D'autres, comme Melanie, ne le souhaitaient pas.

— Nous aimerions que vous deveniez propriétaire du centre avec nous, dit Melaine. Qu'en pensez-vous, Jill ?

— J'adore l'idée, mais comment procéder ? demanda Jill. Est-ce que je devrais acheter des parts ?

Elle devrait peut-être consacrer la plus grande part de l'argent qu'elle avait mis de côté pour une maison à acheter sa part du centre, mais Jill estima que ça en valait la peine. Même si le centre demandait plus de travail qu'on aurait pu le croire, il continuerait à être une source de revenus, ce dont elle avait besoin.

Melanie sortit un calepin.

— Nous avons demandé à notre avocat d'établir une liste de détails sur lesquels nous devons nous entendre. Une fois que nous la lui aurons donnée, il rédigera le contrat. Notre comptable travaille pour établir un partenariat équitable. Mais une fois encore, nous devrons toutes être d'accord avant de signer quoi que ce soit.

Elle tendit le calepin à Jill.

— Vous pouvez le consulter à volonté. Nous devons à présent discuter de quelques points importants.

Lorsqu'il fut temps pour elle de ramener Kacy à la maison, Jill avait l'esprit encombré de faits et de chiffres. Elle appréciait que, même si le centre était une petite entreprise, Melanie et Susannah aient une idée très précise de ce qu'impliquait le fait d'être propriétaire d'une part du centre avec elles en termes de temps et d'argent.

De retour à la maison, elle découvrit Cristal allongée sur un transat, ne portant qu'un bikini très échancré qui laissait peu de place à l'imagination.

— Salut, les interpela gaiement Cristal. Déjà de retour ?

Elle s'assit et consulta son téléphone.

— Seize heures passées ? Où a filé le temps ?

— Tu ferais mieux de faire attention, le soleil est chaud, dit Jill en remarquant que la peau de Cristal avait pris une teinte écrevisse.

— Pourquoi devrais-je m'inquiéter ? rétorqua Cristal. J'ai déjà un cancer. Quel mal peut me faire un peu de soleil ?

Jill s'assit sur une chaise à côté d'elle.

— Écoute, je sais que tu es en colère et je comprends que le mot « cancer » puisse faire peur. Mais j'ai bon espoir que tu t'en sortes. Tu as dit que tu l'avais découvert de bonne heure. C'est important. Il vaut mieux que tu te concentres sur les aspects positifs. Pourquoi ne pas venir marcher sur la plage avec moi ? On pourra discuter seule à seule.

— D'accord, dit Cristal. J'ai besoin d'un peu d'exercice.

— Je vais me changer et je te retrouve à la porte d'entrée.

Jill pénétra dans sa chambre et soupira. Les affaires de Cristal étaient éparpillées partout. Elle s'enjoignit de ne pas s'en offusquer, mais sans succès. C'était son espace privé et, même si elle devait le partager avec sa sœur, elle avait besoin d'un havre de paix à l'écart des autres.

Elle ôta ses vêtements et attrapa le une pièce rose qui était devenu son uniforme. En examinant son corps nu dans le miroir, elle révisa son jugement. Pas mal, à moins d'être avec quelqu'un comme Cristal. La comparaison était alors douloureuse. Cristal ressemblait à un mannequin pour maillots de bain.

Jill enfila son maillot, le lissa sur son estomac et ses hanches, puis grimaça. En déplorant ce qu'elle ne pouvait pas changer, elle sortit de sa chambre et se retrouva nez à nez avec Brody.

— Tu vas nager ? lui demanda-t-il, le regard qu'il laissait dériver sur elle faisant augmenter sa température.

— Cristal et moi allons faire une courte balade sur la plage.

Il plissa le front.

— Que se passe-t-il ? Cristal m'a affirmé qu'elle n'avait pas besoin d'écran solaire parce qu'elle avait déjà le cancer.

Jill lui fit signe d'entrer dans sa chambre et ferma la porte derrière lui alors qu'elle le mettait au courant de la situation.

— Je vais accompagner Cristal à son rendez-vous, bien sûr. En attendant, j'essaie de l'empêcher de croire qu'elle va mourir.

— C'est une bonne chose qu'elle ait quelqu'un sur qui compter. Allison a un jour découvert une grosseur et elle a paniqué. Ça s'est avéré bénin, mais ça nous a bouleversés.

— Oui, c'est possible. Mais j'espère en profiter pour nous rapprocher. Tu sais, prendre le bon côté des choses.

Brody la regarda dans les yeux.

— Cristal m'a questionné sur toi et sur notre relation.

— Ah oui ?

— Ouais. Je ne savais pas trop où elle allait, alors j'en ai très peu dit. J'ai pensé que ça ne la regardait pas.

Il souleva son menton et la dévisagea.

— D'autre part, je ne savais pas exactement quoi lui dire. Tu peux m'éclairer ? Que signifie notre relation pour toi ?

Jill esquissa un sourire, décidée à jouer le jeu.

— Eh bien, nous sommes amis. Et j'aime bien ta fille.

— Et... ?

— Et je t'aime bien aussi.

Il lui sourit.

— C'est un début. Rien d'autre à ajouter ?

— Peut-être plus tard, dit-elle.

Il éclata de rire.

— D'accord, on va partir de là.

Brody l'attira dans ses bras.

— En attendant, si tu m'expliquais à quel point tu... m'aimes bien ?

— D'accord.

Jill plaça ses bras autour de son cou et lui sourit.

— Tout ça ? la taquina-t-il.

Elle colla son corps au sien, suffisamment près pour sentir son excitation.

Il posa ses lèvres fermes et chaudes sur celles de Jill.

Elle flottait sur une mer de félicité quand elle entendit frapper à la porte. Elle s'éloigna de lui à contrecœur.

— Papa ? Tu es là ? demanda une voix de l'autre côté de la porte.

— Attends Kacy. Quel est le problème ?

— C'est maman. Elle est au téléphone.

CHAPITRE VINGT-QUATRE

Brody ouvrit la porte et accepta le téléphone que Kacy lui tendait. Jill fit mine de quitter la pièce, mais il lui fit signe de rester et à Kacy de partir. Alors qu'il parlait, elle saisit quelques bribes de la conversation.

— Paris ? Maintenant ? D'accord. Oui. Je prendrai les affaires de Kacy. Quoi ? Ma cuisinière ? Tu veux dire Jill ? Oui, je suppose qu'elle peut aider avec les vêtements de classe de Kacy. Je lui demanderai. Tu en as parlé à Kacy ? OK, je comprends. Bon voyage. Au revoir.

— C'était quoi ça ? demanda Jill.

Il lui lança un regard contrit.

— Allison et Marcus partent pour Paris à la fin de la semaine, quelques jours plus tôt que prévu. Pendant qu'ils sont absents, elle veut que j'aille chercher les affaires de Kacy pour le déménagement en Floride, et elle veut que tu m'aides pour trier les vêtements dont elle aura besoin pour l'école.

— Je vois.

— Tu m'aideras pour ramener tout qu'il lui faut ? Je peux m'en sortir avec les fournitures scolaires, mais je ne suis pas sûr à propos des tenues.

— Oui. En tant que *cuisinière*, je serai heureuse de t'aider, le taquina-t-elle.

— Tu as entendu ça ?

Il secoua la tête.

— Allison a la folie des grandeurs. Désolé.

— Pas de problème. Dis-moi juste ce que je peux faire.

— Je vais réserver un vol pour la Pennsylvanie pour Kacy

et moi afin de ramener certaines de ses affaires et faire livrer les autres ici.

— C'est un grand bouleversement pour elle. Je suis contente que tu l'emmènes avec toi pour qu'elle comprenne, dit Jill. Ça me fait aussi plaisir qu'elle puisse passer la plus grande partie de l'année prochaine avec toi. Elle est plus heureuse maintenant que quand elle est arrivée au Seashell Cottage.

— Pendant que Cristal et toi vous promènerez sur la plage, je vais passer du temps avec Kacy et lui expliquer tout ça. On pourra établir une liste des choses qu'elle veut rapporter ici.

— Quand je rentrerai de ma balade, je vais appeler mon agent immobilier pour voir si elle m'a trouvé une location.

— Hum. Tu es sûre que tu ne veux pas habiter avec moi ? Mon agent a appelé. Je suis intéressé par une maison près de chez Niki et Jed. Elle est vide depuis un certain temps et je peux l'avoir pour un bon prix. Il y aurait de la place pour toi. Et pour Greg aussi.

Son sourire taquin fit rire Jill.

— Merci, mais non merci.

Elle était en train de tomber amoureuse de Brody, mais elle n'était pas prête à vivre avec lui.

Sur la plage, Jill marchait en silence avec Cristal. Maintenant qu'elles étaient seules, elle se rendait compte qu'elle n'avait pas l'habitude de partager des moments importants avec sa sœur. Elles avaient vécu tellement longtemps séparées l'une de l'autre.

Elle en éprouva du regret. Et si le cancer était plus grave qu'elle ne l'avait pensé ? Elle avait été agacée quand Cristal avait annoncé sa visite, mais maintenant que celle-ci l'avait contactée alors qu'elle était au plus mal, Jill se jura de rester à ses côtés aussi longtemps que Cristal le souhaiterait.

— Je suis contente que tu viennes avec moi demain, confia Cristal. Hope était d'accord pour m'accompagner à mes rendez-vous, mais pas avant d'être prête à quitter l'Europe. Je lui ai dit qu'elle était égoïste. Elle s'est mise en colère, puis Jacques et elle m'ont abandonnée.

— Tu as raison. Hope n'était pas une vraie amie. Et Jacques ? Ce n'est pas un type bien. C'est le genre de situation dont tu dois t'occuper immédiatement.

Cristal s'arrêta et l'observa.

— Tu penses sincèrement que je vais m'en sortir ?

Jill songea aux paroles de Susannah sur la guérison et hocha la tête.

— Oui.

Cristal relâcha son souffle.

— Ouf ! Rien que d'entendre ça m'aide beaucoup.

Elle jeta un bras autour des épaules de Cristal.

— Dis-m'en plus sur Jay. Je veux tout savoir. J'aurais dû être plus attentive.

— Tu n'aurais pas pu. Tu vivais en Floride et revenais rarement à la maison. Et quand tu étais là, Jay se comportait parfaitement. C'était d'ailleurs le plus frustrant.

— Tu as essayé d'en parler à maman ? demanda Cristal.

— Oui, mais elle m'a dit que j'étais trop sensible, le même genre de connerie que Jay me répétait. Il m'a avertie plus d'une fois qu'il me punirait si je parlais à quiconque de notre vie privée. Je n'avais aucune raison de ne pas le croire.

— Ça n'a pas toujours été comme ça entre vous deux, n'est-ce pas ?

— Non. Quand il me courtisait, il était gentil et m'encourageait. On était mariés depuis six mois quand il a commencé. Il s'est fait doubler pour une promotion qu'il estimait mériter. En fait, il s'était déjà acheté cette petite voiture de sport rouge comme récompense.

— Pourquoi ne m'en as-tu rien dit ? demanda Cristal avant de lever une main pour la faire taire. Ne le dis pas ! Je n'aurais probablement pas écouté de toute façon. J'étais trop occupée à tenter d'être tout ce que maman attendait de moi. Après sa mort, as-tu été capable de parler de son comportement à quelqu'un ?

— Oui, répondit Jill. Un psychologue de l'école m'a recommandé une de ses amies. Elle m'a été d'un grand secours. Mais ce n'est que depuis mon arrivée ici que j'ai pu évacuer ma colère et ma frustration. Et Brody m'a aidée. Tu savais qu'il est psychologue ?

— C'est pas génial ?

Cristal tira le bras de Jill pour l'arrêter et la dévisagea.

— Je sais que je ne suis là que depuis deux jours, mais je crois qu'il t'aime, Jill. Qu'il t'aime vraiment. Tu devrais voir son visage s'illuminer quand il parle de toi. Ne fais pas l'erreur de le laisser échapper à cause de ta mauvaise expérience avec Jay.

— Est-ce que c'est un autre de tes conseils de « grande sœur » ? dit Jill en arquant un sourcil. D'abord, je dois venir en Floride, et ensuite, je dois me mettre en couple avec l'homme que tu estimes parfait pour moi ?

Le visage de Cristal se fendit d'un grand sourire.

— Je ne peux sans doute pas m'accorder le mérite de tous ces changements, mais oui.

— Je suis en train de tomber amoureuse de Brody, c'est certain. Être avec lui est à la fois excitant et réconfortant. Ça n'a probablement aucun sens, mais c'est comme ça.

— Mais ?

— Mais je ne vais pas me précipiter. J'ai recouvré ma liberté. Je ne l'abandonnerai pour personne. Quand celui qui était supposé t'aimer a critiqué tout ce que tu faisais, c'est difficile de donner de nouveau ta confiance à un autre homme.

Cristal la prit dans ses bras.

— Je suis désolée que tu aies autant souffert.

— Dieu merci, c'est terminé. À l'avenir, il faudra bien que maman comprenne que Jay n'était pas l'homme qu'elle a toujours cru.

— Je m'en assurerai, dit Cristal avec une fermeté que Jill apprécia.

C'était nouveau de voir sa grande sœur veiller sur elle.

— Qu'allons-nous faire au sujet de maman ? demanda Jill pour changer de sujet.

— Je ne veux toujours pas qu'elle apprenne que je suis en Floride avec toi pour subir une opération. Une fois que je serai sûre de mon état et du pronostic, je lui dirai. Et puis, je veux passer du temps seule avec toi. L'idée d'être potentiellement mourante m'a donné l'envie de faire les choses différemment. Tu vois ce que je veux dire ?

Jill acquiesça.

— Tu l'as dit, il est peut-être temps que nous devenions de vraies sœurs. Maman est toujours en rogne après moi parce que je déménage, ce qui est une des raisons pour lesquelles on se parle peu en ce moment.

— Tu vois ? Tout tourne autour d'elle, dit Cristal.

— Pas toujours, mais elle ne m'aura pas en boudant, cette fois, affirma Jill.

Elle n'aimait pas l'idée de se liguer contre leur mère, mais elle devait être honnête avec Cristal.

Elles marchèrent en silence.

Jill leva le visage pour profiter de la brise salée qui rafraîchissait ses joues. Elle s'arrêta à la lisière des vagues et observa les petits trous créés à la surface du sable humide lorsque l'eau refluait. Elle compara cette scène à son existence. Ses nouvelles expériences, telles les vagues qui se retiraient, dévoilaient les trous de sa vie précédente. Elle savait également que, tout comme l'eau reviendrait, de nouveaux défis se présenteraient. Penser à Brody et à la nouvelle relation qu'elle établissait avec sa sœur lui donna la sensation d'être prête à repartir de zéro.

Cristal se porta à sa hauteur.

— C'est très apaisant de se tenir là et de regarder la mer.

— Je suis d'accord. J'ai compris peu de temps après mon arrivée que c'était ici que je voulais vivre. L'idée de retourner à la maison n'avait aucun attrait. C'est pour ça que j'ai mis tous ces changements en route aussi rapidement.

Elle se tourna vers Cristal.

— Que vas-tu faire après ton opération ?

— Crois-moi ou pas, j'envisage de faire une école d'esthétique et d'ouvrir mon propre salon de coiffure comme je l'ai toujours souhaité.

— Waouh ! Je suis surprise. Ce serait quelque part en Floride ?

— Je n'en suis pas certaine.

Cristal envoya du sable voler avec son pied.

— Tu crois que je serais douée pour ça ?

— Tu te moques de moi ? Tu serais parfaite. Et aussi pour travailler sur le maquillage et toutes les autres astuces de beauté.

Cristal l'enlaça.

— Merci. J'avais besoin d'entendre ça. Je sais que maman a toujours eu d'autres projets pour moi, mais j'en suis arrivée à détester la vie factice que je vis et, à trente-cinq ans, je commence à être vieille pour le monde que j'ai côtoyé pendant les dix à douze dernières années. Il faut que ça change.

Jill s'écarta de sa sœur et lui sourit.

— Tu sais quoi ? J'aime bien le nouveau toi.

— Tu le penses ? demanda Cristal d'une petite voix.

Jill la serra fort.

— J'en suis sûre.

À leur retour à la maison, Greg était assis sur le porche avant, vêtu d'un pantalon marron et d'un polo de golf éclatant.

— Prêt pour ton rendez-vous avec Melanie ? demanda Jill. Tu n'es pas un peu en avance ?

Greg sourit d'un air embarrassé.

— J'ai pensé qu'il faudrait bien que je m'habille, de toute façon. Nous allons monter jusqu'à Clearwater pour dîner dans un restaurant de fruits de mer que Melanie a suggéré.

— Amusez-vous bien ! dit Cristal avant de disparaître à l'intérieur de la maison.

Jill resta dehors et s'assit dans un des rocking-chairs près de Greg

— J'ai une question à te poser et j'ai besoin que tu me répondes honnêtement.

— Bien sûr. Vas-y.

— Melanie et son associée, Susannah, m'ont offert de prendre des parts dans leur centre de loisirs pour que je m'occupe de la partie financière de l'affaire. Melanie désire prendre plus de temps pour voyager et avoir une vie personnelle à l'extérieur du centre. Je suis très intéressée, mais ça signifie que je vais devoir investir une partie de l'argent que j'avais gardé comme apport pour l'achat d'une maison. Je ne suis pas prête à acheter de toute façon. Pas avant d'être certaine de l'endroit où je veux vivre.

Greg hocha la tête d'un air pensif.

— Melanie m'a parlé du centre. Ce pourrait être une nouvelle opportunité appréciable pour toi.

— Merci. J'avais besoin de l'entendre venant de quelqu'un qui connaît la région et les personnes impliquées. Que vas-tu faire quand tu en auras terminé ici ? Tu as parlé de louer un appart.

— Je n'en sais rien. Brody m'a proposé de venir habiter avec lui, je pourrais le prendre au mot. Melanie et moi avons envisagé de voyager ensemble un jour. J'avais récemment commencé à chercher un compagnon de voyage parce qu'Annie n'aimait pas les longs déplacements. Il y a de nombreux endroits dans le monde que j'aimerais visiter. Melanie a la même envie. Jusque-là, nous n'avons discuté que de voyager ensemble, mais je crois que quelque chose de plus permanent pourrait en découler. Il faudra voir comment ça se passe.

Jill pressa ses mains l'une contre l'autre, ravie par l'idée d'un développement romantique entre Greg et Melanie.

— Oh, Greg, ce serait merveilleux pour vous deux.

— Un jour à la fois, ma chère, dit Greg, mais l'étincelle au fond de ses yeux lui confirma qu'il souhaitait qu'ils soient ensemble.

Jill entra dans la maison et retourna dans sa chambre pour changer de maillot de bain. L'idée d'une petite baignade dans la piscine avait beaucoup d'attrait par cette chaude journée estivale. Alors qu'elle ôtait ses vêtements, son portable sonna. Elle vérifia l'identité de l'appelant et sourit. *Le frère de Niki, Charlie Beachum.*

— Bonjour Charlie ! Niki et moi avons parlé de toi dernièrement, dit Jill.

Elle était heureuse qu'il l'ait appelée, il était tellement gentil.

— Je reviens en Floride après-demain et j'aimerais t'emmener dîner. J'ai vraiment passé une bonne soirée avec toi la dernière fois.

— Moi aussi. Je serai ravie de dîner avec toi.

Ils prirent rendez-vous et Jill raccrocha, soulagée de

pouvoir mettre un frein à sa relation avec Brody. Elle avait besoin de temps et de recul.

CHAPITRE VINGT-CINQ

Le lendemain matin, les mains crispées sur le volant, Jill conduisait Cristal à Tampa. Elle avait recherché différentes informations ainsi que l'itinéraire pour se rendre au centre du cancer du sein de la Fondation de la famille de M. Richard M. Schulze, qui faisait partie de l'Institut H. Lee Moffitt de traitement et de recherche sur le cancer. Les longs intitulés semblaient froids et formels, mais elle avait appris que ce centre était un établissement fantastique. Fondé en 1981 par la Législature d'État de Floride, il avait ouvert sur le campus de l'Université de Floride du Sud en 1986.

— Et s'ils me disaient que je suis mourante ? demanda Cristal, les joues blêmes.

Jill tendit une main pour serrer celle de sa sœur.

Elles tentèrent de discuter de tout et de rien, mais la tension s'intensifia dans la voiture lorsqu'elles pénétrèrent dans le campus McKinley et que Jill chercha une place sur le parking du centre.

Elle gara le véhicule et elles entrèrent dans le bâtiment. Deux globes en béton gris marquaient l'entrée principale. À l'intérieur, Cristal s'adressa à une femme assise derrière un bureau d'informations et fut dirigée vers le bureau du Dr William Noble.

À leur arrivée, on donna davantage de formulaires à remplir à Cristal et la secrétaire les informa que son médecin traitant à Miami avait fait parvenir au centre tous les résultats dont ils avaient besoin. Pendant que sa sœur remplissait les papiers, Jill s'assit près d'une fenêtre et consulta son téléphone.

Un texto de Melanie leur souhaitait bonne chance. Un autre, de Leigh McKinnon à l'école, lui disait qu'elle aimait la décoration de la classe de Jill.

Jill soupira de satisfaction. Malgré des changements drastiques, sa vie semblait se mettre en place.

Cristal vint s'asseoir à côté d'elle.

— J'espère ne pas avoir à attendre trop longtemps. Voir toutes ces autres femmes me rend nerveuse. Certaines ont l'air aussi inquiètes que moi.

Jill tapota la main de sa sœur.

— Le personnel va faire de son mieux pour examiner tout le monde le plus vite possible. Toi y compris.

— Tu crois qu'on aurait dû prévenir maman ? demanda Cristal en tortillant ses doigts.

— Je pense qu'il faudra qu'on l'appelle après cette consultation, dit Jill.

Elle ne voulait pas énerver sa mère, mais elle pensait qu'elle avait le droit d'être au courant.

Quand le nom de Cristal fut appelé, Jill se leva en même temps qu'elle. Elles suivirent une infirmière dans un couloir et pénétrèrent dans un bureau dont les murs étaient d'une couleur crème douce et apaisante. Un grand homme élancé aux cheveux gris entra derrière elles et se présenta. William Noble avait des yeux marron clair qui exprimaient la gentillesse et l'intérêt, ce que Jill apprécia immédiatement quand ils se serrèrent la main.

Après les échanges de politesse, deux chaises leur furent offertes face au bureau du médecin. Le Dr Noble s'assit derrière sa table et prit un moment pour étudier des documents et une planche de photos.

Il se pencha en avant.

— Je comprends que vous soyez anxieuse d'en apprendre

plus sur votre état et d'établir un plan de traitement. Que savez-vous de votre statut à cet instant ?

— Pas grand-chose, admit Cristal. J'étais en voyage quand j'ai appris la nouvelle et j'étais tellement nerveuse que j'en ai oublié la lettre de mon médecin.

— Bon, essayons de calmer un peu ces nerfs, dit gentiment le Dr Noble. Votre sein gauche est atteint d'un cancer de grade 1A. Après la biopsie et l'imagerie 3D, le rapport indique que la tumeur mesure moins de deux centimètres et ne s'est pas répandue hors du sein. C'est une très bonne nouvelle, ainsi que l'absence d'antécédents de cancer du sein dans votre famille.

— Qu'est-ce que ça signifie en termes de traitement ? demanda Jill alors que Cristal retenait ses larmes.

— Je suggère que nous procédions à l'ablation de la tumeur. Nous interviendrons en profondeur pour nous assurer que nous retirons toute la tumeur et un peu de tissu sain en périphérie, ce que nous appelons une marge chirurgicale. Même s'il n'y a aucun signe d'expansion à distance, nous vérifierons également les ganglions lymphatiques de la région. À mon avis, l'opération devrait résoudre le problème. Mais si un traitement complémentaire était nécessaire, nous vous informerions. Comprenez-vous ?

Cristal acquiesça.

— La chirurgie serait juste un peu plus complexe que celles que j'ai déjà subies. C'est ça ?

— Oui, répondit le Dr Noble. L'incision ne sera probablement pas plus grande.

Il lui sourit.

— Vous êtes le genre de patiente que nous préférons. Je vous prédis un bon résultat.

— Quand puis-je être opérée ? Je ne veux pas attendre. Je veux en finir au plus vite, dit Cristal.

Le Dr Noble hocha la tête.

— C'est compréhensible. Nous pouvons vous programmer pour une chirurgie ambulatoire vendredi, dans quatre jours.

Cristal se tourna vers Jill.

— Tu seras libre pour venir avec moi ?

— Oui. Je ne commence pas à l'école avant la semaine suivante.

— Très bien, allons-y, dit Cristal.

Elle adressa un sourire tremblant au Dr Noble.

— Merci beaucoup !

— De rien.

Ils passèrent en revue les procédures pré-opératoires, puis le médecin se leva.

— Je vous vois vendredi, Cristal.

Ils se serrèrent tous la main et Jill accompagna sa sœur hors du bureau, avec l'impression d'être sur un nuage. Cristal allait s'en sortir.

Sur leur chemin vers la sortie, lorsqu'elles traversèrent de nouveau la salle d'attente, Jill ne put s'empêcher d'examiner les femmes qui y étaient assises, leur souhaitant un pronostic aussi favorable.

Quand elles atteignirent la voiture, Cristal déclara :

— Allons déjeuner. J'ai envie de fêter ça.

— Oui, tu as raison, mais si ça ne te fait rien, retournons vers le Seashell Cottage et trouvons un endroit plus proche de la maison, avec moins de circulation.

— Tu n'es toujours pas une fille de la ville, hein ? dit Cristal.

— Je ne te le fais pas dire, répliqua Jill.

Elle soupçonnait que la circulation aux alentours du cottage serait plus dense en hiver, mais ce serait toujours plus facile pour elle que de conduire en centre-ville.

###

Elles choisirent de déjeuner au Key Hole à l'auberge Salty Key. Proche du cottage, le restaurant proposait exactement ce dont Jill avait envie : une salade César croquante au poulet et une alcôve privée dans un coin du bar.

Après avoir passé commande, Cristal sortit son portable.

— J'appelle maman maintenant pour qu'elle ne puisse pas se plaindre d'avoir été laissée dans l'ignorance.

— Tu ne vas pas t'en tirer aussi facilement.

Jill gloussa quand Cristal leva les yeux au ciel avant de taper le numéro de leur mère et d'attendre.

— Bonjour maman ! C'est Cristal. Je te mets sur haut-parleur. Je suis avec Jilly. Nous déjeunons ensemble.

Jill se pencha pour mieux entendre.

— Jilly ? Elle est en Europe ?

— Non maman. Elle est en Floride avec moi. Je suis rentrée en avance d'Europe pour m'occuper d'un problème médical.

— Un problème médical ? Que se passe-t-il ? Tu as besoin que je te rejoigne ? Jill est trop occupée pour aider.

— En fait, je suis ici parce que je voulais passer un peu de temps avec ma sœur. Elle m'aide.

Cristal prit une grande inspiration.

— J'ai un cancer du sein de grade 1A. Le chirurgien va pratiquer l'ablation de la tumeur pour en supprimer toute trace.

— Et tu ne m'as pas appelée en premier ? geignit leur mère. Quel genre de fille es-tu ? Une mère mérite de savoir ces choses-là. Jill, est-ce que c'est toi qui l'as poussée à faire ça ?

Jill s'adressa au téléphone avec la ferme détermination de ne pas laisser les choses s'envenimer.

— Non maman. J'ai été aussi surprise que toi. Mais je suis très heureuse que Cristal ait choisi de venir se faire soigner en Floride au centre de cancérologie Moffitt. C'est un des meilleurs. Et en plus, ça nous donne l'opportunité de passer du temps ensemble.

— Eh bien je vois qu'on n'a pas besoin de moi, s'indigna Valerie.

— En fait, nous pensions que tu voudrais venir en Floride, annonça Cristal à la grande surprise de Jill.

— Et où logerais-je ? Avec vous deux au cottage ? demanda sa mère.

Cristal interrogea Jill du regard.

— Je serai peut-être en mesure de libérer une des chambres. Greg et Brody ont bientôt terminé les travaux, et Brody est sur le point d'acheter une maison. Ils sont tous les deux pressés de déménager.

— Je réserve un vol pour Tampa cette après-midi, déclara Valerie. Je vous ferai connaître mon heure d'arrivée.

— Pourquoi n'attendrais-tu pas demain ? Ça me donnera le temps de te trouver un endroit où dormir, dit Jill.

— D'accord, mais vous devrez me mettre au courant de tout ce que vous avez fait. Vous avez réussi à me faire de la peine.

— Maman, l'important c'est Cristal et son opération, dit Jill.

— Cette chirurgie ne va pas te mutiler, n'est-ce pas Cristal ?

— Non maman, je ne le pense pas. Notre repas arrive. À bientôt.

Cristal mit fin à l'appel et se tourna vers Jill.

— Ça ne s'est pas trop mal passé.

Jill haussa les épaules.

— Ce ne sera pas facile, mais on peut le faire.

Cristal la dévisagea.

— Je suis désolée de ne pas t'avoir demandé d'abord s'il y avait de la place au cottage.

— Moi aussi. Mais on trouvera une solution, d'accord ?

Cristal hocha la tête en la fixant d'un regard pénétrant.

###

De retour au cottage, Jill fut accueillie par le désordre absolu. Des vêtements et des jouets étaient empilés sur le canapé et le sol autour.

Brody leva les yeux du carton qu'il remplissait de jouets de Kacy.

— Salut ! Ce matin, pendant votre absence, j'ai fait une offre sur la maison et elle a été acceptée. Je loue la propriété le temps que tous les papiers soient faits. Kacy est excitée à l'idée d'habiter près de chez Emily, alors nous quittons le cottage aujourd'hui. J'espère que cette décision de dernière minute ne te dérange pas. Mais vivre dans la maison me donnera une idée de comment organiser l'espace. Greg a accepté de venir avec nous, au moins temporairement.

Il lui fit un clin d'œil.

— Ça ne t'ennuie pas qu'on dîne ici ?

Jill fit un gros effort pour continuer à sourire. Le Seashell Cottage ne serait plus pareil sans eux.

— Il s'avère que nous aurons besoin de l'espace, dit Cristal qui se tenait à côté d'elle. Ma mère arrive demain et restera plusieurs jours.

Brody jeta un regard à Jill

— Alors ça tombe bien que je parte.

— Je ne voulais pas que ça se passe comme ça, dit Jill, déçue par leur départ. Où est Greg ?

Brody sourit.

— Il est avec une certaine personne pour discuter d'un voyage qu'il veut faire en Irlande. Il emménage avec nous. Il a déjà emporté une grande quantité de ses affaires à la nouvelle maison. Il viendra chercher le reste ce soir.

— Je pense que je vais aller m'allonger au bord de la piscine, déclara Cristal en faisant mouvement vers la porte.

— Non Cristal, dit fermement Jill. D'abord, tu vas m'aider à défaire les draps du lit de Greg et à nettoyer la salle de bains.

Judith Keim

— Mais...

— J'ai besoin de ton aide. Tu connais maman. Elle veut que tout soit parfait.

— D'accord, soupira Cristal d'une voix geignarde.

C'était la sœur dont Jill avait l'habitude.

Jill décida de transformer le dîner en fête pour faciliter la transition de Kacy entre le cottage et son nouveau foyer. Elle sortit une nappe à carreaux rouges qu'elle avait trouvée précédemment dans un des tiroirs de la cuisine et fit un saut rapide à l'épicerie pour acheter quelques accessoires.

Plus tard, elle admira le travail qu'elle avait fait dans la cuisine. Des ballons gonflés à l'hélium étaient attachés aux dossiers des chaises placées autour de la table, qui était arrangée comme pour un pique-nique, et un gâteau dont le glaçage proclamait *Joyeux déménagement !* trônait sur le comptoir.

— Tu t'es donné tout ce mal pour Kacy ? demanda Cristal en entrant dans la pièce.

— Oui, répondit Jill. Je veux qu'elle ait un bon souvenir de son séjour au Seashell Cottage. Mais je veux aussi qu'elle sache que, peu importe où elle habite, je chérirai nos moments privilégiés.

— Tu aimes vraiment les enfants, n'est-ce pas ? J'en veux pour preuve que tu as enseigné en maternelle toutes ces années, et que tu t'apprêtes à prendre une classe de CE2. Ceci étant, tu as toujours voulu être prof.

Cristal soupira.

— Toute petite déjà, tu savais ce que tu voulais faire.

— Bon, je savais que je ne pourrais jamais être mannequin ou actrice, dit Jill avant de s'interrompre.

Elle ne souhaitait plus en dire davantage, c'était une vieille habitude qu'il fallait oublier.

— Désolée. Je ne veux pas m'étendre sur ce sujet.

— Moi non plus, avoua Cristal. Je peux t'aider à préparer le dîner ?

Jill masqua sa surprise. Cristal avait toujours affirmé qu'elle était inutile en cuisine.

— Merci. Ce serait sympa de t'occuper de la salade. Je concocte la sauce pour spaghettis préférée de Kacy.

— Ok. Je fais d'excellentes salades. C'est principalement ce que Hope et moi préparons pour le dîner.

— Tu es vraiment prête à quitter South Beach et à ouvrir ta propre boutique ? Je sais que tu ferais plaisir à tes clients, mais posséder une petite affaire représente beaucoup de boulot.

— Et alors ? Tu ne m'en crois pas capable ? demanda Cristal d'un ton mordant.

— Attends une seconde. Ce n'est pas ce que j'ai voulu dire, l'apaisa Jill.

Elle comprenait que Cristal puisse réagir de cette manière, comme si elle avait sous-entendu qu'elle était belle, mais pas intelligente.

— C'est un engagement au quotidien et, à moins d'avoir de l'aide, tu n'auras peut-être plus beaucoup de temps libre. J'ai entendu d'autres personnes parler de ces difficultés.

— Oh, je comprends. Tu as raison. Il me faudrait un assistant ou un associé.

Cristal parut honteuse avant d'afficher un sourire triste.

— Je me demande si Linsey Logan habite toujours en ville. Tu te souviens d'elle ? Elle et moi parlions d'ouvrir notre propre salon de coiffure dans le temps.

— La dernière fois que j'en ai entendu parler, elle habitait dans le sud. À Atlanta, il me semble.

Cristal secoua la tête.

— Ça n'a pas d'importance. Je trouverai quelqu'un à l'école d'esthétique. Il y en a plusieurs en Floride. Je resterai peut-être dans la région. C'est beaucoup plus calme que ce dont j'ai l'habitude, mais j'apprécierai peut-être le changement.

Elle haussa les épaules.

— Ou bien j'irai passer quelques années à Ellenton. Ça pourrait être agréable d'avoir de nouveau de vrais hivers.

— Je suis sûre que tu t'en sortiras où que tu atterrisses. Tu as toujours été douée pour la coiffure.

Cristal la dévisagea.

— J'aime bien tes cheveux courts, mais puis-je faire une suggestion ?

Jill éclata de rire.

— OK, vas-y.

Cristal repoussa les cheveux de Jill en arrière.

— Je pense que tu pourrais en couper cinq centimètres de plus pour exposer ton cou. Ça dégagerait ton visage et te donnerait une allure différente, plus sophistiquée.

— D'accord, je le ferai. Viens avec moi un jour voir mon coiffeur, Frederick. Qui sait ? Tu finiras peut-être par travailler avec lui.

Cristal s'esclaffa.

— Je n'en sais rien, mais j'aimerais bien le rencontrer pour lui demander son avis sur les écoles et tout le reste.

Jill hocha la tête, s'interrogeant sur ce que l'intuition de Susannah aurait à dire à propos de l'avenir de Cristal.

CHAPITRE VINGT-SIX

Jill patientait avec sa sœur dans l'aire d'attente des bagages à l'aéroport international de Tampa. Elle avait une envie désespérée de se ronger les ongles, habitude qu'elle avait abandonnée depuis des années. La visite de leur mère s'annonçait difficile pour elles deux. Elles allaient devoir affronter les problèmes du passé dans le but de faire évoluer leurs vies dans une nouvelle direction. Jill réalisa qu'elle aurait dû le faire depuis longtemps, mais les années passées à être la gentille fille qui s'arrangeait pour maintenir la paix l'en avaient empêchée. C'était peut-être pour ça, songea-t-elle avec étonnement, qu'elle avait été une proie aussi facile pour un homme comme Jay. Ceci étant dit, aucune femme ne devrait être la cible de la cruauté d'un homme.

— Tout va bien ? lui demanda Cristal, qui la regardait avec inquiétude.

Jill écarta ses pensées morbides.

— Oui.

Elle se sentait bien. Le Seashell Cottage avait appliqué un genre de baume apaisant sur son esprit martyrisé.

Cristal ébaucha un sourire.

— Et voici maman.

Valerie Davis était une quinquagénaire élégante qui maintenait son corps en forme et ses cheveux blonds. En les voyant, elle se dirigea vers elles avec une assurance tranquille, une main en l'air pour leur faire signe.

Jill et Cristal avancèrent ensemble pour l'accueillir.

— Bonjour les filles ! Je suis contente d'être enfin arrivée, dit Valerie. Le voyage a été affreux. J'avais tellement peur pour toi, Cristal. Quelle déception de penser que mes filles me cachaient ce genre de nouvelles ! C'est ce que j'ai expliqué à l'homme qui était assis à côté de moi.

Jill et Cristal échangèrent un regard entendu.

— Maman, qu'est-ce que tu as comme bagages ? demanda Jill pour détourner l'attention de sa mère.

— Juste un sac. Plutôt lourd, j'en ai peur, mais je ne savais pas combien de temps j'allais rester ici.

— Après la chirurgie de vendredi, je dois revoir le médecin une semaine plus tard et je suis libre de partir ensuite, dit Cristal.

— Tu auras suffisamment récupéré ? lui demanda Valerie, l'air d'être au bord des larmes.

— Maman, ce n'est pas une grosse opération. N'est-ce pas, Jill ?

— Oui. Il est évident que nous sommes inquiètes, mais c'est une procédure assez standard. Le médecin n'est même pas encore sûr qu'il faudra un traitement additionnel.

— Jill a promis de m'accompagner. Elle a rencontré le docteur et a entendu tout ce qu'il avait à dire. C'était très important pour moi.

— Mais c'est moi qui aurais dû être avec toi. Je suis ta mère ! s'exclama Valerie.

— Eh bien ça ne s'est pas passé comme ça. Et pendant que tu es là, Jill et moi espérons te parler d'un certain nombre de choses, dit Cristal.

Elle se rapprocha de Jill et adressa à sa mère un sourire hésitant.

— Qu'est-ce que vous mijotez ? demanda leur mère en regardant Jill avec suspicion.

— Retournons au cottage pour pouvoir discuter tranquillement. Greg, Brody et Kacy sont partis, nous aurons la maison pour nous, dit Jill.

Elle ne voulait pas causer de scène à l'aéroport.

— Bon, cette conversation ferait aussi bien d'être agréable. Le voyage n'a pas été simple et j'ai besoin de repos, déclara Valerie. Voilà mon sac. Tu t'en charges, Jill.

— Ne bouge pas, je vais le prendre, dit Cristal.

Jill ne sut pas laquelle était la plus surprise d'elle ou de sa mère. Un éclat de rire lui monta dans la gorge. Oui, la structure familiale subissait déjà des changements qui auraient dû avoir eu lieu depuis longtemps.

Sur le chemin du cottage, la conversation resta légère, grâce aux efforts conjoints de Jill et de sa sœur.

Quand Jill s'arrêta dans l'allée du Seashell Cottage, Valerie s'exclama :

— Comme c'est joli ! Cristal, c'était vraiment gentil de t'arranger pour que Jill passe ses vacances d'été ici.

Jill jeta un regard à Cristal, qui était assise à la place du passager.

— Ce n'étaient pas que des vacances, admit Cristal. Mais je suis certaine qu'elle est contente d'être venue.

Jill sourit.

— C'est vrai.

Sa rencontre avec Greg, Brody, Kacy et tous les autres avait changé sa vie.

— Je n'avais pas idée que ce séjour en Floride déboucherait sur quelque chose de permanent, dit leur mère. Mes amis m'ont entourée, mais ce n'est pas la même chose que d'avoir une fille à proximité pour m'aider.

Pour rompre le silence qui s'ensuivit, Jill proposa :

— Viens faire le tour du cottage, je crois que tu seras impressionnée.

Pendant que Jill et Cristal sortaient sa valise et son bagage à main du coffre, Valerie descendit de la voiture et examina la maison.

— Suis-moi, dit Jill en conduisant sa mère à la porte d'entrée.

Après l'avoir déverrouillée et ouverte, elle fit un pas de côté.

— Bienvenue au Seashell Cottage.

Valerie entra et s'arrêta un instant pour observer le décor.

— Ça sent la peinture. Tu dis que les ouvriers viennent de partir ?

— Oui. C'est pour ça que nous avons la maison pour nous seules, répondit Jill.

— Où se trouve ma chambre ? Il faut que je m'installe.

— Ta chambre est à côté de la mienne au bout de ce couloir, dit Cristal en traînant la valise de sa mère derrière elle.

Jill les conduisit vers la chambre que Greg avait utilisée. Elle était prête à la recevoir, avec ses draps propres et sa salle de bains récurée.

— Oh, ça ira très bien, dit Valerie. Quand le déjeuner sera-t-il servi ? Je refuse de payer pour ce qui équivaut à de la malbouffe dans l'avion et j'ai faim.

Jill et Cristal échangèrent un regard.

— J'ai pensé que nous pourrions manger une salade fraîche. Dans la semaine, nous t'emmènerons dîner à l'extérieur, dit Jill.

— Je paierai. J'ai finalement touché mon salaire après avoir fait un peu de mannequinat dans un des hôtels, déclara Cristal.

Valerie sourit.

— Comme c'est gentil, ma chérie. Est-ce que tu pourras encore défiler après ta chirurgie ?

— Maman, pourquoi est-ce que tu t'inquiètes de ça ?

Cristal lui jeta un regard noir.

— Pour ton information, j'ai quitté South Beach. C'était

devenu de plus en plus difficile pour moi de vivre et de travailler là-bas. J'ai décidé qu'il était temps de bouger.

— Ah ? Je n'en avais pas conscience. Il est peut-être temps que tu te rendes dans une ville plus grande. Pourquoi pas New York ? Tu serais beaucoup plus près de moi.

— Je vais commencer à préparer le déjeuner, dit Jill. Je serai dans la cuisine.

Elle savait que si elle restait plus longtemps, elle pourrait dire quelque chose qu'elle regretterait.

— Je vais laisser maman déballer ses affaires et t'accompagner, dit Cristal. Nous parlerons de ça plus tard.

Valerie fronça les sourcils.

— Qu'est-ce que vous me cachez, toutes les deux ? Vous agissez de manière tellement différente, tellement mystérieuse.

— Ce n'est rien. Dépêche-toi de ranger tes affaires, dit Cristal. Cette après-midi, nous pourrons aller marcher sur la plage ou nous baigner dans la piscine.

Elle quitta la pièce et suivit Jill à la cuisine.

— On n'a pas besoin de tout lui raconter d'un coup, dit doucement Jill.

— Tu as raison. Profitons au maximum du temps que nous avons ensemble. Je veux me détendre avant l'opération de vendredi.

Jill sortit un paquet de salade verte et disposa les feuilles sur trois assiettes séparées. Elle y ajouta les crevettes cuites et les œufs durs coupés en tranches, et arrosa le tout de la sauce Louis qu'elle avait préparée plus tôt.

Cristal fit griller des tranches de pain français et les plaça dans un panier garni d'une serviette impeccable, puis elle posa le panier au centre de la table et versa du thé glacé dans trois verres.

Au moment où Jill posait les assiettes de salade sur la table, leur mère entra dans la cuisine.

— C'est magnifique. Je ne me rappelle pas la dernière fois où j'ai eu la chance de déjeuner avec mes deux filles.

Elle prit place à la table de la cuisine entre elles deux en leur souriant.

— C'était juste avant le mariage de Jill, dit Cristal. Je m'en souviens parfaitement. Tu faisais des histoires au sujet de la robe que j'allais porter pour le dîner de répétition.

— Celle qui était trop courte ? demanda Valerie. Bien sûr, je ne voulais pas que tu voles la vedette à Jill.

— Pouah, je m'en souviens, dit Jill.

Sa mère avait gâché la soirée en déclarant à qui voulait l'entendre qu'il était temps que ce soit *cette pauvre Jill* la reine de la fête, pas Cristal. Elle avait peut-être pensé être magnanime, mais le ton qu'elle avait employé avait été condescendant.

— Bon, ça suffit. C'est tellement triste. Ce mariage a tourné à la tragédie avec la mort prématurée de Jay.

Jill se sentit bouillir. Elle posa brutalement sa fourchette et fusilla sa mère du regard.

— Dans l'intimité de notre foyer, Jay devenait un monstre qui m'engueulait, me traitait de tous les noms et exigeait que je sois parfaite. C'est quelque chose que tu n'as jamais admis à son sujet, mais c'est la vérité.

— Oh Jill, soupira sa mère. Il t'aimait. Quand je lui demandais si tout allait bien, il me répondait qu'il t'adorait. Il a même pleuré un jour en me disant tout ce que tu représentais pour lui. C'était un intendant de notre paroisse, un membre estimé de notre communauté. Tu te souviens de tout ce qu'il a fait avec la petite ligue de baseball ?

Les larmes piquèrent les yeux de Jill.

— En quoi toutes ces choses sont-elles liées avec les mauvais traitements que je devais supporter quotidiennement ? Il m'a fallu deux ans de thérapie pour surmonter les dommages qu'il a causés. Aujourd'hui, je refuse d'écouter ta réponse de... de merde à ce que j'ai vécu. Je me fous de savoir s'il était intendant de l'Église ou un membre estimé de la communauté, ou du boulot qu'il a fait avec la ligue de baseball. Ce qui m'importe, c'est l'enfer qu'il m'a fait vivre.

— Pourquoi est-ce que tu ne la crois pas ? s'indigna Cristal. Toi plus que tout autre aurais dû voir que quelque chose n'allait pas. Nous aurions tous dû.

Leur mère se redressa sur sa chaise et lança un regard noir à Cristal, les lèvres pincées.

— Comment oses-tu me blâmer ?

Elle se tourna vers Jill.

— Et toi, ne t'avise plus jamais de me parler sur ce ton.

— Tu aurais dû croire ta propre fille quand elle t'a dit ce qui se passait, même si tu ne voulais pas l'entendre, dit Cristal. Et pourquoi est-ce que tu ne m'as jamais fait part de la situation ?

— Assez, dit Valerie en levant une main pour mettre fin à la conversation.

— Je vais en rester là pour le moment, dit Cristal. Mais ce n'est pas terminé.

Leur mère tamponna ses yeux.

— Vous êtes méchantes avec moi. Après tout ce que j'ai fait pour vous.

— Cristal et moi avons commencé à discuter, dit Jill. Il est temps qu'on soit honnêtes les unes envers les autres, même si ça ne te plaît pas.

— Tu veux que je rentre chez moi ? demanda Valerie d'un air de défi. Je le ferai si vous me traitez de cette manière.

Cristal posa une main sur le bras de sa mère.

— Nous essayons juste de mettre quelques choses à plat, de mieux nous comprendre. Le fait d'avoir un cancer m'a fait prendre conscience que nous avons de la chance de pouvoir passer du temps ensemble. Nous serons toutes de meilleures personnes grâce à ça.

— Cristal a raison, dit Jill. Ce sera bénéfique pour nous toutes.

Valerie laissa échapper un long soupir bruyant.

— Je suis ici pour aider Cristal à traverser cette crise. Alors je vais rester.

— Tu es ici parce que Jill a été assez gentille pour te faire de la place au Seashell Cottage, lui rappela Cristal.

— Oui, bien sûr. Ça aussi, dit-elle en adressant un sourire forcé à Jill.

Jill resta assise à table en attendant le moment où elle pourrait se lever. Elle avait besoin de se retrouver seule. Les souvenirs de Jay se conduisant comme le parfait responsable de la communauté lui avaient coupé l'appétit. Quand son téléphone sonna, elle bondit de sa chaise et se précipita pour répondre, reconnaissante pour l'interruption.

Elle sourit en voyant le nom qui s'affichait. *Brody.*

— Salut ! Quoi de neuf ? demanda-t-elle d'une voix rendue un peu tremblante par les émotions qui s'agitaient en elle.

— Ça ne te gêne pas si j'amène Kacy au cottage après l'avoir récupérée à Sunnyside ? Elle a oublié un tee-shirt qu'elle veut porter demain pour aller au centre.

— Bien sûr, pas de problème. Où est-il ? Je le préparerai pour elle.

— Dans un des tiroirs de notre chambre. Probablement celui du bas.

Il hésita.

— Tout va bien ? Tu as l'air bouleversée.

— Je t'expliquerai plus tard. Je suis dans la cuisine avec ma mère et Cristal.

— D'accord. Je suis prêt à t'écouter n'importe quand.

— Merci, dit Jill, se sentant déjà mieux.

C'était tellement facile de reprendre son ancienne place dans la dynamique familiale, mais elle refusait d'abandonner tout ce qu'elle avait appris sur elle-même depuis son arrivée en Floride.

— Qui était-ce, ma chérie ? demanda Valerie quand Jill vint se rasseoir à table.

— Brody. Sa fille a laissé un tee-shirt ici. Ils passeront plus tard dans l'après-midi.

— Tu vas vouloir le rencontrer, dit Cristal en souriant espièglement à Jill. Un mec canon si j'en ai jamais vu un.

Les sourcils de sa mère s'arquèrent.

— Oh ? Que se passe-t-il entre vous ?

Jill sourit.

— Nous sommes amis. De très bons amis.

Elle ne souhaitait pas en dire plus. Elle avait des sentiments pour Brody, mais elle sortait dîner avec Charlie.

Jill s'étudia dans le miroir, se demandant si Cristal avait raison pour ses cheveux. Ils seraient peut-être mieux un peu plus courts. Leur couleur brune s'était décolorée pour prendre une teinte dorée qui était attrayante. Elle se maquilla, soulignant son regard avec une ombre à paupières verte qui faisait ressortir les différentes nuances de ses yeux noisette, surtout avec la robe d'été verte qu'elle s'était offerte.

Quand elle sortit de la chambre, Cristal et sa mère l'examinèrent en souriant.

— Tu es splendide, sœurette, affirma Cristal.

— Oui, ça te va très bien, ajouta leur mère. J'ignorais que tu voyais quelqu'un, mais nous n'avons pas beaucoup discuté dernièrement. J'avais l'habitude de savoir tout ce que tu faisais.

— Pas tout, nia Jill

Leur attention fut attirée par le son de quelqu'un à la porte.

— Je vais ouvrir, dit Cristal. Tu ne veux pas avoir l'air trop empressée, n'est-ce pas ?

Jill acquiesça avec un rire nerveux.

Cristal revint, suivie de Charlie. Jill se dirigea vers lui en souriant. Elle avait oublié à quel point il était séduisant.

— Voici ma sœur, Cristal, et ma mère, Valerie Davis, dit Jill.

Charlie inclina la tête.

— Enchanté de faire votre connaissance à toutes les deux.

Après quelques échanges de banalités, il se tourna vers Jill.

— Prête ? J'ai pensé qu'on pourrait aller au Key Pelican ce soir. Le Gavin était complet à cause de deux fêtes privées.

Sur le porche, Charlie lui sourit.

— Tu es très belle.

— Merci, répondit Jill en s'enjoignant de se détendre.

Elle se figea lorsque le pick-up de Brody se gara dans l'allée. Elle vit Kacy ouvrir la porte de la cabine et accourir vers elle sur des jambes filiformes beaucoup plus longues qu'à son arrivée en Floride.

— Salut Jill ! Nous sommes de retour, s'écria Kacy. Papa dit que tu as mon tee-shirt.

— Oui, il est plié et il t'attend sur le comptoir de la cuisine.

Kacy s'arrêta et leva les yeux sur Charlie, la mine désapprobatrice.

— Qui êtes-vous ?

— Un ami de Jill et l'oncle d'Emily, répondit-il plaisamment.

— Oh.

Kacy jeta un coup d'œil à Jill et se rua à l'intérieur.

Brody s'approcha en jaugeant Charlie du regard et tendit sa main.

— Bonjour, je m'appelle Brody Campbell.

— Charlie Beachum.

Cristal sortit sur le porche.

— Salut Brody ! Viens faire connaissance avec ma mère.

— Enchanté, dit Brody à Charlie avant de se tourner vers elle. Tu es superbe, Jill.

— Merci, répondit-elle, avant de le regarder entrer dans la maison.

— Qui est-ce ? demanda Charlie alors qu'ils se dirigeaient vers sa voiture.

— Un ami, dit Jill.

Elle se demanda si elle se montrait juste avec Brody. Même si elle avait décidé de conserver sa liberté, il tenait une place particulière dans sa vie.

CHAPITRE VINGT-SEPT

Le lendemain matin, Jill s'éveilla et resta couchée, observant les reflets du soleil sur le mur. Elle aimait bien Charlie, mais c'était Brody qui lui donnait l'impression d'être la meilleure chose qui lui soit jamais arrivée. Elle aimait la manière dont il l'embrassait, la faisait rire et l'écoutait avec attention.

Elle sortit du lit et se rendit tranquillement à la fenêtre. Le soleil scintillait sur les mouvements rythmiques de l'eau, couronnant chaque vague d'or. La vue la fit soupirer de plaisir. Elle adorait se lever dans cet environnement.

Quand elle arriva dans la cuisine, sa mère était assise à table et sirotait un café.

— Bonjour ! dit Jill avec entrain.

— Bonjour. J'ai beaucoup réfléchi. Je suis inquiète pour toi. J'ai remarqué que Brody était très ennuyé de te voir sortir avec quelqu'un d'autre. Tu devrais faire attention à ne pas le blesser.

Jill ouvrit la bouche pour répondre et la referma. Sa frustration était perceptible quand elle répondit.

— Maman, faire plaisir aux autres sans prendre mon bien-être en considération m'a déjà fait beaucoup de mal.

— Je veux bien faire, Jill... commença Valerie.

— Quand bien même, j'ai appris que je devais prendre soin de moi, dit Jill, dont la bonne humeur s'était envolée. Je vais me faire une tasse de café et aller m'habiller. Charlie m'emmène prendre le petit déjeuner.

Sa mère secoua la tête.

— Tu as toujours été têtue. Encore un trait des Davis.

Jill se retint de hurler, mais déclara avec détermination :

— Je ne veux plus entendre parler des traits des Davis.

— Ma parole, tu m'en veux, dit Valerie. Si je n'étais pas là pour aider Cristal, je ferais mes valises.

— Je suis désolée que tu le prennes comme ça, maman. Il est plus que temps que je te fixe des limites. Je refuse de revenir à mon ancien comportement. Je ne peux pas.

— J'essaie de comprendre tout ce qui a changé en toi, affirma Valerie en se levant. Je crois que je vais aller marcher sur la plage. J'ai besoin d'air.

Jill la regarda partir en soupirant. Elle savait qu'elle avait été sèche, mais si elle ne parvenait pas à inculquer à sa mère qu'elle devait la traiter de manière convenable, elle aurait des problèmes.

Alors qu'elle appliquait son rouge à lèvres, Jill entendit un camion pénétrer dans l'allée et jeta un regard étonné au miroir. *Brody ?*

Jill sortit pour l'accueillir.

— Tu t'es levé de bonne heure.

Il sourit.

— J'ai pensé que je pourrais t'emmener petit-déjeuner.

— Désolée, mais j'ai déjà des projets. Charlie doit passer me prendre incessamment. Nous sortons prendre le petit déjeuner.

— Qu'est-ce qu'il y a ? Je pensais qu'il se passait quelque chose entre toi et moi. Est-ce que tu renonces à ce qui se développait entre nous ?

Il donna un coup de pied à la poussière de l'allée avant de la dévisager.

— Je ne renonce pas à rien. Je vais simplement déjeuner avec lui parce que c'est son dernier jour ici.

La voiture de Charlie se gara dans l'allée.

— Je ferais mieux d'y aller, dit Brody. À plus tard.

Il retourna rapidement à son pick-up, y monta et démarra.

— J'ai interrompu quelque chose ? demanda Charlie en s'approchant d'elle, le regard inquiet.

— Pas vraiment. J'ai pensé qu'on pourrait aller au Gracie à l'auberge Salty Key. Ils servent le meilleur petit déjeuner de la région.

Charlie sourit.

— Quel meilleur moyen de débuter la journée ?

Elle se dirigea avec lui vers sa voiture et s'y installa, encore secouée par sa conversation avec Brody. Maintenant plus que jamais, elle devait se concentrer sur sa santé émotionnelle. Ce qui signifiait de ne s'engager avec personne tant qu'elle ne serait pas bien établie dans sa nouvelle vie.

Le Gracie était noir de monde, comme Charlie l'avait prévenue qu'il serait. Mais Jill apprécia l'atmosphère conviviale, les tables bondées et le bruit des conversations alors qu'on les guidait vers une table pour deux dans un coin reculé.

Leur serveuse, une femme prénommée Lynn, leur sourit en leur tendant les menus.

— Bienvenue au Gracie. C'est un plaisir de vous accueillir. Souhaitez-vous que je vous apporte du café ou une autre boisson chaude ?

— Je prendrai un café noir, dit Jill. Qu'est-ce qui sent aussi bon ? De la cannelle ?

— Les roulés à la cannelle de Bertha. Ils sont délicieux, affirma Lynn. Si vous le désirez, je vais vous en mettre un de côté. Ils partent assez vite.

Jill regarda Charlie et sourit.

— Tu en veux un ?

Il hocha la tête.

— Ça fera deux roulés à la cannelle à mettre de côté, Lynn. Merci. Je prendrai aussi un café.

— Ça vient tout de suite.

Elle leur servit un verre d'eau et une tasse de café à chacun, reprit les menus et s'éloigna.

Jill examina la pièce. Des objets nautiques étaient accrochés aux murs, en accord avec le marin en bois peint qui montait la garde à l'entrée principale.

— Jolie décoration.

Charlie acquiesça.

— Pas étonnant que l'endroit soit tellement couru. J'ai regardé les plats des autres clients. Tout paraît délicieux.

— Ça sent aussi très bon, ajouta Jill, qui commençait à se détendre après la confrontation avec Brody.

— Je ne sais pas ce que tu as prévu pour la journée, mais je me demandais si tu étais libre de venir faire un peu de tourisme avec moi. Je pensais aller jusqu'à Sarasota et admirer les paysages.

Jill sourit, mais refusa d'un signe de tête.

— Merci, mais je dois travailler au centre aujourd'hui. J'ai déjà pris beaucoup trop de temps libre. L'école débute la semaine prochaine pour les professeurs et je ne pourrai plus aller au centre qu'en fin d'après-midi.

— Niki dit que tu t'en sors vraiment bien avec les enfants. Je t'ai dit que mon ex-femme et moi n'en avions pas eu, mais j'espère en avoir un jour.

Il s'esclaffa.

— Mais pas des triplés !

Jill lui retourna son sourire.

— Crois-moi, je te comprends. Je ne sais pas comment Niki fait pour s'occuper des trois en même temps.

— Ma mère adore être avec les gamins, ça aide beaucoup.

— Est-ce que ta famille tente toujours de te faire venir habiter ici ?

L'idée était séduisante.

Il hocha la tête.

— Ouais, je pourrais l'envisager. Surtout si je pouvais avoir mon propre bateau ici. Mais je suis assez heureux où je suis.

Il la dévisagea.

— Qui est ce type, Brody ? Vous sortez ensemble ?

Jill hésita, précautionneuse.

— Pas vraiment. Nous sommes devenus bons amis en habitant ensemble au Seashell Cottage. Je profite d'une nouvelle liberté ici et je ne veux me lier à personne alors que je suis en train de m'installer.

— Je t'aime bien, Jill.

— Merci, dit-elle en pensant encore à son entrevue du matin avec Brody.

Lynn prit leurs commandes et revint rapidement avec une assiette de pancakes pour Charlie et une omelette végétarienne pour Jill.

— Bon appétit ! leur dit Lynn avant de remplir leurs tasses de café et de partir servir d'autres clients.

— C'est appétissant. Quel genre de pancakes as-tu commandé ? demanda Jill.

Il sourit.

— Ananas et noix de pécan.

Jill le regarda avaler une bouchée et soupira de satisfaction. Il était tellement pragmatique. Elle écarta toute pensée d'aventure romantique avec Charlie ou Brody. Elle devait trouver un endroit où vivre, prendre ses marques dans son nouveau boulot et décider si elle achetait des parts du centre de loisirs.

Plus tard, quand Charlie la déposa au cottage, elle fut

heureuse d'avoir déjà des projets pour la journée. Elle n'était décidément pas faite pour être intéressée par deux hommes à la fois.

Elle se hâta d'entrer dans la maison pour voir où en étaient ses perspectives de logement maintenant que son séjour au cottage tirait à sa fin. Elle appela Kay Branson à l'agence Palm Rentals et Realty, et attendit impatiemment qu'elle décroche. Elle était sur le point d'abandonner quand Kay prit enfin la ligne.

— Bonjour Jill. J'ai pensé à vous, dit-elle. Vous vous souvenez du premier appartement dont vous m'aviez parlé ?

— Celui qui devait être vendu ?

— Oui, le meublé que vous aimiez bien. La vente a bien eu lieu, mais un des acquéreurs est tombé gravement malade et ils ne vont pas l'occuper avant un certain temps. Il vient juste d'être mis en location. Est-ce qu'il vous intéresserait ? Je suis toujours persuadée que vous feriez mieux d'acheter que de louer, mais ça vous donnerait le temps de trouver exactement ce que vous cherchez.

— Ce serait parfait, s'extasia Jill. Est-il dans mes prix ?

— Oui. J'ai un peu de latitude sur le montant du loyer en fonction de la personne à qui je loue. Vous n'avez ni enfant ni animal de compagnie, n'est-ce pas ?

— Non, répondit Jill.

Elle déglutit avec difficulté en pensant au chiot que Niki lui avait offert.

— C'est plus facile comme ça, dit Kay. Passez à mon bureau dans la matinée et nous réglerons les détails.

Jill regarda sa montre.

— J'arrive tout de suite. J'ai juste assez de temps avant de devoir aller travailler.

###

Jill pénétra dans l'agence immobilière avec l'impression que le destin allait dans son sens en lui permettant d'éviter de s'engager dans une relation sérieuse. Elle avait adoré l'appartement quand elle l'avait vu en photos et avait hâte d'en faire sa résidence temporaire.

Kay l'accueillit chaleureusement.

— Quel plaisir de vous revoir, Jill !

— J'ai du mal à croire ce qui arrive, répondit Jill. C'est parfait pour moi.

— Dans notre domaine, le timing est essentiel. Il est idéal pour vous et pour le propriétaire, donc c'est très bien.

Kay montra son bureau d'un geste de la main.

— J'ai préparé votre contrat. C'est un bail standard qui débutera pour vous au premier septembre. J'ai entouré les termes qui définissent le préavis que chacun d'entre vous doit respecter, mais vous devez malgré tout accepter de rester au moins quatre-vingt-dix jours. Est-ce que ça vous va ?

— Oui, dit Jill. Pendant cette période, j'espère pouvoir décider si je continue à louer ou si j'achète. Décembre n'est pas la meilleure période pour chercher, mais à ce moment-là, je devrais mieux connaître la région.

Pendant que Jill relisait les documents, Kay prit un appel téléphonique. En entendant une partie de la conversation, Jill prit conscience de la chance qu'elle avait eue de trouver un endroit sympa à louer dans une résidence avec un parcours de golf au bord de l'eau.

Après avoir signé le bail, elle se rendit au centre de loisirs. Le comptable avait étudié les bilans pour elle et elle était pressée de les voir.

CHAPITRE VINGT-HUIT

Au moment où Jill pénétra dans le bureau du centre de loisirs, Melanie se précipita vers elle.

— J'ai hâte de voir le rapport de notre comptable. Et l'avocat a fait quelques modifications au contrat que vous devrez accepter.

Jill sourit de son empressement.

— D'accord, d'accord. Donnez-moi une minute pour poser mon sac à main et nous pourrons les étudier.

Melanie joignit ses mains.

— Greg m'a montré des photos de l'Irlande et a proposé qu'on se joigne à un groupe de voyageurs. Je suis tellement excitée ! C'est difficile de voyager seule. À présent, nous pouvons le faire ensemble.

— Je suis très contente pour vous deux. Vous devriez bien vous amuser ensemble.

Susannah entra dans la pièce.

— Prête à renoncer à votre vie ? plaisanta-t-elle.

— C'est le bon jour pour le faire. J'ai signé un bail pour un appartement ce matin et je suis prête à prendre des parts du centre si tout est en ordre.

Susannah sourit et hocha la tête.

— C'est parfait.

Elles s'assirent toutes les trois et passèrent en revue le contrat et les chiffres que le comptable avait préparés. Jill signa les papiers, confiante.

— Ça ne vous ennuie pas que je ne puisse pas beaucoup travailler pendant mes premières semaines en tant qu'associée ?

Susannah et Melanie échangèrent un regard.

— Pas du tout, dit Susannah. Nous comprenons qu'il est important pour vous de prendre vos marques dans votre poste d'enseignante. Ici au centre, les choses ralentissent grandement quand les enfants retournent à l'école. C'est à ce moment-là que débuteront nos programmes de week-end.

— Et demain, vous conduisez votre sœur à la clinique pour sa chirurgie. C'est exact ? demanda Melanie.

— Oui. Elle doit y être à neuf heures. Le médecin dit qu'elle devrait être prête à rentrer à la maison en milieu d'après-midi.

— Tous nos vœux l'accompagnent, dit Melanie.

— Bien entendu, renchérit Susannah. C'est une période difficile pour n'importe quelle femme. J'ai moi-même survécu à un cancer du sein.

Jill se tourna vers elle avec surprise.

— Je ne le savais pas.

D'un geste de la main, Susannah chassa toute inquiétude.

— Je n'en parle pas, d'ordinaire.

Melanie entoura Susannah d'un bras.

— C'est une survivante pour de nombreuses raisons et à bien des égards.

— Ouais, personne ne se débarrassera de moi de sitôt, commenta Susannah.

Jill se joignit à l'éclat de rire général. Elle n'imaginait pas que quelqu'un pourrait souhaiter faire du mal à Susannah. Elle était tellement douce et gentille.

Après avoir établi un planning corrigé pour les deux dernières semaines de l'été, Jill s'en fut aider Kelly pour son cours de natation. Elle aimait admirer les progrès faits par les filles. Elle était particulièrement fière de la capacité de Kacy à être à l'aise et confiante dans l'eau. En Floride, où les piscines étaient la norme, il était important que tous les enfants sachent nager correctement.

Alors que Jill s'approchait de la classe assise dans l'herbe à côté de la piscine, Kacy la remarqua et lui fit signe. Jill lui rendit son salut, heureuse du lien spécial qu'elles partageaient.

— Bonjour, tu es pile à l'heure, dit Kelly. Nous allons travailler sur un ballet aquatique pour le concours de talents que le centre présente aux parents.

— Merveilleux. Comment ça se passe ?

— Mieux que je ne l'aurais cru, dit doucement Kelly. C'est un chouette groupe de filles. Reste ici et aide-moi à voir ce que nous devons améliorer. Je vais aller dans l'eau avec elles.

Les filles obéirent à l'ordre de se mettre à l'eau et se rassemblèrent dans le petit bain. Suivant les instructions de Kelly, elles formèrent un cercle au centre de la piscine et se mirent sur le dos en se tenant par les mains. Quand elles battirent des pieds, elles firent jaillir l'eau en cercle autour d'elles, créant l'effet d'une fontaine.

— Bravo ! s'écria Jill. Bon boulot, les filles.

Kelly donna un coup de sifflet. D'un même mouvement, les huit fillettes firent une culbute arrière, disparaissant sous l'eau avant de resurgir ensemble à la surface de la piscine. Les visages souriants étaient un plaisir à voir.

Jill porta une main à sa poitrine. Ce n'était pas le même groupe de filles que celui avec lequel elle avait travaillé au début de l'été ; elles avaient fait tellement de chemin. Elle avait hâte de voir la réaction de Brody à la performance de Kacy lorsque le spectacle aurait lieu la semaine suivante.

À la fin de la journée au centre, Kacy monta dans la voiture avec Jill.

— Est-ce que tu vas me ramener au cottage ?

— Oui, j'ai dit à ton père que tu pouvais rentrer au cottage avec moi et rester jusqu'à ce qu'il vienne te chercher. Il rencontre ses associés à St. Petersburg.

— Les autres docteurs ?

— Oui. Est-ce que ce n'est pas merveilleux qu'il ait trouvé un travail ici ?

Kacy hocha la tête.

— J'aime bien vivre en Floride. Marcus chéri a un boulot aussi. Mais il n'est jamais à la maison. Papa m'a dit qu'il rentrerait tous les soirs.

— Ça va être fantastique.

— Est-ce que tu viens habiter avec nous comme l'oncle Greg ? demanda Kacy.

— J'ai loué un appartement pas loin d'ici à proximité d'un golf.

Le regard inquiet de Kacy croisa le sien dans le rétroviseur.

— Mais je veux que tu vives avec nous.

— Oh, mon poussin, l'appartement est mieux pour moi en ce moment. Mais tu peux me rendre visite n'importe quand. Qu'en penses-tu ?

Kacy était toujours silencieuse quand elles entrèrent dans l'allée du Seashell Cottage. Jill décida de ne pas insister.

Alors que Jill garait la voiture, Cristal émergea de la maison et vint vers elle.

— Que se passe-t-il ? demanda Jill en remarquant que les épaules de Cristal étaient voûtées.

— Maman me rend folle. Elle s'est mis en tête que je devais m'installer à Ellenton et y ouvrir un salon de coiffure. Elle m'a dit que Chance Nelson était de retour en ville où il avait ouvert un cabinet juridique. Il est divorcé et sans attache.

— Waouh ! Le même Chance Nelson qui te faisait rêver au lycée ?

— Ouais, je n'ai jamais rencontré quelqu'un comme lui

pendant toutes les années que j'ai passées loin de la maison. Mais ce n'est pas une raison pour retourner à Ellenton.

Elle regarda au loin avant de ramener son regard sur Jill.

— Est-ce que je serais dingue d'y retourner ? Je pense que ce serait une bonne opportunité pour moi d'ouvrir mon salon là-bas parce que de nombreuses personnes se souviendraient encore de moi et que maman a des relations qui pourraient être utiles.

— Avant de te décider, pourquoi est-ce que tu n'irais pas chez elle pendant quelque temps pour voir si c'est ce que tu veux vraiment ? Mais fais attention. Elle peut être assez exigeante. D'un autre côté, tout le monde est amical et d'un grand soutien, là-bas. Tu pourrais te faire à la vie provinciale.

Cristal l'étreignit brièvement.

— C'est un très gentil conseil de « petite sœur ». Je crois que c'est ce que je vais faire.

Jill regarda autour d'elle.

— Où est passée Kacy ?

— Elle est à l'intérieur, dit Cristal. Maman et moi avons fait du pop-corn. Je parie que Kacy est en train d'en manger un bol.

— Allons voir ça. J'ai des nouvelles à partager.

Elles trouvèrent Kacy assise à la table de la cuisine avec leur mère, à qui elle racontait sa journée au centre de loisirs en grignotant du pop-corn. En les observant, Jill se demanda si sa mère se conduirait ainsi avec ses propres petits-enfants. Cette pensée la fit sourire. Surtout maintenant qu'elle avait commencé à réfléchir sur la possibilité d'avoir un jour ses propres enfants.

Sa mère leva les yeux vers elle.

— Comment s'est passée ta journée ? Cristal et moi avons eu une bonne discussion. Je lui ai dit que Chance Nelson était revenu en ville...

— Elle sait déjà tout ça, maman, l'interrompit Cristal. J'ai dit que je penserai à ta proposition de retourner à Ellenton et je le ferai, si tu n'en parles plus.

— Oh, mais...

— J'ai aussi des nouvelles, dit Jill dans l'espoir de mettre fin à leurs chamailleries. J'ai signé un bail pour un appartement ce matin, et j'ai aussi signé tous les documents nécessaires à l'achat de parts du centre. Je suis maintenant la fière propriétaire d'une partie du centre de loisirs Sunnyside.

— C'est ton centre désormais ? demanda Kacy, les yeux écarquillés.

— Mademoiselle Melanie, Mademoiselle Susannah et moi sommes maintenant propriétaires du centre ensemble, répondit Jill, ravie de pouvoir l'exprimer à voix haute.

Après avoir vu les progrès du groupe de natation et la manière dont les filles s'étaient soudées, elle était excitée de faire partie d'une organisation aussi positive.

— Comme c'est intéressant, dit Valerie. Où est situé l'appartement ?

— Dans le lotissement de Pelican Place.

— Elle devait venir habiter avec papa et moi, dit Kacy avec une moue dépitée.

Jill jeta un regard à Kacy, puis à sa mère.

— Nous en discuterons plus tard.

— On peut aller à la plage ? demanda Kacy en rassemblant le reste du pop-corn avec sa main. Je veux trouver d'autres coquillages. C'est pour les travaux manuels au centre. Nous préparons une surprise.

— Bien sûr. Peut-être que Cristal ou ma mère voudront se joindre à nous.

La mère de Jill secoua la tête.

— Merci, mais il fait trop chaud pour moi.

— Je viens, dit Cristal.

La voiture de Brody entra dans l'allée du cottage alors qu'elles sortaient sur le porche.

Elles attendirent pendant que Brody descendait du pick-up et se dirigeait vers elles à longues enjambées.

— Vas-y, je vais rester ici, dit Cristal.

Elle fit demi-tour et rentra dans la maison, laissant Jill seule sur le porche.

— Salut papa ! s'écria Kacy en courant vers lui.

Brody embrassa Kacy et la fit tourbillonner, souriant de ses gloussements. *Un homme si bon, un père merveilleux,* songea Jill.

Brody reposa Kacy au sol et leva les yeux vers elle.

— Salut Jill. On peut parler ?

— Bien sûr.

Le sérieux du ton de sa voix l'inquiéta.

— Allons marcher sur la plage, dit-il.

Kacy les devança en courant sur le sable.

Quand elle fut à une distance respectable, Brody s'arrêta et se tourna vers Jill.

— Que se passe-t-il entre nous ? Est-ce que je dois faire marche arrière ? Je ne veux te forcer à rien.

— Je vais faire une pause jusqu'à ce que je sois mieux installée. J'ai besoin d'espace. Ce matin, j'ai signé un bail pour l'appartement que j'avais tenté de louer auparavant. Il s'est libéré. J'irai là-bas quand je quitterai le Seashell Cottage. Ça rendra les choses plus faciles pour tout le monde.

En voyant la manière dont Brody se figea et la déception qui apparut dans ses yeux, Jill fut saisie par les regrets. Elle n'avait pas voulu le blesser. Elle avait souvent pensé à un avenir avec lui.

Brody poussa un long soupir.

— Je comprends pourquoi tu as besoin de temps. Vraiment, je comprends. Mais j'ai un peu l'impression d'être un yoyo.

— Je n'ai pas décidé d'aller habiter dans cet appartement à cause de nous. Je veux juste remettre ma vie sur les bons rails. C'est tout.

Il hocha la tête.

— Je comprends. Mais je ne peux pas m'empêcher de me demander si ce que nous partageons compte pour toi. Ce n'est pas juste pour moi ou pour Kacy. Nous ferions mieux de partir.

Il se retourna et s'éloigna d'elle.

La vision de Jill était brouillée par les larmes alors qu'elle le regardait partir et que le désespoir inondait son cœur.

CHAPITRE VINGT-NEUF

Le lendemain matin, Jill ouvrit brusquement les yeux quand son réveil sonna. Elle avait passé une nuit sans sommeil à penser à Brody et à s'inquiéter pour l'opération de Cristal. Elle sortit de son lit en retenant un grognement. C'était la journée de sa sœur, pas la sienne.

Avant de se jeter sous la douche, elle courut à la cuisine pour mettre la cafetière en route, consciente qu'elle aurait besoin d'une bonne dose de caféine pour tenir le coup. La veille au soir, sa mère avait craqué et sangloté à l'idée que Cristal combattait un cancer qui mutilerait son corps. Cristal avait pleuré aussi. Jill leur avait rappelé que le médecin avait parlé d'une bonne récupération, mais après deux ou trois verres de vin, elles n'étaient ni l'une ni l'autre en état de l'écouter.

Valerie entra tranquillement dans la cuisine.

— Fantastique. Tu t'occupes du café.

— Bonjour. Essayons de rester optimistes ce matin pendant le trajet jusqu'à Tampa D'accord ?

Sa mère hocha la tête.

— C'est effrayant, mais je vais faire de mon mieux. Attends d'avoir des enfants. Tu comprendras à quel point je suis bouleversée.

Jill ignora la réflexion. Elle souffrait encore de sa conversation avec Brody.

— Je vais prendre une douche. À tout à l'heure.

Elle se versa une tasse de café et l'emporta dans sa chambre. Dans le silence de la pièce, elle s'assit pour regarder la mer par la fenêtre. Un sentiment de paix l'envahit alors qu'elle observait le lent mouvement des vagues et elle fut subitement persuadée que tout se passerait bien. Peut-être pas de la manière dont elle l'imaginait, mais les choses finiraient par se mettre en place.

Rassurée sur ses décisions et l'avenir immédiat, Jill se prépara pour la journée. Elle était heureuse d'être présente pour sa sœur. Pendant le court séjour de Cristal au cottage, elles avaient beaucoup progressé dans leur relation.

À la clinique, Jill s'assit avec sa mère dans la salle d'attente en tentant de ne pas laisser l'anxiété de Valerie perturber la barrière mentale de pensées positives à laquelle elle se raccrochait. Elle avait conscience que de nombreuses femmes avaient affronté un diagnostic bien pire que celui de Cristal, mais le mot *cancer* faisait peur à tous les niveaux.

Le Dr Noble entra dans la salle d'attente, se présenta à sa mère et salua Jill.

— Comme je l'ai expliqué précédemment, nous nous attendons à un bon résultat. Si, pour une quelconque raison, nous rencontrons un problème imprévu pendant l'opération, je vous en ferai part. Nous estimons qu'il est important que la patiente et sa famille soient informées de tout résultat inattendu.

— Merci, Dr Noble, dit Jill. Nous vous en sommes reconnaissantes.

Il sourit.

— C'est agréable de voir des sœurs aussi dévouées.

Après son départ, la mère de Jill se tourna vers elle.

— Je suis surprise de vous voir aussi proches avec Cristal. Qu'est-ce qui a changé ?

Jill resta silencieuse un moment, réfléchissant à la bonne

formulation.

— Nous avons décidé d'apprendre à nous connaître en personne, sans ton intermédiaire ou celui des autres.

— Tu dis que c'est de ma faute si vous ne vous êtes jamais entendues ?

Les narines de Valerie se dilatèrent d'indignation.

Jill lui tapota la main dans un élan de générosité.

— La dynamique familiale influe sur toutes les relations entre frères et sœurs. Il est facile d'assigner des rôles. Le rôle de Cristal était d'être la jolie fille, le mien d'être intelligente. Ça nous a fait du mal à toutes les deux, mais nous commençons à comprendre que nous n'avons plus besoin d'être ces personnages.

— Une mère voit chaque enfant un peu différemment, expliqua sa mère. Tu étais toujours tellement concentrée, ce que ton père adorait en toi. Il fallait que je renforce la confiance de Cristal. Avant ton arrivée, elle était l'objet de toutes les attentions.

— C'est du passé. Nous avons décidé de nous voir autrement désormais, de devenir les personnes que nous souhaitons être. Est-ce que tu avais compris que Cristal désirait sérieusement devenir coiffeuse ? Ce n'est peut-être pas un boulot aussi flamboyant que celui que tu voulais pour elle, mais elle sera formidable.

— Elle a un grand sens artistique, admit la mère de Jill. Je pense qu'elle s'en sortira bien à Ellenton. Et elle pourrait attirer Chance Nelson grâce à son allure.

Jill secoua la tête.

— Maman, écoute-toi parler. J'espère que si elle devait attirer Chance, ce ne serait pas uniquement à cause de son allure, mais grâce à sa personnalité.

Valerie garda le silence un moment avant de dire doucement :

— Je ne vous en ai jamais rien dit, mais j'étais mariée à un autre homme avant de rencontrer votre père.

Jill en resta bouche bée.

— Hein ? Quoi ?

— C'est vrai. Ça n'a pas duré longtemps. Sa famille a fait annuler le mariage. Je n'étais pas assez bien pour eux. C'est suite à ça que j'ai décidé que, même si je n'avais pas les bonnes qualifications sociales, je ferais en sorte d'en avoir au moins l'air.

Ses yeux brillaient de larmes contenues.

Jill l'enlaça impulsivement.

— Oh, maman. C'est tellement triste. Je suis désolée.

— C'était il y a longtemps. J'ai eu de la chance de rencontrer votre père. C'était une des personnes les plus gentilles que j'aie jamais connues. Tu lui ressembles beaucoup, Jill.

— Même si j'ai le nez des Davis ? demanda Jill dans l'espoir d'alléger un peu la confession.

Les larmes coulèrent sur les joues de sa mère alors qu'elle riait doucement.

— C'était stupide de ma part de te répéter ça, hein ? Regarde-toi. Tu es très jolie.

Jill sourit. Ce n'étaient que des mots. Et des mots idiots. Comme elle l'avait dit au sujet de Cristal, elle ne voulait pas qu'on la juge d'après son apparence. Grâce à sa volonté d'en découvrir davantage sur elle et d'aborder tous les sujets, Brody lui avait prouvé qu'il s'intéressait à elle en tant que personne.

— Tu veux que j'aille te chercher une bouteille d'eau fraîche ou un soda ? demanda-t-elle à sa mère.

Le besoin de se lever et de bouger devenait irrésistible

— Une bouteille d'eau fraîche me ferait plaisir. Je sais que ça ne fait pas longtemps, mais j'ai l'impression qu'il s'est déjà écoulé des heures plutôt que des minutes.

Jill la quitta, encore choquée par l'annonce du mariage annulé de sa mère. L'été s'était vraiment révélé être un torrent de surprises.

À la cafétéria, elle acheta une bouteille d'eau pour chacune d'entre elles, heureuse d'avoir la possibilité de reprendre ses esprits. Elle comprenait maintenant pourquoi sa mère avait toujours accordé autant d'importance à l'apparence. Cristal avait suivi ses traces pour des raisons compréhensibles.

Jill retourna à la salle d'attente et tendit une bouteille à Valerie, qu'elle voyait désormais sous un nouveau jour.

— Je suis contente que tu m'aies parlé de ton premier mariage. Ça me donne une toute nouvelle perspective.

— Je suppose que j'aurais dû vous le dire, mais j'ai laissé ça derrière moi. Franchement, je n'y avais pas repensé depuis un moment.

Le Dr Noble revint dans la pièce.

Elles se tournèrent vers lui.

— Cristal a parfaitement supporté l'intervention. Elle se repose le temps que les effets de l'anesthésie s'estompent, mais elle devrait être en mesure de rentrer dans deux ou trois heures. Une infirmière viendra vous chercher quand vous pourrez la voir.

— Qu'avez-vous trouvé, Docteur ? demanda Jill.

— Comme nous l'avions supposé, nous n'avons trouvé aucune trace de dissémination du cancer aux nœuds lymphatiques. La tumeur était isolée. Par mesure de sécurité, nous avons retiré un peu du tissu sain qui l'entourait, mais je suis certain que nous avons tout eu.

Emportées par un élan de gratitude, Jill et sa mère s'étreignirent.

— Je suis tellement soulagée, dit Valerie, faisant écho aux pensées de Jill.

— Merci Docteur.

Jill se leva et lui serra la main.

Il lui sourit.

— De rien.

Après son départ, Jill s'assit à côté de sa mère et se tourna vers elle en souriant.

— Quelles bonnes nouvelles. Je suis contente que tu sois venue avec moi.

— Moi aussi, répondit celle-ci en pressant la main de Jill.

#

Quand elle vit Cristal sommeiller dans le lit qui lui avait été attribué dans la salle de réveil, Jill sentit les larmes lui monter aux yeux. Elle paraissait tellement jeune, vulnérable, magnifique.

— Salut sœurette, dit-elle doucement en se penchant pour toucher la main de Cristal.

Les yeux de cette dernière papillotèrent.

— Tout s'est bien passé. Ça va aller.

Cristal sourit et hocha la tête.

— Je sais. Contente que tu sois là. Où est maman ?

— Je suis là, ma chérie, dit leur mère en s'approchant de Jill.

Elle saisit une des mains de Cristal et embrassa ses doigts.

— J'ai hâte de partir d'ici, déclara Cristal. Ils ont dit que je pourrais bientôt rentrer à la maison.

— On reste avec toi jusqu'à ce que tu sois prête, lui assura Jill.

— Je vais me lever dans une minute.

Cristal ferma les yeux.

En attendant qu'elle élimine les derniers vestiges de l'anesthésie, Jill s'assit avec Valerie, qui était anormalement calme. *Il est étonnant de voir comment un mot ou une action agissent sur les autres, les amenant à vivre leur vie d'une manière inattendue.* Elle jeta un regard en coin à sa mère. Valerie Davis était une belle femme. Elle n'avait pas besoin de maquillage ou de beaux vêtements pour ça. Le rejet de la famille de son premier mari avait dû être horrible pour elle. Elle en avait été suffisamment traumatisée pour choisir de passer sa vie à se soucier de son apparence. Avoir hérité du nez des Davis avait peut-être été un mal pour un bien.

De retour au cottage plus tard dans la journée, elles s'assirent toutes les trois ensemble sur le porche. Le temps était nuageux, le son des vagues apaisant, ainsi que le cri des oiseaux qui tournaient au-dessus d'elles en cherchant leur nourriture. Une journée parfaite pour la réflexion.

— J'ai raconté un secret à Jill ce matin, dit Valerie à Cristal. Tu dois l'entendre aussi.

En écoutant sa mère parler de son premier mariage, Jill sentit une nouvelle fois son cœur se serrer de compassion. Le rejet faisait tellement mal. À sa manière, leur mère avait rejeté une part de chacune de ses filles. Jill se promit de ne jamais faire ça aux enfants qu'elle aurait un jour. Elle songea à Kacy et au bien que lui avait fait un été passé loin de sa propre mère. Elle était complètement différente de la petite fille colérique qu'elle était en arrivant au Seashell Cottage.

Elle s'intéressa de nouveau à la conversation entre Cristal et leur mère.

— Très bien, disait Cristal, Jill et moi en avons discuté. Je vais venir à Ellenton pendant quelques semaines pour voir si j'ai envie d'y vivre et d'y monter mon affaire. Et mère, cette décision n'a rien à voir avec Chance Nelson et moi, mais avec ce que je veux faire de ma vie. Je veux bien sûr trouver un homme un jour, mais comme Jill, je dois d'abord mettre de l'ordre dans ma vie avant de m'engager sérieusement avec quelqu'un.

Les mots sonnaient tellement juste dans la bouche de sa sœur.

Jill se dépêcha de se rendre au centre de loisirs pendant que Cristal et Valerie faisaient la sieste. Melanie et elle devaient passer en revue les procédures de paie. Même si l'opération était assez simple, les exigences du gouvernement la faisaient paraître plus compliquée.

Melanie était en communication avec un parent quand elle arriva.

Jill sortit sur la plage pour observer les activités.

Jed Carter, le père d'Emily, qui était chargé des parties de volley-ball qui se déroulaient sur la plage, lui fit signe et accourut vers elle.

— Salut. Je suis content de te voir. Charlie voulait que je te dise qu'il espérait que vous pourriez sortir ensemble la prochaine fois qu'il viendrait en Floride. Niki l'espère aussi.

— Merci, c'est gentil, dit Jill.

Jed la dévisagea.

— Écoute, ce ne sont pas mes affaires et Niki me tuerait pour en avoir parlé, mais je pense que tu devrais savoir que Charlie ne se décidera probablement pas à déménager en Floride avant longtemps. C'est un type sympa qui veut faire plaisir à sa famille, mais je n'ai pas l'impression qu'il ait envie de quitter la ville des haricots.

Jill hocha la tête.

— Je comprends. Je dois mettre ma propre vie en ordre de marche. Mais merci de m'avoir prévenue.

— Je ne devrais pas te dire ça non plus, mais Kacy et Emily ont commencé à se déguiser en mariées et à jouer au mariage.

Son regard la transperça.

— Ton mariage avec Brody.

Jill sentit le sang déserter son visage.

— Oh non ! Tu peux les arrêter ? Brody est un type merveilleux, mais je ne suis pas prête à franchir ce pas et je ne veux blesser personne.

— Je leur en ai déjà parlé. On verra. Kacy t'adore, Jill.

— Et je l'aime aussi, répondit-elle avec conviction. J'espère qu'elle comprend que je l'aimerai toujours, quoi qu'il advienne entre son père et moi.

Melanie sortit sur la plage.

Jed la désigna d'un mouvement de tête.

— Tu ferais mieux d'y aller. *La patronne* t'appelle.

Avec un sourire en biais, il ajouta :

— Je suppose que tu es une *patronne* aussi. Félicitations ! Je trouve que c'est génial.

— Merci.

Jill courut vers Melanie, l'esprit préoccupé par les filles.

L'atmosphère était imprégnée d'un sentiment de paix au Seashell Cottage alors que Jill dînait avec sa mère et sa sœur. Comme si partager leur ressenti sur le passé avait ouvert les portes de l'acceptation des personnes qu'elles étaient désormais.

— Maman et moi allons remonter sur New York avec la plupart de mes affaires la semaine prochaine, dit Cristal.

— Nous prendrons notre temps, avec peut-être une étape à Washington DC pour faire du tourisme, ajouta Valerie. J'ai encore pas mal de choses à voir.

Jill posa sa fourchette lorsqu'une idée lui traversa l'esprit.

— Maman, ça te dirait de faire un voyage avec des amis à moi ? Melanie, une des associées du centre, et Greg, l'oncle de

Brody, commencent à établir des plans pour voyager avec un groupe. Ils parlent de faire un tour en Irlande. Je suis certaine qu'ils adoreraient t'emmener avec eux.

— Vraiment ?

Les joues de sa mère s'empourprèrent.

— J'ai toujours eu envie de voir l'Irlande. Mes amies célibataires ne peuvent pas se payer le voyage ou ne veulent pas le faire.

— Je te les présenterai tous les deux et tu verras ce que ça donne, dit Jill, satisfaite de pouvoir faire quelque chose pour sa mère.

— Excellente idée, intervint Cristal. J'aimerais retourner en Europe un jour. Il y a tellement à voir.

— Au fait, quand Hope revient-elle ? Tu as des nouvelles ? demanda Jill. Je peux entrer dans l'appartement le premier septembre, mais j'ai promis de rester au Seashell Cottage jusqu'à la fête du Travail, le quatre.

— Elle m'a finalement envoyé un texto pour s'excuser. J'ai promis de lui faire savoir comment mes problèmes de santé évolueraient, dit Cristal. Je lui parlerai de ton planning. J'ai encore quelques affaires dans notre ancien appartement et je devrai m'arranger pour les récupérer.

— Elle a bien compris que tu n'y retournerais pas ?

— Oui. C'est fini pour moi là-bas. Elle connaît quelqu'un qui serait content de prendre ma place.

La mère de Jill joignit ses mains.

— Que de changements ! C'est tellement excitant de voir tout ça se mettre en place.

Jill prit note de ses paroles en souriant, mais elle songea à Brody et Kacy en sachant que, pour elle, rien n'était résolu.

CHAPITRE TRENTE

Le vendredi suivant, de bonne heure le matin, Jill se tenait dans l'allée du cottage et regardait sa mère et sa sœur s'éloigner en voiture, à la fois triste et soulagée de les voir partir.

Leur séjour avait été merveilleux, mais elle avait besoin de se retrouver un peu seule pour continuer à s'installer dans son nouveau poste d'enseignante et prendre davantage de responsabilités au centre avant le début des programmes de week-ends. Comme toujours, des pensées de Brody s'attardaient à l'arrière-plan de son esprit. Elle ne l'avait pas vu et ne lui avait pas parlé depuis leur conversation sur la plage. Toutefois, elle avait rencontré la nounou qu'il avait embauchée pour venir chercher Kacy au centre, une très belle jeune Suédoise du nom d'Inga Swenson.

Jill fit un dernier signe au véhicule qui disparaissait au loin et retourna au cottage. Elle avait promis à Hope qu'elle resterait jusqu'à la fête du Travail et, bien qu'elle ait prévu d'emporter la majeure partie de ses affaires à l'appartement dès le premier septembre, elle était contente de rester seule au Seashell Cottage pendant encore une semaine.

Jill mit une machine en route et se prépara à sortir. C'était la semaine de pré-rentrée pour les professeurs de l'école et elle ne voulait rien manquer. Les collègues qu'elle avait rencontrés étaient enthousiastes à l'idée de passer une autre année sous la houlette de Dennis. « Big D » était un type génial qui rendait les tâches routinières amusantes. Jill n'était pas la seule à l'admirer pour ses qualités de dirigeant. C'était une personne qu'elle aimait vraiment.

À l'école, elle s'assit près de Leigh et d'une maîtresse de CM1 qui ressemblait à Britney Spears. Ensemble, elles assistèrent à une conférence sur la manière de s'occuper d'un élève en difficulté. Elle avait déjà entendu des débats similaires auparavant, mais trouvait ça utile à chaque fois. Il devenait plus difficile chaque année d'enseigner à cause d'innombrables nouvelles règles qui diminuaient le pouvoir des professeurs.

Jill reçut la liste de ses élèves et l'étudia. La proportion de garçons et de filles était à peu près égale, et le nombre d'élèves dont l'anglais n'était pas la langue natale était suffisamment faible pour que ce soit gérable. Néanmoins, en voyant les noms, Jill ne put s'empêcher de s'interroger sur chacun des enfants. En maternelle, Jill avait « adopté » mentalement grand nombre de ses élèves, leur offrant tout son amour de manière subtile. Le défi mental serait plus dur en CE2 car les cours seraient plus difficiles.

Puisque ce vendredi était le dernier avant la rentrée scolaire, ils furent libérés de bonne heure. Jill se rendit au centre Sunnyside, heureuse d'avoir l'opportunité d'y passer un peu de temps.

Alors qu'elle se dirigeait vers la piscine pour passer voir le cours de natation, Kacy accourut vers elle.

— Bonjour Jill. Tu peux venir t'asseoir avec Emily et moi ?

— Bien sûr, répondit Jill, ravie.

Kacy lui saisit la main.

— Papa dit que tu as besoin d'avoir un endroit rien qu'à toi, mais ça peut être à côté de moi, hein ?

— Bien entendu, dit Jill en masquant son amusement.

Elle était contente que Brody ait parlé d'elle. Même si elle lui avait fait clairement comprendre qu'elle avait besoin de temps avant de poursuivre une relation, il lui manquait affreusement.

— Comment est Inga ? demanda Jill en se réprimandant d'interroger Kacy.

— Papa l'aime beaucoup. Elle est gentille avec moi aussi.

Jill trébucha avant de retrouver son équilibre. La crainte de perdre Brody l'avait frappée en plein cœur.

— Salut Jill ! dit Kelly. Contente que tu sois là. Les filles se reposent entre deux entraînements pour le spectacle de ce soir.

— J'ai hâte de les voir faire leur numéro, dit Jill.

Pour avoir participé à la préparation de l'événement, elle savait que les parents seraient encouragés à se déplacer d'un atelier à l'autre pour avoir une vue d'ensemble de toutes les opportunités offertes par le centre afin que chaque enfant s'épanouisse.

Jill resta avec les petites nageuses jusqu'à l'heure du déjeuner, puis se rendit au bureau pour voir comment les choses s'y déroulaient.

— Votre mère m'a envoyé une gentille lettre, dit Melanie en lui montrant l'enveloppe qu'elle tenait. J'ai été ravie de faire sa connaissance. Elle veut voyager avec notre groupe.

Jill sourit.

— Ce sera formidable pour elle. Elle vous a beaucoup aimé, Greg et vous, et elle est prête à prendre le risque de rencontrer de nouvelles personnes.

— Merveilleux ! J'espère qu'elle et moi pourrons partager une chambre, dit Melanie. À présent, il faut qu'on travaille sur le spectacle de talents de ce soir. Jed dirige une équipe chargée de disposer des chaises autour de la piscine et à d'autres endroits. Le plan que nous avons commencé à dessiner doit être terminé et imprimé. Nous le distribuerons en accueillant les invités à leur arrivée.

— Je vais m'occuper des plans tout de suite, dit Jill, excitée à l'idée de mettre le centre en avant.

Une remise spéciale était offerte à ceux qui inscrivaient leurs enfants pour les programmes de week-ends et une liste d'attente était ouverte pour ceux qui étaient intéressés par l'été suivant.

Plus tard, l'odeur des cookies sortant du four attira Jill à la cuisine. Susannah la vit arriver en souriant.

— On ne peut pas laisser nos hôtes avoir faim, dit-elle en mettant les gâteaux à refroidir.

— Et moi ? demanda Jill. Je peux en avoir un ?

Susannah s'esclaffa.

— Oui, vous et chaque membre du personnel. Ça me fait du bien de voir comment nous nous sommes tous rapprochés cet été. Jed m'a informé qu'il travaillera un certain nombre de week-ends lorsqu'il n'entraînera pas son équipe de baseball.

— C'est génial. Les gamins l'adorent.

Jill se saisit d'un cookie tout chaud et mordit dans un délice chocolaté qui emplit sa bouche d'une sensation sucrée.

— Mmm, ch'est bon mais ch'est chaud, réussit-elle à prononcer avant d'en prendre une autre bouchée.

— Comment se passent les choses avec votre homme ? demanda Susannah.

— Mon homme ? Vous voulez dire Brody ?

Susannah acquiesça.

— C'est sa nounou qui vient chercher Kacy désormais. Comme vous aviez l'habitude de le faire.

Jill s'essuya la bouche d'un revers de la main pour faire tomber les dernières miettes.

— Qu'essayez-vous de me dire ?

Susannah essuya ses mains sur son tablier et s'éloigna de la table. En regardant Jill dans les yeux, elle dit doucement.

— Je vous ai observée tout l'été, je vous ai vue vous ouvrir aux autres. La lumière qui vous entourait a disparu, remplacée par ce que j'appellerais de la peur. Vous m'avez dit que votre mariage avait été pénible, alors je comprends pourquoi vous hésitez. Prendre le risque d'aimer est un acte de foi. Sans le courage de prendre ce risque, où en serions-nous ?

Le cœur de Jill se serra. L'idée de perdre Brody lui faisait mal. Elle plissa le front et fixa Susannah.

— Quel avenir nous attend, Brody et moi ?

Susannah secoua la tête.

— Il n'y a pas de réponse facile, Jill. Soyez simplement consciente des choix qui s'offrent à vous. C'est tout ce que j'ai à dire.

Perturbée par les pensées qui tourbillonnaient en elle, Jill quitta la cuisine et se dit qu'elle réfléchirait plus tard à sa relation avec Brody. Pour le moment, elle devait se préparer pour la grande soirée du centre.

Après un rapide repas et une douche, Jill retourna au centre vêtue de l'uniforme composé d'une chemise jaune vif et d'un short bleu marine. À son arrivée aux festivités, elle fut satisfaite de voir que les autres membres de l'équipe s'étaient habillés de la même manière. Melanie portait une robe d'été jaune. Susannah avait enfilé un tee-shirt propre et un jean, sur lequel elle avait passé un tablier jaune frappé du logo du centre. Ils étaient tous prêts.

La marée de parents et d'enfants déferla d'un seul coup. Il s'écoula moins d'une demi-heure entre le moment où les voitures s'alignèrent sur la chaussée devant la maison et celui où tout le monde se trouva en sécurité à l'intérieur du camp.

Jill salua chaque nouvel arrivant avant de lui donner un plan et des consignes pour les réjouissances. Elle sentit plus qu'elle ne vit Brody se diriger vers elle avec Kacy et Inga.

— Bienvenue au centre de loisirs Sunnyside, dit-elle d'un ton mécanique en se concentrant sur son discours d'accueil.

Elle avait oublié que son pouls s'emballait lorsqu'elle était près de lui.

— Bonsoir.

Le regard de Brody se tourna vers Inga.

— Tu as rencontré Inga. Elle m'aide à la maison.

— Bonsoir Inga. Je suis heureuse que vous ayez pu venir.

Inga sourit à Brody.

— Moi aussi. Je suis venue avec lui, dit-elle en donnant l'impression qu'ils sortaient ensemble.

Troublée par cet échange, Jill se détourna pour accueillir un groupe de parents, incapable d'en dire plus à Brody alors qu'il entrait dans la maison avec Inga.

Les paroles de Susannah lui revinrent comme une volée de bois vert. *Prendre le risque d'aimer est un acte de foi. Sans le courage de prendre ce risque, où en serions-nous ?* Mais dans ce cas précis, elle pourrait bien arriver trop tard.

Jill s'efforça de penser à autre chose alors qu'elle s'entretenait avec les parents et les enfants, espérant inscrire autant d'enfants que possible pour les programmes de l'automne et de l'été suivant.

Lorsque le spectacle de ballet aquatique fut annoncé, Jill se hâta vers la piscine et s'arrêta près de Niki. De l'autre côté de la piscine, Brody discutait avec Inga.

— Les voilà ! s'écria Niki en désignant la file de petites de huit et neuf ans qui se dirigeaient vers le bord de la piscine, Kelly en tête.

Après qu'elles se furent alignées sur la margelle, Kelly accepta le micro que Melanie lui tendait et commença à parler.

— Un des buts du centre Sunnyside est d'apprendre à nos élèves qu'il est important de faire partie d'une équipe et de respecter les autres quand tout le monde travaille sur le même projet. Je n'ai jamais été plus fière de présenter les « Sirènes » de l'année. Chaque fillette de ce groupe a gagné le droit de revendiquer cette appellation.

Emily et Kacy firent un petit signe en direction de Niki et Jill. Puis elles plongèrent dans l'eau à la suite des autres.

Niki se tourna vers Jill, les yeux humides.

— Emily semble tellement plus grande que j'ai peine à y croire. Kacy aussi.

— Oui, elles sont trop mignonnes toutes les deux, commenta Jill.

Jill regarda Kelly guider les filles dans leur chorégraphie. Un sentiment de chaleur l'envahit en voyant qu'elles étaient toutes devenues amies. Les filles pouvaient être méchantes, mais Kelly et elle avaient travaillé avec elles pour que ça n'arrive pas.

Une fois sorties de l'eau, les membres de l'équipe s'alignèrent et s'inclinèrent comme un seul homme. Puis, avec des glapissements de joie suite à un tonnerre d'applaudissements, elles se dispersèrent pour rejoindre leurs familles.

Emily et Kacy accoururent vers Niki et Jill.

— Tu m'as vue quand j'étais sous l'eau ? demanda Emily à sa mère.

— Nous avons fait de notre mieux, affirma Kacy à Jill, comme tu nous l'as appris.

Brody s'approcha d'elles.

— Hé, Kacy ! Bon boulot !

— Merci, dit-elle avant de se retourner vers Jill. Papa a dit qu'il nous emmènerait, Emily et moi, manger une glace après le spectacle. Tu veux venir ?

Jill jeta un regard à Brody, mais il garda le silence.

— Une prochaine fois, Kacy.

Judith Keim

— Mais je veux que tu viennes avec nous, Jill, pleurnicha Kacy en lui saisissant la main.

— Vous pouvez vous joindre à nous, dit Inga. Brody, les filles et moi aimerions bien que vous veniez. N'est-ce pas, Brody ?

— Bien sûr, répondit Brody sans beaucoup d'enthousiasme.

— Je vais venir aussi, dit Niki en clignant de l'œil à Jill.

Jill était assise dans un box à côté de Niki, en face de Brody et Inga, pendant que les filles attendaient devant les congélateurs en discutant des parfums qu'elles choisiraient. Scoops était très fréquenté le vendredi soir et les conversations autour d'eux étaient joyeuses. Néanmoins, être témoin de la facilité des échanges entre Brody et Inga mettait Jill mal à l'aise.

Le jeune homme derrière le comptoir appela son nom.

— Reste là. Je vais chercher ta commande, dit Brody. Celle de Niki est bientôt prête aussi.

Il se leva et revint avec deux petits pots de glace, un au beurre de noix de pécan pour Niki et un au café pour elle.

— Merci, dit Jill.

Elle fut choquée par la décharge électrique qu'elle ressentit quand leurs mains se touchèrent. Ses yeux montrèrent qu'il était surpris aussi, mais il se détourna pour aller chercher sa glace et celle d'Inga.

En gloussant, Kacy et Emily revinrent à la table, avec chacune un cône qui avait été trempé dans le chocolat.

— Mangez-le rapidement ou ça va couler partout, leur conseilla Niki.

Elle se tourna vers Jill.

— Je ne sais pas pourquoi je m'en inquiète. Je fais au moins une lessive par jour.

Jill s'esclaffa.

— Je ne sais pas comment tu fais pour tout gérer.

— Un jour à la fois, dit Niki.

Elle sourit à Inga.

— Ça vous intéresse de travailler un peu plus pendant que Kacy sera à l'école ?

Inga jeta un coup d'œil à Brody.

— Vas-y. Tu auras du temps quand l'école aura recommencé.

— D'accord. Je peux vous consacrer quelques heures par semaine.

Le sourire d'Inga fit briller ses yeux bleus.

— Fantastique. Nous établirons un planning et ensuite, Brody, nous discuterons de la répartition de son temps.

— D'accord, dit Brody. Tant qu'elle est à la maison quand Kacy rentre de l'école.

— Oui, je serai là. Mais je ne ferai toujours pas la cuisine.

Ses joues se colorèrent.

— Greg et Brody font la cuisine. Pas moi.

Brody lança un regard à Jill.

— Pas comme toi, mais on s'en sort.

— Je veux que Jill vienne habiter avec nous, dit Kacy. Tu m'avais promis qu'elle viendrait.

Brody secoua la tête.

— Non Kacy. J'ai dit que j'espérais qu'elle viendrait, mais Jill a changé d'avis.

Kacy la dévisagea.

— Pourquoi tu ne peux pas vivre avec nous ?

— Kacy, souviens-toi de ce que je t'ai dit, dit Brody. Ça suffit. Tu m'as compris ?

Les yeux de Kacy s'embuèrent. Elle hocha la tête.

Jill lui serra la main.

— Tout va bien se passer.

Kacy baissa les yeux vers ses cuisses où sa glace à la vanille commençait à goutter.

— Je ferais mieux d'y aller, dit Niki. La baby-sitter doit rentrer chez elle de bonne heure.

— Moi aussi, dit Jill en glissant sur le siège couvert de plastique rouge pour laisser sortir Niki. *Tu parles d'une situation embarrassante.*

— Merci encore pour la glace, dit Jill à Brody avant d'envelopper Kacy dans ses bras. Je suis très fière de toi. Avec Emily, vous avez fait un boulot formidable dans le ballet aquatique.

Kacy garda le regard rivé au sol.

Jill frotta le dos de la petite fille une ou deux fois, puis quitta la boutique en ayant l'impression que le monde qu'elle avait voulu construire gisait à ses pieds comme la flaque de glace que Kacy avait répandue par terre.

CHAPITRE TRENTE-ET-UN

Avec le retour des enfants à l'école mi-août, la vie de Jill passa à la vitesse supérieure. Leigh McKinnon fut une source d'information et d'inspiration bienvenue. Elle avait un don naturel avec les enfants et parlait aussi couramment l'espagnol, ce que Jill se promit d'apprendre le plus vite possible.

En sortant de l'école, elle allait chaque jour au centre de loisirs afin d'aider Melanie au bureau pour boucler la période estivale et mettre en route les programmes de week-end à l'automne. Au moment où elle rentrait au Seashell Cottage le soir, elle n'avait qu'une seule envie : se mettre au lit et récupérer de sa journée harassante.

Un soir où elle était assise sur le porche du cottage, profitant d'un air plus frais, elle reçut un appel de Cristal.

— Comment ça va à Ellenton ? Tu as décidé si tu souhaitais rester là-bas ? lui demanda Jill.

— Je vais le faire, répondit Cristal avec une confiance retrouvée que Jill admira. Et ça n'a rien à voir avec Chance Nelson, même si je dois avouer que c'est le type le plus mignon avec qui je sois sortie depuis des années.

— Mignon ? Seigneur ! On dirait que tu as de nouveau quinze ans, commenta Jill, amusée.

Cristal gloussa.

— Je pense que je retombe en adolescence à force de vivre avec maman et dans cette ville.

— Je suis contente que ça s'arrange pour toi et je suis persuadée que maman est heureuse de t'avoir près d'elle.

— Ouais, mais je déménage dès que je peux. Il faut que j'y aille. Elle m'appelle.

Jill éclata de rire.

— À plus.

Elle savait très bien que sa mère pouvait être extrêmement exigeante, bien qu'elle se soit quelque peu adoucie depuis qu'elles s'étaient retrouvées toutes les trois au Seashell Cottage. Il lui parut surprenant qu'elles n'aient jamais fait l'effort de se comprendre mieux avant ça. Mais les familles étaient compliquées, quelle que soit leur taille.

Alors que les jours défilaient et que septembre approchait, Jill se concentra sur son emménagement dans l'appartement, établissant des listes de choses à acheter, y compris des articles de base comme des épices et des ustensiles de cuisine.

Kay Branson l'appela depuis Palm Rentals pour lui annoncer que les propriétaires avaient accepté qu'elle ait les clés de l'appartement quelques jours à l'avance afin de pouvoir déménager sur un week-end. Pressée de mettre son projet d'indépendance sur les rails, Jill se précipita à l'agence pour les récupérer en sortant de l'école.

Arrivée devant l'immeuble, elle se gara, sortit de la voiture et, après avoir pris une grande bouffée d'air, ouvrit la porte de son appartement et y pénétra. Un soupir de plaisir lui échappa. Il était exactement comme dans ses souvenirs : ouvert, spacieux et joliment décoré.

Elle visita chaque pièce pour évaluer ce dont elle pourrait avoir besoin et prit des notes précises. Elle était prête à acheter un grand nombre d'objets essentiels qu'elle pourrait emporter avec elle à l'avenir, mais elle souhaitait éviter de dépenser de l'argent inutilement. À cause des frais d'acquisition des parts du centre, elle était déterminée à ne pas puiser davantage dans l'argent qu'elle avait mis de côté comme apport pour l'achat de sa propre maison.

Elle terminait juste son inspection quand elle reçut un appel. *Niki.*

— Salut copine, comment ça va ? demanda Jill.

— Je suis prête à faire une pause. Tu es au cottage ?

— Non, je suis à l'appartement que je loue. Les propriétaires m'ont permis d'en prendre possession plus tôt. Viens le voir.

Jill indiqua le chemin à Niki, contente qu'elle soit sa première visiteuse.

— J'ai pensé qu'une célébration s'imposait, annonça-t-elle en souriant alors qu'elle posait ses cadeaux sur le plan de travail de la cuisine.

Elle examina l'appartement.

— Waouh ! C'est chouette !

— Laisse-moi te faire visiter, dit Jill en se déplaçant avec aisance dans l'espace bien aménagé.

— C'est très joli, dit Niki lorsqu'elles revinrent dans la cuisine. Mais Jill, c'est vraiment ce que tu veux ? Brody et toi sembliez heureux ensemble. Je pensais que tu irais vivre avec lui.

Jill soupira et chercha les mots justes.

— Je commençais à tomber amoureuse de Brody, mais l'idée de laisser un autre homme diriger ma vie m'a fichu une trouille bleue. Les choses allaient trop vite. Brody et moi vivions peut-être sous le même toit, mais nous ne sommes même pas sortis une seule fois ensemble. J'ai déjà fait une erreur. J'ai besoin d'être sûre, cette fois. Surtout que Brody et moi ne sommes pas les seuls concernés. Kacy l'est aussi.

Les yeux de Niki s'arrondirent.

— Qu'est-ce que tu entends par laisser un homme diriger ta vie ? Tu es sérieuse ? Ce n'est pas parce que tu épouses quelqu'un que tu oublies qui tu es ou que tu abandonnes tous tes rêves. Le vrai amour consiste à partager et à grandir ensemble, à devenir meilleur grâce à l'autre, et pas à autoriser quelqu'un à te faire sentir inférieure.

— Je sais mais...

Niki secoua la tête.

— Ton mari était vraiment un connard. Tu connais assez bien Brody pour savoir qu'il ne te traiterait jamais comme ça.

Les larmes montèrent aux yeux de Jill.

— Il est sans doute trop tard pour y remédier.

— Attends !

Les yeux de Niki scintillèrent d'une lueur rusée.

— Je ne devrais même pas avouer que je l'ai fait, mais j'ai décidé de découvrir ce qui se passait exactement avec Inga. Alors j'ai interrogé Kacy.

Elle leva une main.

— Je sais, je sais. C'est assez mesquin de ma part d'avoir fait pression comme ça sur une enfant, mais je n'ai pas pu m'en empêcher.

— Qu'est-ce qu'elle a dit ? demanda Jill, incapable de réfréner sa curiosité.

— Apparemment, Brody et Inga ont eu un genre de dispute. Inga a menacé de partir, puis a décidé de rester, même si elle a compris que Brody n'avait aucun désir d'être son petit ami.

— Tu as obtenu tout ça de Kacy ?

Jill eut du mal à masquer son sourire.

— Kacy ne l'a pas dit en ces termes, mais c'était le sens de ses paroles.

Niki donna un petit coup d'épaule à Jill.

— Donc, je crois que tu as encore ta chance, si tu le veux.

— On verra. J'ai déjà assez à faire. Dans les derniers mois, j'ai quitté mon boulot, vendu ma maison, fait la paix avec ma sœur, posé des limites à mon autoritaire de mère, déménagé en Floride, retrouvé un travail d'enseignante en changeant de niveau, loué un appartement et pris des parts dans un centre aéré. Je ne suis pas prête à entamer une relation sérieuse tout de suite.

Niki resta bouche bée.

— Waouh ! Vu sous cet angle, je te comprends.

— J'ai repris le contrôle de ma vie. À présent, ouvrons cette bouteille de vin et asseyons-nous un instant. Comment vont les T ? demanda Jill, soulagée que Niki comprenne ce qu'elle avait enduré.

Pendant que Niki se lançait dans la narration des dernières frasques des triplés, Jill prépara le vin et un plateau de fromages, notant mentalement d'acheter un couteau à fromage.

Elles s'assirent à une table haute dans le patio pour profiter de la vue. Le parcours de golf était calme à l'exception du bruit occasionnel d'un club frappant une balle sur un trou éloigné à leur droite.

— C'est tellement tranquille, dit Niki en poussant un soupir de contentement.

Elle fronça les sourcils quand son portable sonna. Elle s'en saisit.

— C'est Brody. Je me demande ce qu'il veut.

Curieuse, Jill écouta ce qu'elle pouvait de la conversation.

— Non, je ne l'ai pas vue aujourd'hui. Pour l'instant, je suis à l'appartement de Jill. Est-ce que tu as appelé Jed ?

Niki resta silencieuse quelques instants.

— Et qu'en dit le personnel de l'école ?

Une pause.

— D'accord, Jill et moi allons partir de l'école et suivre les traces de Kacy sur le chemin de son retour à la maison afin de voir si elle n'est pas descendue du bus avant son arrêt. On part tout de suite.

Niki tourna vers Jill un regard inquiet.

— Kacy n'est pas rentrée de l'école. Inga pensait qu'elle jouait avec Emily et que je l'avais ramenée. Mais je n'ai pas eu vent d'un tel projet et elle n'est pas venue chez nous. L'école dit qu'elle est partie avec le bus.

— Oh mon Dieu ! Et s'il lui était arrivé quelque chose ?

L'estomac de Jill se retourna. Elle agrippa le bord de la table quand elle s'aperçut de l'heure.

— Ça fait déjà deux heures. Il pourrait s'être passé n'importe quoi.

Le visage de Niki devint blanc comme un linge.

— J'en suis malade. Brody est aux cents coups. J'ai promis que nous irions à sa recherche. Viens ! Allons-y !

Elles laissèrent tout sur la table et se précipitèrent à l'intérieur.

— Je vais démarrer à l'école, dit Niki en attrapant son sac avant de partir.

— Je t'y rejoins, dit Jill.

Elle ferma la porte à clé derrière elle et courut jusqu'à sa voiture au moment où Niki sortait du parking.

L'esprit en déroute, Jill monta dans sa voiture. Son portable sonna. *Brody*.

Jill décrocha immédiatement.

— Salut, j'ai entendu ce qui était arrivé à Kacy. Je vais la chercher. Tu as une idée d'où elle pourrait être ?

— Non, aucune. Elle n'était pas heureuse à la maison. Il semblerait qu'elle n'aime pas Inga. J'ai été trop occupé pour lui trouver une remplaçante, mais dès que ma fille est en sécurité, Inga s'en va. Elle aurait dû faire plus attention au planning de Kacy.

— Je suis désolée. Où es-tu en ce moment ?

— Chez Niki, répondit Brody. Je vais faire le tour du voisinage en voiture. Inga couvre le centre-ville. Niki est à l'école.

— Très bien. Je viens te retrouver. Mais d'abord, je veux vérifier quelque chose. Je t'appelle dès que j'ai des infos. Bonne chance !

Sa voix se brisa.

— J'aime cette petite.

— Ouais, je sais. Moi aussi.

La voix de Brody vibrait d'émotion.

Elle savait à quel point il était proche des larmes quand elle raccrocha. Elle prit une grande inspiration et baissa la tête pour rassembler ses esprits. Puis elle enclencha une vitesse et démarra.

CHAPITRE TRENTE-DEUX

Jill pénétra dans l'allée du Seashell Cottage en priant pour ne pas s'être trompée. Kacy était une petite fille forte, intelligente et déterminée.

Jill se gara, coupa le moteur et courut vers le porche avant. Son cœur se serra quand elle vit qu'il était vide. Sous le coup d'une vive déception, elle ressentit une douleur presque physique. C'était la seule idée positive qu'elle avait eue sur l'endroit où pouvait se trouver Kacy.

Avec la clé qu'elle avait toujours, elle déverrouilla la porte avant et entra dans le cottage, puis appela Kacy en parcourant toutes les pièces. À l'extérieur, elle fit le tour du jardin et examina l'aire abritée de la piscine, mais ne trouva aucune trace de la fillette. Luttant contre les larmes, elle sortit sur le sable pour continuer ses recherches.

La plage était déserte. Au loin, elle aperçut deux garçons qui jouaient au frisbee et quelques femmes qui prenaient le soleil. Mais pas de Kacy. Elle retourna au cottage en courant, chaque pas renforçant son sentiment de défaite.

Détestant s'avouer vaincue, elle appela Brody.

— Des nouvelles ?

— Rien, répondit-il.

— Je suis au Seashell Cottage. Je pensais que Kacy serait venue ici, mais il n'y a aucune trace d'elle. D'autres suggestions ?

— Niki cherche toujours autour de l'école. Je retourne vers la maison. La direction de l'école a parlé à la conductrice du bus. Elle dit que Kacy est descendue à son arrêt avec les autres enfants. Je pense interroger les parents des enfants du voisinage pour voir s'ils savent quelque chose.

— Je vais venir t'aider. Kacy a peut-être parlé à l'un d'entre eux.

Jill raccrocha, les mains tellement glacées que le téléphone lui échappa et tomba dans le sable. Elle se pencha pour le ramasser et le mit dans sa poche, puis se redressa et s'immobilisa en voyant une silhouette accourir vers elle. Elle cilla pour chasser les larmes qui brouillaient sa vision et regarda de nouveau.

— Kacy ? Mon Dieu, Kacy !

Jill courut à sa rencontre. En prenant dans ses bras l'enfant qu'elle avait appris à aimer, elle s'exclama :

— Mon poussin ! Est-ce que tu vas bien ? Tout le monde te cherche ! Nous étions tellement inquiets !

Kacy resta debout devant elle, essoufflée, les cheveux et son tee-shirt trempés de sueur.

— J'ai couru aussi vite que j'ai pu.

— Oh, ma chérie, dit Jill.

En s'agenouillant devant elle, elle écarta les boucles collées sur le visage de Kacy et embrassa ses joues chaudes et humides.

— Tu nous as fait peur.

— Je me suis enfuie de la maison. Je veux vivre ici avec toi, Jill.

Kacy jeta ses bras autour du cou de Jill et posa sa tête sur sa poitrine palpitante.

— Je t'aime.

Les larmes de soulagement de Jill se teintèrent d'inquiétude. Elle frotta le dos de Kacy comme si elle ne voulait plus jamais la lâcher.

— Kacy, je t'aime aussi, mais tu ne peux pas vivre ici avec moi. C'est compliqué. Si c'était possible, je ferais en sorte que ça arrive.

— Mais j'ai besoin de toi, dit Kacy, ses grands yeux bleus noyés de larmes. Papa aussi. Je le sais.

— Nous devons l'appeler tout de suite.

Jill se releva, sortit son téléphone de sa poche et tapa le numéro de Brody.

— Brody ? J'ai retrouvé Kacy. Elle est avec moi au Seashell Cottage. Oui, elle va bien. D'accord. Voilà, tu peux lui parler.

Elle tendit le téléphone à Kacy.

— Salut papa.

Elle leva les yeux vers Jill avec une expression tendue.

— Je suis désolée. Je ne voulais pas te faire peur. Je me suis enfuie de la maison. Je veux rester avec Jill au Seashell Cottage.

Jill s'enveloppa dans ses bras alors que l'adrénaline refluait, lui donnant l'impression que ses jambes étaient en coton. Elle ne savait pas comment elle aurait supporté que quoi que ce soit arrive à Kacy.

Kacy lui rendit son téléphone.

— Papa est en route.

Jill prit le portable, tapa le numéro de Niki et lui expliqua que Kacy avait couru jusqu'au Seashell Cottage.

— Oui, oui, Dieu merci, elle n'a rien. À plus tard.

Elle tendit une main à Kacy.

— Viens mon cœur, il faut qu'on te trouve de l'eau et qu'on aille s'asseoir sur le porche pour se rafraîchir. Ton père nous y retrouvera.

Un peu plus tard, Jill entendit le rugissement du camion de Brody et se prépara.

Brody s'élança vers elles.

— Kacy ! Kacy !

— Papa ! répondit Kacy, en laissant son père la soulever dans ses bras.

En les observant, Jill sentit de nouvelles larmes brouiller sa vision. Quand Kacy avait disparu, ils avaient tous craint le pire. Voir la façon dont Brody serrait Kacy contre lui lui fendit le cœur.

Brody reposa Kacy et fit face à Jill.

— Je ne te remercierai jamais assez. Chaque minute de l'absence de Kacy m'a fait vieillir d'un an.

Ses yeux étaient brillants de larmes.

— Je ne sais pas ce que j'aurais fait s'il lui était arrivé quelque chose...

Jill l'enlaça.

— Chut ! Je sais. Je sais. Tout va bien aller, maintenant.

Ils s'agrippèrent l'un à l'autre, puis se tournèrent vers Kacy pour l'attirer entre eux.

— Est-ce qu'on va tous vivre ici comme je le souhaite ? demanda Kacy en les regardant, pleine d'espoir.

Brody jeta un regard à Jill, puis à sa fille.

— Non. Mais je dois parler à Jill seul à seule. C'est d'accord ?

Kacy fit une moue dépitée, mais elle hocha la tête et s'élança sur le sable, leur donnant l'intimité dont ils avaient besoin.

Jill attendit que Brody prenne la parole, trop effrayée par son propre état émotionnel pour dire quoi que ce soit.

Il prit son visage entre ses grandes mains.

— Tu vois que tu as affecté non seulement Kacy, mais moi aussi. Nous t'aimons, Kacy. Tu fais de nous une famille. Est-ce qu'il y a une chance qu'on puisse recommencer à zéro ? Je ne veux pas que tu t'en ailles de nouveau.

L'honnêteté de son expression chassa sa peur.

— Oui, recommençons à zéro, dit-elle simplement, franchement.

L'idée qu'elle aurait pu le perdre était dévastatrice.

Brody attira Jill dans ses bras. Elle se lova contre sa poitrine, tout contre son cœur, et réalisa que ce qu'ils partageaient était spécial, non seulement par ce qu'ils ressentaient l'un pour l'autre, mais également grâce à l'amour qu'ils avaient tous les deux pour l'enfant qui les aimait en retour.

Quand ils se séparèrent, Brody lui sourit.

— Jill Conroy, commençons par là : veux-tu sortir avec moi ?

— Oui ! s'exclama Jill en riant, alors que des larmes de joie coulaient sur ses joues.

Le samedi soir suivant, Jill attendait au cottage que Brody passe la chercher pour leur premier rendez-vous. Elle était allée chez le coiffeur pour faire couper et éclaircir ses cheveux, puis avait décidé de faire faire ses ongles, avec l'impression d'être plutôt une ado avant son premier rencard que l'enseignante épuisée qu'elle était. Après avoir vécu sous le même toit que Brody pendant des semaines au cottage, elle se sentait étrangement nerveuse à l'idée de leur première vraie sortie ensemble.

Elle entendit le bruit du pick-up de Brody dans l'allée et prit une grande inspiration. Jay l'avait éblouie quand ils avaient commencé à se voir. Elle ne voulait pas être de nouveau attirée par quelque chose qui ne serait pas sain ou réel.

Quand elle vit Brody à la porte, vêtu d'un pantalon havane à pli et d'une chemise de golf neuve qui mettait sa silhouette mince en valeur, elle sourit. Il avait fait attention à son apparence, lui aussi.

— Bonsoir !

Brody lui fit un grand sourire et lui tendit un bouquet de

fleurs colorées.

— Kacy m'a dit que j'étais censé t'apporter des fleurs. Elle a dit qu'Emily et elle en avaient parlé à sa mère, et qu'elles avaient décidé d'un commun accord que c'était la chose à faire.

Jill s'esclaffa.

— Elles sont magnifiques. Merci. Je vais les mettre dans l'eau, ensuite je serai prête à partir.

— J'ai pensé qu'on pourrait faire tranquille pour cette première sortie, peut-être aller au Cochon pourpre. Leur cuisine est excellente et on peut même danser sur leur piste extérieure, si on veut.

Jill arqua un sourcil.

— Tu danses ?

Il haussa les épaules.

— Habituellement, non. Mais Kacy et Emily voulaient que je le fasse aussi.

— Alors c'est ce qu'on fera, répondit Jill en dissimulant son amusement devant la bonne volonté de Brody à faire de ce rendez-vous ce que Kacy voulait.

— Et où est ton conseiller en relations sociales ce soir ? plaisanta-t-elle en emportant les fleurs dans la cuisine. C'est Greg qui la garde ?

Brody secoua la tête.

— Greg et Melanie sont partis pour le week-end. Kacy dort chez Emily.

Il sourit et cligna de l'œil.

— Nous avons toute la nuit pour nous.

Jill éclata de rire.

— C'est notre premier rendez-vous, tu te souviens ?

— Oui, dit-il en retrouvant son sérieux. Nous n'allons rien précipiter. Je pense qu'aucun d'entre nous ne le souhaite.

— Je suis d'accord. Une étape à la fois.

Elle arrangea les fleurs dans un vase et se tourna vers lui.

— Cette soirée va être un merveilleux nouveau départ.

Plus tard, couchée dans son lit avec son oreiller entre les bras, Jill revécut sa soirée avec Brody. Il était amusant, savait écouter et embrassait très bien. Une partie d'elle regrettait encore de ne pas avoir oublié toute prudence pour l'inviter à entrer avec elle. Mais aucun d'entre eux ne souhaitait débuter leur relation de cette manière, quelle que soit leur attirance l'un pour l'autre.

CHAPITRE TRENTE-TROIS

Les jours qui suivirent furent une période de découvertes pour Jill. Brody et elle transitionnèrent rapidement vers une relation exclusive. Elle adorait être avec lui.

Après deux mois de rendez-vous réguliers, à parler de tout ce qui leur passait par la tête et à partager les hauts et les bas de leurs nouveaux logements et emplois, Jill se rendit compte qu'elle était prête à passer à l'étape suivante de leur relation. Elle savait désormais que Brody était un homme très différent de son défunt mari.

Leurs ébats amoureux étaient aussi merveilleux que Jill l'avait espéré. Brody était un amant patient et tendre qui savait lui procurer un plaisir que Jill n'avait jamais connu. Il était satisfait aussi. Jill pensait souvent que la première fois où elle avait fait l'amour avec Brody avait divisé sa vie en deux périodes : avant Brody et après. Elle savait que ça pourrait paraître idiot aux autres, mais c'était comme si sa vie était censée commencer cette nuit-là. Des semaines plus tard, le souvenir de la manière dont leurs deux âmes s'étaient unies restait frais dans sa mémoire.

— Je dois dire, déclara Niki un soir où elle prenait un verre de vin avec Jill à son appartement, que Brody et toi pourriez éclairer une pièce sombre rien qu'avec la lueur de bonheur qui rayonne sur vos visages.

Jill sourit à sa meilleure amie.

— C'est quelqu'un de spécial.

— Tout comme toi, dit Niki. J'ai du mal à croire aux changements chez Kacy depuis que Brody et toi êtes ensemble. C'est un vrai plaisir de la côtoyer.

— Elle sait que je l'aime telle qu'elle est, dit Jill. Je comprends exactement l'importance que ça a pour elle.

Niki sourit avec approbation.

— Pour ton information, elle m'a dit que Brody allait t'épouser.

— Je l'espère. C'est lui que j'aurais dû épouser en premier lieu.

Par un beau samedi matin d'avril, Brody et Kacy passèrent la chercher avec le pick-up. Pour célébrer les vacances de printemps, ils avaient décidé de pique-niquer sur la plage près du Seashell Cottage.

— Papa et moi allons construire un château de sable, dit Kacy. Tu veux nous aider ?

— Bien sûr, dit Jill.

Elle avait toujours pensé que les châteaux de sable avaient quelque chose de spécial.

— Mais avant, je vais tout mettre en place pour notre pique-nique.

Après que Brody eut garé son camion, ils avancèrent sur le sable. Pendant que Brody et Kacy transportaient des seaux et des pelles jusqu'au bord de l'eau, Jill installa les serviettes de bain et le parasol, et rangea les boissons et la nourriture dans la glacière. Elle avait besoin d'une journée à ne rien faire comme celle-ci.

Elle fit signe à Brody et lui indiqua qu'elle partait faire une balade sur la plage. Elle avait été occupée à l'école et par les activités du centre, et avait besoin de se détendre. En marchant, Jill leva le visage vers le soleil et se délecta de la chaude caresse de ses rayons. Une petite brise fraîche jouait gentiment dans ses cheveux. Elle regarda les oiseaux se déplacer à la lisière de l'eau à petits pas assurés. Le rythme rapide de leurs pattes sur le sable dur laissait de petites empreintes derrière eux, comme des souvenirs heureux. Après avoir passé la plus grande partie de sa vie dans le nord, elle adorait observer la vie du littoral.

Au bout d'un certain temps, elle fit demi-tour et repartit vers Brody et Kacy qui construisaient leur château de sable ensemble. Comme elle les aimait !

Comme si ses pensées avaient dérivé jusqu'à lui dans la légère brise, Brody leva les yeux sur elle et lui sourit, ses dents blanches contrastant avec sa peau bronzée. Derrière la magnifique façade se cachait une des personnes les plus gentilles qu'elle ait jamais connue. C'était lui qui l'avait aidée à surmonter les surprises de l'été dernier les unes après les autres, et à apprendre à être acceptée pour ce qu'elle était au cours des mois suivants.

Kacy accourut vers Jill.

— Viens voir le château de sable que papa et moi avons construit. Nous avons fait une pièce spéciale pour toi.

— OK.

Jill sourit au souvenir du premier château qu'ils avaient bâti ensemble. La chambre de Jill avait été placée hors du périmètre à dessein.

Kacy devança Jill en courant alors que celle-ci se dirigeait vers Brody. Il se releva et l'attendit en la regardant intensément. Le pouls de Jill s'accéléra quand il la parcourut du regard, presque comme si ses yeux faisaient ce que ses mains... ses merveilleuses mains... avaient fait à son corps récemment.

— Est-ce que Kacy t'a parlé de ta pièce spéciale ? demanda Brody avec un grand sourire.

Jill acquiesça.

— Cette fois, j'ai droit à l'intérieur du château.

Son expression amusée se modifia, devint sérieuse, puis se chargea de tendresse.

— Jill, je ne veux pas te bousculer, mais je ne peux pas imaginer ne pas t'avoir à mes côtés chaque jour et chaque nuit. Je t'aime tellement.

— Je t'aime aussi, dit-elle, le cœur gonflé de gratitude pour tout ce qu'ils avaient partagé.

— Kacy et moi te donnerons tout le temps dont tu as besoin pour te décider, mais nous avons besoin de toi.

Ses joues s'enflammèrent.

— Tu nous complètes.

— Nous avons une question à te poser, souffla Kacy en poussant son père de l'épaule.

— C'est vrai, dit Brody en souriant à Kacy avant de se mettre à genoux dans le sable. Jill Conroy, veux-tu nous épouser ?

Jill serra les poings et resta bouche bée devant Brody lorsqu'il sortit une petite boîte en velours noir de la poche de son short et l'ouvrit.

Un gros solitaire étincelait sur un anneau orné de plus petits diamants.

— Tu es censée dire oui, dit Kacy en jetant ses bras autour de la taille de Jill.

— Oui. Oh oui ! Je vous épouserai tous les deux ! dit Jill entre le rire et les larmes.

Brody se releva et ils s'étreignirent tous les trois, ce qui emplit Jill d'une joie qu'elle n'avait jamais connue, une joie qu'elle savait éternelle.

ÉPILOGUE

— Dépêche-toi, Kacy ! On va être en retard ! cria Jill en posant sa fillette de deux ans, Missy, sur sa hanche.

À douze ans, bientôt treize, et en tant que demoiselle d'honneur au mariage de sa tante, Kacy avait l'intention de se montrer sous son meilleur jour. Jill comprenait, mais elle voulait que rien ne perturbe le grand jour de Cristal. Leur voyage avait été chaotique, mais Cristal et Chance Nelson avaient finalement décidé qu'ils ne pouvaient pas vivre l'un sans l'autre.

Jill était ravie pour Cristal. Chance était un homme très gentil qui adorait sa sœur. Ils rencontraient le même succès professionnel. Il pratiquait le droit familial et elle offrait de la beauté et de la confiance en soi dans le spa qu'elle possédait et dirigeait avec un peu d'aide de leur mère. Il était vraiment surprenant de voir comment leurs vies avaient changé au cours des quatre dernières années.

Kacy émergea de sa chambre.

— Oh, tu es très jolie ! s'extasia Jill. Cette robe est parfaite.

— Merci. Les mariages sont tellement excitants. Je me souviens qu'Emily et moi jouions aux mariées quand nous étions plus jeunes. Et c'était toujours ton mariage avec papa.

— Oui, je m'en souviens aussi. Mais ça n'aurait jamais pu égaler notre vrai mariage. Nous trois sur la plage avec le pasteur.

— Et Emily avec sa famille, et Susannah, lui rappela Kacy, avec Emily et moi comme demoiselles d'honneur.

— C'est vrai, dit Jill.

Mais dans son esprit, elle ne voyait qu'eux trois se promettant de s'aimer et de s'honorer mutuellement. Sa mère, Melanie et Greg avaient été en voyage, et Cristal venait d'ouvrir son spa et n'avait pas pu faire le déplacement, ce qui en avait fait le moment idéal pour avoir le petit mariage intime qu'elle avait désiré. Le spectacle du bonheur que Jill et Brody ne pouvaient dissimuler lorsqu'ils étaient ensemble avait depuis longtemps lissé les plumes ébouriffées de ceux qui n'avaient pas pu assister au mariage.

— Où est Matt ? demanda Kacy en le cherchant du regard.

— Avec ton père, répondit Jill.

— En bas, cria Missy en se débattant pour s'échapper des bras de sa mère.

Jill éclata de rire.

— Certainement pas, mademoiselle. Tu es responsable des fleurs. Je ne peux pas te laisser disparaître.

Elle fit signe à Kacy de la suivre et elles se dirigèrent vers le van familial.

À leur approche, Brody leva les yeux vers elle et sourit.

— Est-ce que les trois dames sont prêtes à partir ?

— Je crois.

Jill n'avait pas eu de temps pour une coiffure élaborée, mais elle s'en fichait. La vie n'était pas facile avec des jumeaux. Elle ne savait pas comment Niki s'en sortait avec des triplés. Si sa meilleure amie ne lui avait pas donné quelques trucs pour s'occuper de plus d'un bébé à la fois, elle ne savait pas comment elle aurait survécu aux premiers mois de vie des jumeaux. Et maintenant qu'ils marchaient et se sauvaient dans des directions différentes, ce n'était toujours pas plus facile.

Lorsque Brody entra dans l'allée du Seashell Cottage, les

lèvres de Jill s'incurvèrent. L'endroit était tellement joli, chargé de souvenirs heureux pour elle. C'était là, au cottage, qu'elle avait appris à s'affranchir du passé et était devenue une femme qui connaissait sa valeur et, plus important, était libre d'être elle-même. Comme s'il avait lu dans ses pensées, Brody se tourna vers elle.

— J'ai su dès l'instant où j'ai posé les yeux sur toi que tu étais la femme dont j'avais toujours rêvé. Je suis tellement heureux que tu sois mon épouse.

Il se pencha et posa ses lèvres sur les siennes, lui confirmant tout son amour à sa manière.

— Oh non ! Vous n'allez pas recommencer à vous bisouiller ! s'écria Kacy depuis le siège arrière.

Jill s'écarta de Brody en riant.

— Un jour, tu comprendras.

— Quand je me marierai ?

— Ne parlons pas de ton mariage tout de suite, Kacy, dit Brody. Je ne serai pas prêt pour ça avant très, très longtemps.

Jill étouffa un petit rire. Brody adorait tous ses enfants et il ne voulait pas envisager que Kacy les quitte, pas plus qu'elle.

— Quand il sera l'heure, dit Kacy, je veux me marier ici, au Seashell Cottage.

— Ce sera l'endroit parfait, dirent Jill et Brody d'une même voix, synchrones comme d'habitude.

— Kss ! siffla Kacy. Vous faites toujours ça.

Hilare, Jill espéra que Kacy trouverait un jour un amour aussi spécial que celui qu'elle partageait avec Brody.

— Bas ! Moi veux bas ! cria Matt depuis son siège auto.

— Bas ! répéta Missy avant de se mettre à entonner : Bas ! Bas ! Bas !

— C'est bon, les enfants ! On y va.

Prête à assister à un autre mariage original, Jill sortit de la voiture, déjà consciente de la magie du Seashell Cottage.

Merci d'avoir lu *L'été de toutes les surprises*. Si vous avez aimé ce livre, n'hésitez pas à aider d'autres lecteurs à le découvrir en laissant un avis sur Amazon, Goodreads, BookBub ou votre site préféré. Ce serait gentil.

Pour continuer à vous divertir, voici les liens vers d'autres livres de la collection Seashell Cottage :

Change of Heart:
https://www.amazon.com/Change-Heart-Seashell-Cottage-Book-ebook/dp/B07RBDNWH1/ref=sr_1_23

A Christmas Star:
https://www.amazon.com/Christmas-Star-Judith-Keim-ebook/dp/B07HXQ14G4/ref=sr_1_2

The Beach Babes:
https://www.amazon.com/Beach-Babes-Judith-Keim-ebook/dp/B09KFB1Y7L

Inscrivez-vous à ma newsletter et obtenez une histoire gratuite. Mes newsletters sont courtes et amusantes. Elles contiennent des cadeaux, des recettes et les dernières nouvelles indispensables sur mes livres et moi. Soyez les bienvenues. Voici le lien :

https://BookHip.com/RRGJKGN

À PROPOS DE L'AUTEURE

Judith Keim, **auteure hybride à succès de *USA Today***, a un éditeur et publie elle-même. Mme Keim écrit des romans qui réchauffent le cœur et mettent en scène des femmes qui rencontrent des défis inattendus, les affrontent avec force et trouvent l'amour et le bonheur en route, des histoires qui ont du cœur. Ses plus grands succès sont en partie fondés sur les nombreux lieux où elle a vécu ou qu'elle a visités, et sur les individus passionnants qu'elle a rencontrés, lui permettant de créer des personnages crédibles et des environnements réalistes qui font la joie de ses fidèles lecteurs.

Elle a passé son enfance et les premières années de sa vie d'adulte à Elmira, New York, et réside désormais à Boise, Idaho, avec son mari Peter et leurs deux teckels, Winston et Wally, et les autres membres de sa famille.

Mme Keim adore que ses lecteurs lui écrivent et apprécie leur enthousiasme pour ses histoires.

Tous les livres sont désormais disponibles en audio sur Audible, iTunes, Findaway, Kobo et Google Play. C'est un vrai plaisir d'entendre tous ces personnages prendre vie !

Vous pouvez joindre Mme Keim ici :
www.judithkeim.com
Pour liker sa page sur Facebook et suivre ses actualités :
http://bit.ly/2pZWDgA
Pour recevoir des notifications concernant ses nouveaux romans, suivez-là sur BookBub :
https://www.bookbub.com/authors/judith-keim

Inscrivez-vous à sa newsletter et obtenez une histoire gratuite. Ses newsletters sont courtes et amusantes. Elles contiennent des cadeaux, des recettes et les dernières nouvelles indispensables sur ses livres et sur elle. Soyez les bienvenues. Voici le lien :
https://BookHip.com/RRGJKGN

Elle est aussi sur Twitter @judithkeim, LinkedIn, et Goodreads. Venez faire coucou !

REMERCIEMENTS

Comme d'habitude, je suis reconnaissante à mon équipe de relecteurs, Peter Keim et Lynn Mapp, à mon concepteur graphique, Lou Harper, et à ma narratrice pour Audible et iTunes, Angela Dawe. Ce sont eux qui prennent ce que j'ai écrit et le transforment pour en faire le livre que je vous présente fièrement, à vous mes lecteurs ! Je voudrais aussi remercier mon groupe d'écriture, qui m'écoute et m'encourage à poursuivre. Merci à Peggy, Lynn, Cate, Nikki Jean et Megan. Je vous aime !